新しい社会心理学のエッセンス

心が解き明かす個人と社会・集団・家族のかかわり

松井　豊＋宮本聡介 編

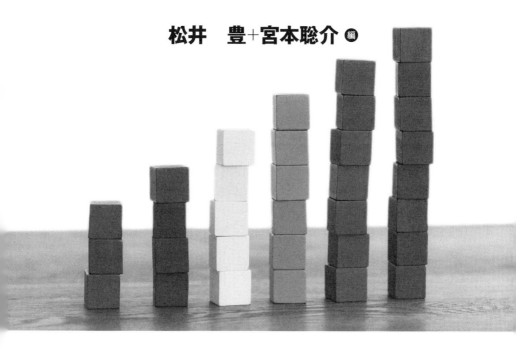

福村出版

まえがき

　本書は、社会心理学がどのような研究を行い、どのような知見を得ているかを紹介する。社会心理学がどのような学問であるかについては、本書第1章で詳しく説明されるが、社会と人の心との関係を扱う科学と理解することができる。社会心理学の歴史をみると、同科学は、社会に重点を置く社会学的社会心理学と、人の心に重点を置く心理学的社会心理学に、大きく分けることができる。

　本書の編集方針は1997年に刊行された『新編 社会心理学』と2009年に刊行された『新編 社会心理学〔改訂版〕』を継承している。これらの書籍では、心理学的社会心理学の中から刊行当時の主要なトピックスを取り上げ、同科学の全体像がわかりやすく理解できるように構成されていた。本書でも、同様の編集方針をとり、さらに、公認心理師の受験資格を得るための「社会・集団・家族心理学」の講義内容として指定されているテーマを網羅する方針も採用している。また、最近の社会心理学では現実社会の問題に取り組む研究が増加している。本書では、第12章（メディアの中の個人）、第14章（集合現象）、第15章（家族）などで現実社会と関わる研究を紹介している。

　社会心理学の面白さや最近の主要な研究トピックを理解する基本書として、また公認心理師に必要な知識を得るための教材として、本書が広く読まれることを願っている。

　なお、本書の各章は、筑波大学の社会心理学教室の修了生を中心として、社会心理学の各領域で活発に研究を展開している研究者に執筆いただいた。各領域の基本的なテーマに触れながら、最近のトピックも紹介するというやっかいな執筆依頼を快くお引き受けいただき、バランスの良い玉稿をいただいたことに、編者として深く感謝している。

　本書を通して、読者が社会心理学の面白さや奥深さを少しでも感じていただければと願っている。

2020年3月11日　東日本大震災9年目の日に

松井　豊　宮本聡介

第1章　序論　社会心理学——社会心理学とは何か

第2章　社会心理学の研究法

第3章　対人認知

第4章　自己

第**5**章　態度と態度変容

第**6**章　感 情

第**7**章　対人関係

第**8**章　向社会的行動

第9章　対人コミュニケーション

第10章　ステレオタイプ・偏見・差別

第11章　集団の中の個人

第12章　メディアの中の個人

第13章　文化と個人

第14章　集合現象

第15章　家 族

COLUMN

第1章

序論　社会心理学——社会心理学とは何か

第1節　社会とは何か

　心理学には〇〇心理学のように、〇〇がつく心理学がいろいろある。臨床心理学、教育心理学、認知心理学、発達心理学などがそれである。冠部分につく臨床、教育、認知、発達は、心理学の中でもどの領域に特に関心を抱いているのかを表す重要な言葉である。臨床心理学であれば臨床分野、教育心理学であれば教育分野に強い関心をもった心理学であることを意味する。つまり、この冠部分は各領域の顔ともいえるワードということになる。社会心理学も同様である。文字通り、社会についての心理学であり、最も関心を示しているのは社会である。したがって、社会心理学とは何かと尋ねられたら、「社会」に関する心理学であると答えれば、社会心理学の最も基本的な定義となりえているであろう。しかし、好奇心旺盛な初学者は、「では『社会』とは何か」と尋ねたくなるかもしれない。社会が何を意味し表しているのかということを理解せずに、社会心理学を理解することはできない。そこで本節では、社会心理学について学ぶ前に、まず、「社会」とは何かについて解説しておきたい。

　記録によると、社会（society）という言葉が使われ始めたのは19世紀前半ごろで、"教団・会派"の意味で用いられていた。明治期に、ジャーナリストで政治家の福地源一郎が日本で初めて"society"の訳語に"社会"をあてたとされている（日本国語大辞典 第6巻）。英英辞典によると、societyには「1. 人々一般（people in general）、2. 特定のグループ（a particular group）、3. 特定の組織・クラブ（club）、4. 上流階級（upper class）、5. 他者とともにあること（being with people）」などの意味がある（Longman, Dictionary of contemporary English）。国語辞典によると「①人が集まって共同生活を営む際に、人々の関係の総体が1つ

の輪郭を持って現れる場合の、その集団。諸集団の総和からなる包括的複合体を
もいう。自然的に発生したものと、利害・目的などに基づいて人為的に作られた
ものとがある②同類の仲間③世の中④社会科の略」などの意味が記されている
（広辞苑 第5版）。辞書レベルの意味をみると、社会／societyというワードは多
義的であり、1つの代表的な意味に集約できるわけではない。英英辞典にある
「1. 人々一般」や、国語辞典にある「③世の中④社会科の略」は別として、それ
ぞれの意味の全体像を多少強引にでも要約するならば、社会／societyとはなん
らかの人の集まりを指し示すものといえるであろう。しかも、組織、クラブ、同
類の仲間などの意味から推測されるのは、1人ひとりがまったく独立に存在して
いるのではなく、相互になんらかの関係をもった状態だということである。そこ
で、ひとまずここでは“社会＝相互になんらかの関係をもった人の集まり”とし
ておくことにする。

　社会心理学に隣接する学問領域に社会学がある。社会心理学は社会についての
心理学であり、研究対象は人の心の働き（つまり心理）である。一方、社会学は
社会についての学問であり、研究対象は社会そのものである。それゆえ、社会と
は何かという問いに対する答えを、社会学も求めているはずである。

　社会とは何かという問いに対して、詳細な分析をしているものに富永（1995）
がある。富永（1995）は社会を“複数の人びとの集まり”と述べ、複数の人びと
の集まりに以下の4つの条件のいずれかが満たされている必要があると論じてい
る。4つの条件とは（a）成員相互のあいだに相互行為ないしコミュニケーション
行為による意思疎通が行われていること、（b）それらの相互行為ないしコミュニ
ケーション行為が持続的に行われることによって社会関係が形成されていること、
（c）それらの人びとが何らかの度合いにおいてオーガナイズ（組織化・体系化）
されていること、（d）成員と非成員とを区別する境界が確定していることである。
これら4つの条件がすべて満たされる社会を富永（1995）は**マクロ社会**とよんで
いる。家族・学校・企業・村落・都市・国家などはすべてマクロ社会である。4
つの条件のいずれかを一定のレベルでは満たしているが、すべての条件を完全に
は満たしていない社会というものもある。群衆を考えてみよう。群衆というのは、
ある共通の関心にもとづいて集まってきた人びとである。花火大会に集まってき
た人びとなどがその例である。群衆は成員間に感情レベル（興奮や不安、感動な
ど）でのコミュニケーション行為があるかもしれない。美しい花火を見て歓声を

上げたり、拍手をしたりして感動を共有する行為がそれに該当する。しかし、群衆はオーガナイズされていない。また、成員と非成員とを区別する境界も存在しない。花火見たさに集まってきた人びとと、ただ単にそこを通り過ぎた人とを明確に区別することは難しい。つまり（c）や（d）を満たすことはできない。このように一部の条件だけを満たしている社会を富永（1995）は**マクロ準社会**とよんでいる。マクロ社会やマクロ準社会は、個人の外側に実在する。家族や群衆が一個人を超えたところに存在することを考えれば自明である。ところで、マクロがあるのであればミクロもあると想像できるであろう。富永（1995）は「マクロ社会が『社会レベル』であるのに対して、ミクロ社会は『個人レベル』であり、個人の『外』にではなくて個人の『内』に、すなわち個々人の意識の内部にある」と述べている。そして、個人に内在するミクロな社会の具体例として、人間の相互行為、コミュニケーション行為、自我、意識などをあげている。ミクロ社会においては"社会は個人によって認知された世界、すなわち主観の世界の中に存在している"とされる。（マクロ社会とマクロ（準）社会は同一ではない。しかし、いずれも私たちの外側に実在する社会であり、以下に議論するミクロ社会が私たちの内側にある社会であることから、ミクロ社会と対比する概念としてのマクロ社会とマクロ準社会をあわせてマクロ社会と表記する。）

●COLUMN 1●　**マクロ・ミクロの意味のゆらぎ**

　社会とは何かについての議論からは少しそれるが「マクロ・ミクロ」という言葉について少し解説を加えておく。マクロ（macro）には大きな、大規模な、巨視的ななど、サイズが大きいという意味がある。ミクロ（micro）はその対義語であり、小さな、小規模な、微視的ななどの意味がある。マクロ・ミクロという用語が用いられる学問分野に経済学がある。経済学の入門書では、必ずと言ってよいほどマクロ経済学・ミクロ経済学に関する解説がある。ミクロ経済学では主に個人や企業の経済活動が扱われている。マクロ経済学では一国全体の経済状況が扱われる。社会学ではマクロ＝個人の外にあるもの、ミクロ＝個人の内にあるものという意味合いで用いられていた。マクロ・ミクロがもつ言葉の意味にもとづくと、個人よりも個人の外にあるもの（家族、集団、国家）のほうが、人数が多いという意味でその多少関係とマクロ・ミク

ロの言葉の意味とが一致している。経済学ではマクロ＝一国全体、ミクロ＝個人／企業として扱われていた。個人／企業に比べれば一国全体のほうが規模は大きいので、その大小関係と言葉の意味とは一致している。しかし、社会学の視点に従えば企業はマクロである。つまり、学問分野によってマクロ／ミクロの基準が異なっているということを指摘しておく。

　辞書的な意味での社会は"相互になんらかの関係をもった人の集まり"を表していた。ここで指し示している集まりとは、確かにそこに存在していることを確認できるものだと解釈してよいであろう。社会学で用いられているマクロ・ミクロ社会の概念のうち、マクロ社会は個人の外にあるものであり、家族・学校・企業・村落・都市・国家などがこれに該当する。いずれも、ここにあると指し示すことができる、物理的に存在する集合体であるといえ、これと辞書的な意味の社会（"相互になんらかの関係をもった人の集まり"）とはほぼ同じものを指しているといってもよい。ところで、ミクロ社会はどうであろう。ミクロ社会は、個人に認知され主観の中に存在する社会であると考えられている（宇都宮, 2006）。心理学では、こうした主観の中に存在するものをイメージとよんだり表象とよんだりする。このような個人のイメージの中にある社会と、上述の社会（マクロ社会）とはかなり性質が異なる。また、個人の内側にある社会は、社会学や心理学、文化人類学などの研究を通して"発見"された社会であり、いわば後発の社会である。

　そこで、本章では社会というものを次のように考えたい。辞書的な意味にもとづいて導き出した"相互になんらかの関係をもった人の集まり"を、本章では社会とよぶことにする。一方、個人の内側に存在する社会は、社会というものが、個人の中に内在化されたイメージ・表象である。家族を1つの例にとってみよう。私たちは家族という社会の一員である。日常生活の中で、他の家族成員と時間をともにすることで、家族にまつわるさまざまな体験・経験が記憶として蓄積され家族表象が形成される。ここでの家族表象は、一個人が作り上げた主観的なイメージであり、家族という社会が、個人の中に内在化されたものである。このように、私たちは現実の社会との相互作用を通して社会を内在化させる。個人の中にある社会を、社会学ではミクロ社会とよんでいたが、本章ではこれを"内在化された社会"とよび、社会とは区別しておく。後述するが、内在化された社会は、

それ自体が態度、価値、規範を有している。例えば私たちは、自分が所属している集団成員が共有している集団のルール（これを集団規範という）を内在化し、自分の選択する行動がその規範の影響を受けることがある。内在化された社会が個人に与える影響は大きい。そのため、社会心理学では内在化された社会は大変重要な概念の1つである。

　なお、研究者によっては社会と内在化された社会とをあわせて、社会と定義づけるかもしれない。ミクロ社会とマクロ社会がその良い例である。しかしながら、社会と内在化された社会では、社会が先行して存在し、後に個人の中に表象されていくものであるということは自明と考えられる。また、社会が物理的な実体性をともなっているのに対して、内在化された社会はイメージの世界にあるものであり、両者がかなり異質なものであるということは否定しえないと考える。こうした理由から、本章では社会と内在化された社会とを区別しておく。

●COLUMN 2● 「社会」科学の社会が指すもの

　学問全体を体系的に表す際によく用いられるものに、自然科学・人文学・社会科学という大分類がある。わが国の学術の振興を目的に設立された日本学術振興会が毎年実施している科学研究費助成事業において、研究種目を分類した細目表がある。これによると人文学には、哲学、芸術学、文学、言語学、史学などが含まれている。社会科学には、法学、政治学、経済学、経営学、社会学、心理学、教育学が含まれている。それ以外のものは自然科学に分類される。この分類に従うならば、法律、政治、経済、経営、社会、心理、教育などに関する諸問題を明らかにしようとしている学問が扱っているものが"社会"であるといえるかもしれない。そうなると、"社会とは法律である""社会とは経済である"というように、社会に内包される法律、経済の姿が想像されることになるが、本来、社会、法律、経済に包含関係を仮定することはない。学問体系に用いられている社会科学という語は、社会というものを、最も広い枠で捉えたものといえるであろう。

第2節　社会心理学とは何か

　社会とは"相互になんらかの関係をもった人の集まり"であった。また、社会は個人の中で内在化された社会として表象されることも上述した。社会心理学は"社会"と"内在化された社会"の両方に研究の焦点を当て、社会と人の心との相互影響過程に関心を寄せている。そこで、本章では社会心理学を"社会や内在化された社会から受ける、あるいはそれらの社会に及ぼす影響を、心理的な側面から明らかにする学問"としておく。

　社会心理学についてもう少し詳しく記述する際、社会心理学が"何を""どのようにして"明らかにしようとしているのかの2点について触れておく。前者は研究対象についての概説、後者は研究方法についての概説を含んでいる。

1. 社会心理学は何を明らかにしようとしているのか

　オルポート（Allport, 1954）は社会心理学を「実際に存在する他者、想像上の他者、自己の中に内在している他者によって、人びとの認知、感情、行動がどのように影響を受けるのかを理解し説明する学問である」と定義した。ここでの"他者"は社会とほぼ同義に解釈してよいであろう。とすると、実際に存在する他者＝社会、想像上の他者・自己の中に存在している他者＝在化された社会と想定することができる。つまり、オルポートにとっての社会心理学を再解釈するなら、社会や内在化された社会によって、私たちの認知・感情・行動がどのように影響を受けるかを明らかにする学問となる。なぜ、人びとはそのような行動をとったのか、なぜ人びとはそのように感じたのか、なぜ人びとはそのように考えたのか、その要因を探っていくのが社会心理学である。近年の社会心理学では、大きく分けて4つの大要因のどれかに効果や現象の説明を求める傾向がる。4大要因とは"状況""解釈""自動性・潜在意識""文化"である。

状況

　置かれている状況が、自分になんらかの影響を及ぼしていることを意識したことはあるだろうか。大学で講義を聴いている場面を想像してほしい。大教室に大勢の受講生が着席し、講義に集中している。このような状況で1人立ち上がり、教室内をウロウロと歩き回るのは勇気がいる。勇気を必要とするのには、いくつ

か理由が考えられる。担当講師から授業中に歩き回ることを制せられるかもしれない。大勢の受講生から冷ややかな目で見られるかもしれない。授業中は静かに講義を聴かなくてはならないという社会的ルールが、授業中に歩き回る行動を制するかもしれない。これらの理由は、教室という状況によって生じる社会的圧力の影響と関わっている。相互になんらかの関係をもった人びとが集まったところには、必ずと言ってよいほど各個人の認知、感情、行動に影響を及ぼす力が働く。ここではこれを状況の力とよんでおくことにする。社会心理学はこのような状況の力に焦点を当て、人びとの心理面に及ぼす影響を明らかにしようとする。

　社会心理学を語るとき、必ず取り上げられる研究の 1 つに、ミルグラムのアイヒマン実験がある（Milgram, 1963）。実験参加者は、この実験が学習における罰の効果を調べるものであると説明され、教師役を遂行するよう要請される。そして生徒役のサクラに問題を出題し、不正解だと罰として電気ショックを与えるように、また、間違えるごとに電気ショックの強さを上げていくよう指示される。途中でやめようと思えばやめられたかもしれない。参加者が続行を拒否しようとすると、権威ある風貌の実験者が教師役の実験参加者に実験を続行するよう促したのである。最終的に 6 割以上の参加者が、最も高い電圧（450V）まで電気ショックを強くした。この結果の原因が実験参加者のパーソナリティにあったのではないか（残忍な性格だった）と考える読者もいるかもしれないが、それは早急である。この実験は、権威に従わざるをえないような社会的状況に置かれると、人は他者を死に至らしめる可能性のある行動であってもそれを遂行してしまうという人間の残酷な一面を浮き彫りにした。ほとんどの参加者が手続きに疑義を感じていたにもかかわらず、途中で実験を放棄できない状況に置かれていたのは、ここに状況の力が働いていたからである。たとえ間違った判断であっても、多数派が正しいと主張すると少数派はそれに従ってしまうというような同調行動に関する研究（Asch, 1951）も、人が今置かれている状況の影響を受けた認知をし、行動してしまうことを意味している。

　私たちは、状況の力に追従するように行動を調整する側面がある。社会心理学はそうした状況の力の影響を明らかにしてきた。対人関係、集団の中の個人などのテーマでは、状況の力の影響を扱った研究が多くある。向社会的行動、対人コミュニケーション、集合現象でも状況の力の影響を扱う研究がみられる。

解釈

図 1-2-1 を見てほしい。これはカニッ
ツァ錯視とよばれる有名な錯視図形であ
る。周辺の図形や黒線などが知覚される
と同時に、この図では白い三角形も知覚
される。白い三角形は物理的には存在し
ない。しかし、私たちは白い三角形があ
るとおぼしき領域に、頭の中で輪郭を補
い、その形状を知覚している。つまり、
白い三角形は私たちが頭の中で想像した
ものであり、実際に存在するものではない。

図 1-2-1　カニッツァ錯視 (Kanizsa, 1955)

この図は、私たちが社会をどのように認識しているのかという疑問に答えるヒ
ントを与えてくれる。白い三角形は実際には存在しない。しかし、そこに白い三
角形が存在するというリアリティを人は作り上げているのである。リアリティは、
私たちの主観的な解釈によって作り上げられている。解釈は、実際には見えない
世界を、解釈によって埋めていくという働きがある。

アッシュ（Asch, 1946）は、実験参加者にエネルギッシュ、自信にあふれた、
おしゃべり、あたたかい、皮肉っぽい、せんさく好き、説得力があるという性格
特性をもった人物を提示し、この人物がどのような人物か描写を求めた。以下の
文は、その回答例の１つである。

> この人物は、実際よりもずっと能力があるような印象を人々に与える。人気
> があって、人前で緊張するようなことは決してない。どのような集まりででも、
> 人気の中心になるだろう。多分‘何でも屋’だろう。この人の興味は幅広いだ
> ろうが、だからといって特に造詣の深いものが必ずしもあるわけではない。
> ユーモアのセンスはもっている。この人がいることによって、皆の熱気が盛り上
> がり、しばしば、その場の重要人物になるだろう。（Asch, 1946 を山本（1997）
> が翻訳）

この回答例を見ると、わずか７つの性格特性に関わる形容詞を示しただけなの
に、実験参加者は生き生きした人物イメージを作り上げていること、"能力があ

るような印象"というような外見的特徴に言及していること、その場の重要人物になるだろうというような将来の予測も行っていることなどがみてとれる。つまり、わずかな手掛かりをもとに、参加者自身が解釈によって印象の間隙を埋め合わせている様子をうかがい知ることができる。

　他者がある社会的カテゴリー集団に所属しているという情報を入手すると、その社会的カテゴリー集団がもつ特徴を、成員個人にも当てはめようとする。ステレオタイプ化とよばれるこの現象は、社会的カテゴリーに付与されているステレオタイプイメージを、成員個人に当てはめ、成員個人の印象を埋め合わせるという解釈の働きを示す1つの例である。解釈には、今見えている世界を意味づける働きもある。電車の中で老人に席を譲るという行為を観察すると、多くの人は「親切」という性格特性を思い浮かべるであろう。これは、老人に席を譲るという行為を「親切」と解釈していることを意味している。人には行動を過度に性格と結びつける性質があることが社会心理学の研究によって明らかにされている。この性質は対応バイアスとよばれている。

　対人認知、自己認知、態度と態度変容、感情、ステレオタイプ・偏見・差別などのテーマには、社会的対象を解釈するという側面から心の働きを明らかにしようとした研究が多く含まれている。またメディアの中の個人、集合現象の中にも、解釈の働きを示す研究がある。

自動性・潜在意識

　日常生活の中で、意識的な思考をともなわずに行っている行為は実に多い。自転車に乗るという行為はその典型例の1つである。自転車に乗るとき、私たちはペダルを踏み、ハンドルを操作するわけであるが、具体的にどう操作しているかを言語化するのは容易ではない。なぜならそこに明確な意識がともなっていないからである。自転車をこぐという動作の場合、練習によってその所作の1つひとつが体に染みつき、意識を介さずとも、自動的に体が動くようになってくる。つまりそこに自動性が生じてくるのである。自動性は身体の動きに多くみられるが、社会的な対象に対する認知においてもその自動性が多数報告されている。例えば、私たちが他者の人種や、性別、そしておおよその年齢（年代）を、ほぼ自動的に知覚していることはよく知られている。

　1970年代後半ごろから、社会心理学の中に社会的認知（social cognition）とよばれる研究勢力が台頭してくる。従来の社会心理学的な視点に、1970年代から

おこった認知心理学の視点を融合させ、社会心理学に新たな風を吹き込んだ（詳細は Fiske & Taylor, 2008 を参照）。認知心理学で広く用いられている記憶や反応時間などの従属変数を援用することで、社会的認知はこれまで測定することが難しかったさまざまな心の働きを観察することを可能にした。

　その結果、人間の社会的判断や行動は、意識的に行われているだけでなく、自動的無意識的な影響を受けていることが徐々に明らかにされてきた。社会的プライミングはその代表例の1つといえるであろう。通称フロリダ実験とよばれるバージほか（Bargh, Chen, & Burrows, 1996）の実験では、高齢者イメージが喚起されやすい単語（例えば「フロリダ」）に接しただけで、歩行速度が遅くなることが報告されている。大学教授イメージを想像しただけで、クイズの正解数が増加するという実験もある（Dijksterhuis & Knippenberg, 1998）。これらの実験では、実験参加者は実験操作に気づいていないことから、無意識的・自動的な影響がそこにあると考えられている。閾下刺激とよばれる、意識的レベルでは知覚することが難しい刺激（例えば、1／100秒程度の時間で瞬間的に提示される刺激）であっても、私たちの社会的判断に影響を及ぼすことが社会的プライミング研究などで明らかにされている。反応時間を用いた測定ツール（例えばIAT）の開発により、潜在的意識の存在とその影響についても、少しずつ明らかになってきている。潜在態度、潜在的自尊心などはその良い例である。

　自動性・潜在意識が社会的判断に及ぼす影響については、まだまだ新たな知見が発見される可能性が期待されている。自動性・潜在意識の影響は、内在化された社会との相互影響過程で生じる心の働きを示していると考えられる。今後も目が離せない研究領域の1つといえる。

文化

　文化とは、ある社会の成員が共有している行動様式や生活様式のことである。横断歩道を渡るとき、私たち日本人は、交通ルールを強く意識し、信号に忠実に従う傾向がある。しかし、海外旅行に行くと赤信号の横断歩道を堂々と渡っていく現地の歩行者を目にし、戸惑うことがある。これは、交通ルールに対する考え方が社会（文化）によって異なることを意味している。文化によって行動様式や生活様式が異なることを"文化差がある"という言い方をする。衣・食・住にみられる文化差は比較的容易にその違いを認識することができる。文化には言語、思想、信仰、慣習、制度、芸術、道徳など、人間が作り上げたさまざまな英知が

含まれている。

　文化差は、人間の考え方や価値観、信念にも影響を及ぼすことが予想される。事実、近年の社会心理学は、心理的側面における多種多様な文化差を報告してきた。なかでも、自己価値、自己定義に関わる側面での文化差についての研究は突出している。アイデンティティ（Cousins, 1989）、個人・集団主義（Triandis, 1995）、相互協調的・独立的自己観（Markus & Kitayama, 1991）などの研究は、西洋文化の個人志向、東洋文化の関係志向を繰り返し報告してきた。また、これまでは文化の影響を受けづらいと考えられていた知覚や認知などにおいても、東西文化の差異が報告されている。上述の自動性・潜在意識と本項の文化の問題は、世紀をまたいだこの数十年のあいだに社会心理学が特に焦点を当ててきたトピックであり、社会心理学を代表する研究をいくつも輩出してきた重要な領域である。

2.　社会心理学は研究上の疑問をどうやって明らかにしようとしているのか

　本章では社会心理学を"社会や内在化された社会から受ける、あるいはそれらの社会に及ぼす影響を、心理的な側面から明らかにする学問"と定義した。社会心理学が焦点を当てているのは"社会"である。社会については、私たちの外側に存在する社会と、個人に内在化された社会とがあることを指摘した。個人に内在化された社会からの（への）影響を明らかにしようとする場合、研究の対象となるのは、おのずと内在化された社会を有する個人ということになる。では、（外在する）社会からの（への）影響を明らかにしようとする場合はどうであろうか。この場合でも、焦点を当てるのは人の心理的側面である。たとえ集団であっても、心の働きは個々の成員が有するものであるがゆえ、集団全体（社会）よりも個人の側に焦点を当てた研究をすることが多くなる。そして、個々人の心の働きを通して社会の影響を推測していくことになる。

　社会学では、社会を個人の意識に還元し、個人単位で研究する方法論的個人主義の立場と、社会を個人とは切り離された堅固な対象と考え、社会を直接研究する方法論的集団（集合）主義の立場とがある。社会心理学は社会に焦点を当てた研究を目指しているが、上述のように、より積極的に焦点を当てているのは個人の心の働きである。したがって、社会心理学全体としては"方法論的個人主義"の立場に立って研究しているものが多い。

　研究上の疑問を解き明かす際に、社会心理学は"実証主義"を基本的な立場に

置いている。実証主義とは、経験的事実にのみ立脚し、先験的ないし形而上学的な推論を一切排除するという哲学の立場であった。現代の文脈では、"科学的"探求に求められる研究態度として実証主義という言葉が用いられることが多い。科学的であるためには実証性、再現性、客観性が求められる（Searle, 1999）。問題に対する仮説が観察・実験等によって検討できることを実証性という。同一条件のもとでは常に同一の結果が得られることを再現性という。実証データにもとづき、誰がみても同じ結論を導き出せることを客観性という。科学的な志向は社会心理学にかぎらず、心理学全般に通ずるものである。

第 **2** 章
社会心理学の研究法

第1節　目に見えない「心」を科学するために

1.「心」を定義して測定する

　心理学は「心」について科学する学問領域である。一方で、誰もが知っているように、「心」は目に見えない。それでは、目に見えない「心」をどのようにして学問的に扱うのだろうか。

　「心」は見ることも直接手で触れることもかなわないが、「心」の機能や諸側面を学問上の目的のために使用される構成概念（construct）として定義することで、私たちは他者と構成概念を共有できるようになる。ただし、このままでは「ストレッサーを多く経験している人ほど自尊感情が低い」という仮説を立てたとしても構成概念を直接的に扱えないため、実証的検証もできないままである。そこで、「操作的定義」を行うのである。操作的定義は、「操作化」（構成概念に対応する観察可能な対応物〔例えば心理尺度の項目や特定の行動など〕を選定すること）と「測定」（構成概念を数量化すること）の2段階を経て行われる。例えば「本研究では山本・松井・山成（1982）の自尊心尺度で測定された得点をもって、当人の自尊感情の指標とする」といった具合である。こうした操作的定義を行うことで、概念上で仮定される構成概念を観察可能な対象物として扱うことが可能になり、さまざまな仮説を検証できるようになる（図2-1-1）。

2.「正確に測定できているか」を評価する

　社会心理学をはじめとする心理学領域では、構成概念を研究対象とする。このとき、実際に数量化された観測変数が適切に構成概念を反映していなければ、いかに仮説通りの結果が得られたとしても、研究としての価値はないに等しい。し

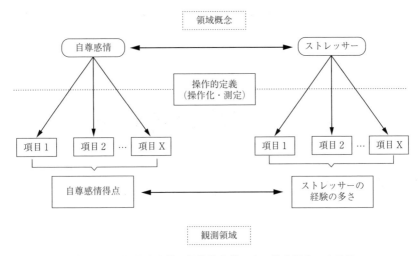

自尊感情 ⟷ ストレッサー

操作的定義
（操作化・測定）

項目1　項目2　…　項目X　　項目1　項目2　…　項目X

自尊感情得点 ⟷ ストレッサーの
経験の多さ

観測領域

図 2-1-1　概念的定義と操作的定義による構成概念の定量化

たがって、「構成概念がどの程度正確に測定できているか」という測定の質は研究の質を担保する際に重要であり、信頼性（Reliability）と妥当性（Validity）によって評価される。

　妥当性はクロンバックとミール（Cronbach & Meehl, 1955）による法則ネットワーク（nomological network）によって構成概念妥当性（construct validity）という考え方が生まれ、妥当性の捉え方の転換と方向づけをもたらした。その後、メシック（Messick, 1989；1995）による新たな妥当性の捉え方の提案後、妥当性は構成概念妥当性に集約されるとする考え方が広まった（American Educational Research Association, American Psychological Association, & National Council on Measurement in Education, 2014）。また、信頼性は概念的に妥当性に含まれるとみなされ、2つを区別してそれぞれを評価するメリットはなくなってきている（妥当性概念の歴史的背景などは村山〔2012〕が詳しい）。

測定の際に生じうる2つの誤差

　信頼性と妥当性それ自体および両者の関係性を理解するためには、測定誤差（measurement error）に関する理解が重要になる。そこで、まずは「偶然誤差」（random error）と「系統誤差」（systematic error）という2つの測定誤差について簡単に紹介する。

　あるテスト得点（X）（例えば自尊感情尺度や定期試験の得点など）がどのような

図 2-1-2　テスト得点（X）における真値・系統誤差・偶然誤差の模式図（南風原, 2012）

要因によって構成されるかを考えてみる。テスト得点（X）は、「真に構成概念を反映した成分（c）」（自尊感情や学力を反映した成分）と「測定誤差」（構成概念と本質的に関連しない測定上の誤差成分）の2つに大別され、測定誤差はさらに偶然誤差（e）と系統誤差（s）に区別される（図2-1-2）。偶然誤差とは、同じ測定を繰り返したときに、そのつど生じる誤差のことを指し、その時の体調や気分、回答への迷いや読み間違いなどが該当する。こうした偶然誤差は、測定場面が異なれば同じように生じることはなく、ランダムに生じる。一方、系統誤差とは、同じ測定を繰り返したときに各人に一貫して生じる誤差を指す。例えば、社会的に望ましいと考えられる回答をする傾向（社会的望ましさ）や本人の内省能力の正確性などが該当する。こうした系統誤差は、たとえ測定場面が異なったとしても同一人物においては同じように（系統的に）生じる誤差であり、測定場面を超えて一貫して生じる。これ以降、信頼性と妥当性についてみていくが、信頼性と妥当性とでは、この系統誤差を測定誤差とみなすか否かが異なっている。

信頼性（Reliability）

信頼性とは、「同一個人に対して異なる条件下で同一テスト、もしくは異なる等価テストを実施したときの得点の一貫性（Anastasi & Urbina, 1997）」と定義される。また、信頼性係数は誤差をともないやすいいくつかの測定値間の一貫性（あるいは非一貫性）を要約して信頼性を量的に表現した統計量である（Feldt & Brennan, 1989）。したがって、信頼性においては、測定場面を超えて一貫して生じる系統誤差を測定誤差とみなさずに信頼性係数が算出される。すなわち、図2-1-2におけるテスト得点（X）の分散に対する真値（$T = c + s$）の分散の割合（＝「$(c + s) / X$」）が信頼性係数となる。

これまでに、信頼性の推定方法には平行形式推定法や再テスト推定法、折半法、内的一貫法といった観点から多くの信頼性係数が提案されているが、国内外を問

わず α 係数が信頼性係数として多く報告されている（Hogan, Benjamin, & Brezinski, 2000；高本・服部, 2015）。ただし、α 係数については批判も多く（Raykov, 2001；Shevlin, Miles, Davies, & Walker, 2000）、α 係数を提案したクロンバック自身が「α 係数は信頼性を評価する最良の指標ではない」と述べている（Cronbach & Shavelson, 2004）。また、先に説明したように、測定誤差にはいくつかの種類があり、かつ、それぞれの信頼性の推定法では偶然誤差とみなす要因が異なっている（信頼性や信頼性係数に関する議論については岡田〔2011；2015〕が詳しい）。そのため、アメリカ教育研究協会ほか（American Educational Research Association et al., 2014）では測定上における測定誤差（偶然誤差）の要因を吟味・特定したうえで、報告すべき信頼性係数を決定する必要があり、可能なかぎり複数の信頼性係数を報告することが望ましいと指摘されている。また、実証的研究における信頼性の低さは、統計的解析を行う際に、相関係数の希薄化（真の相関係数よりも低い相関係数が得られること）や検定力の低下を引き起こし、結果の解釈に大きく関わってくる。

妥当性（Validity）

　妥当性とは、「テストもしくは他の測定結果にもとづいた解釈の適切性について、それを支える実証的証拠や理論的根拠がどの程度あるかに関する総合的な評価」（Messick, 1989）と定義される。もう少し端的に表現するならば、「テストの得点の解釈とそれに基づく推論の正当性の程度」（村上, 1999）である。したがって、妥当性においては、真に構成概念を反映した成分以外の系統誤差と偶然誤差が測定誤差となり、先の図 2-1-2 におけるテスト得点（X）の分散に対する c の分散の割合（＝「c/X」）が妥当性を表す。一般に、「信頼性が高くても妥当性が高いとは限らない」「信頼性が低いと妥当性も低い」「妥当性が高いと信頼性も高い」という関係が成立する。信頼性と妥当性とのあいだのこうした関係性は、図 2-1-2 を使って理解できる。すなわち、信頼性は「(c＋s)／X」であり、妥当性は「c/X」であるため、信頼性は妥当性とは異なり、分子の部分に真に構成概念を反映した成分（c）だけでなく、系統誤差（s）をも含む。したがって、両者のあいだには必ず「信頼性≧妥当性」が成立するため、上記にあげた 3 つの関係性が当てはまる。

　妥当性に関する具体的な検証は、クロンバックとミール（Cronbach & Meehl, 1955）以降、「構成概念妥当性」「基準関連妥当性」「内容的妥当性」の 3 つのタ

イプによって成立するとした三位一体観にもとづき、それぞれの妥当性を検証する形で行われてきた。しかし、こうした妥当性の捉え方には、①表面的な検討だけで、妥当性の検討が完全に済んだかのような印象を与えかねない、②妥当性概念のあいだの関係性について目が向けられにくくなる、③必要十分な妥当性の分類か否かについての問いに答えられない、といった問題点が指摘されている（村山, 2012）。そのため、近年では、妥当性を①特定の種類をもつのではなく、構成概念妥当性として統合して捉える、②テスト固有の性質ではない、③「有・無」という2分法ではなく、テスト得点に対する適切な解釈や推論を可能にする程度である、という考え方への転換がみられている。

第2節　変数間の関係性

　前節の図 2-1-1 に示した変数間の関係性は一様ではなく、さまざまな関係性として記述可能である。南風原（2002）では、2つの変数間の関係性を①相関関係、②共変関係、③処理−効果関係、④因果関係、という4つに区別している。それぞれの関係性がどのように異なるのかを「ストレスへの曝露」と「睡眠障害」を例にすると、

①相関関係：「ストレスへの曝露が多い人ほど、睡眠障害である人が多い」
→2つの変数を散布図として図示したときの相対的位置に規則性がある関係性
②共変関係：「ストレスへの曝露を経験したとき、睡眠障害になりやすい」
→一方の変数が変化することで、他方の変数も共変動するという関係性
③処理−効果関係：「ストレスへの曝露を経験させることで、睡眠障害になりやすくなる」
→一方の変数に処理・操作を加えることで、他方の変数が変動するという関係性
④因果関係：「ストレスへの曝露の経験が、睡眠障害を引き起こす」
→2つの変数のあいだにおける原因と結果に関する関係性

以上のように表現できる。上記の例における両者の関係性についての記述からもわかるように、相関関係は個人間を比較することで変数間の規則性を記述し、共変関係、処理−効果関係、因果関係の3つは個人内の変動性を通して変数間の関

係性を記述している。

　変数間の関係性を考えるとき、説明可能となる関係性の種類はデータの収集方法によって規定され、相関関係から共変関係や因果関係を推論するなど、別の関係性の推論は基本的に不可能であることに留意しなければならない。例えば、相関関係と共変関係は縦断的調査観察研究などによって推論が可能であり、処理－効果関係は実験研究によって推論が可能である。なお、因果関係は全称命題として直接的な検証が不可能であるため（統計的因果推論については、ヒル〔Hill, 1965〕や宮川〔2004〕なども参照のこと）、上記の①〜③の関係性を根拠に「推論」していく性質を有する（南風原, 2002）。

第3節　実証的検討の実際

1．変数の種類

　本節では、心理学領域がどのようにして「心」について実証的な検証を行っていくかを概観していく。そこで、まずは研究において扱われる変数（対象の特徴や情報を表すもの）を独立変数、従属変数、共変量の3つに分類して整理する。独立変数（independent variable）とは、研究において原因側に位置づけられる変数を指し、特に実験法において用いられ、調査観察研究では説明変数や予測変数ともよばれる。従属変数（dependent variable）とは、研究において結果側に位置づけられる変数を指し、独立変数と同じく実験法において用いられ、調査観察研究では基準変数や結果変数ともよばれる。共変量（covariate）とは、独立変数と従属変数の関係を考えるうえで、統制する必要がある変数を指し、独立変数と従属変数のいずれとも関連する変数であり、統制変数や交絡要因とよばれることもある。

　上記の3つの変数以外にも、研究の枠組みによって調整変数（moderator variable）や媒介変数（mediator variable）が含まれることがある。調整変数とは独立変数との間に交互作用効果（独立変数と調整変数の組み合わせによって生じる特別な効果）を有することで従属変数に異なる影響を与える変数を指す。調整変数のある値（例えば性別〔男性・女性〕や夫婦〔夫・妻〕）で層別したときに、独立変数と従属変数の関係が異なるとき、調整変数による調整効果があるとみなすことができる。一方、媒介変数とは、独立変数による影響を受け、従属変数に影響を

及ぼすという、独立変数と従属変数のあいだを介在する変数を指す。例えば、「ストレス曝露」によって「ストレスへの対処（コーピング）」を誘発し、その結果として「ストレス反応」が規定されるとき、「ストレスへの対処」は「ストレス曝露」と「ストレス反応」の媒介変数とみなされる。

2.　心理統計学を用いた検証

　心理学は「心」の機能によって生じるさまざまな心理的現象を、データにもとづいて検証する。このとき、多くの場合では、できるだけ多くの人に当てはめられる結果を得ることを目指す。しかし、実際の多くの研究では、研究の対象となりうる集団の中からごく限られた人のみが対象とされており、研究結果の一般性（どの程度の人に当てはめられるか）や対象となる集団全体の特徴を直接的に示すことができない。そこで、収集されたデータに対して心理統計学を用いることで目的を達成しようとするのである。

　心理学領域において用いられる統計解析には多種多様な手法があるが、それらは「群間差を検討する手法」と「関連の強さを検討する手法」に大きく分けられる。以降では、それぞれに該当する研究例を紹介しながら、心理学研究が心理統計学をどのように利用しているかをみていく。まず、前者の研究例にはガートナーほか（Gaertner, Iuzzini, & O'Mara, 2008）による「社会的排斥（集団や個人から無視されたり除け者にされたりすること）と攻撃行動との関連」を検討した研究を取り上げる。次に、後者の方法を用いた研究例にはヤナギサワほか（Yanagisawa et al., 2011）による「他者への信頼が社会的排斥による社会的痛みを低減させるか」を検討した研究を取り上げる。

社会的排斥と攻撃行動

　リアリーほか（Leary, Kowalski, Smith, & Phillips, 2003）は、アメリカの学校における銃乱射事件がなぜ発生したのかを、報道内容にもとづいた要因分析を行い、加害者が学校での慢性的な排斥やいじめを受けていたことが主な要因の1つにあげられるとした。ただし、加害者は事件の被害者となった人たちから排斥行為を受けていたわけではなく、事件を単純な報復行為の結果と考えることは難しい。そうした中、ガートナーほか（Gaertner et al., 2008）では、「社会的排斥を行う人たちの集団実体性（group entitativity：ある人たちの集まりをどのくらい1つのまとまりをもった集団とみなすか）の高さが、無関係な人に対する攻撃行動をも

真の実験
協力者

実験協力者のふり（サクラ）

集団実体性の高さを操作	
低集団実体性群 サクラは 私服を着ている。	高集団実体性群 サクラは同じ ユニフォームを着ている。

「実験実施者の手違いのため、4人のうち1人は今回の実験から
外れてほしい」と伝える。

社会的排斥の有無を操作	
社会的排斥あり群 3人のうちの1人が、 実験協力者を 名指しで指名する。	社会的排斥なし群 くじ引きで 実験から外れる人を 決める。

実験補助者としての協力を依頼
先の3人に聞かせる騒音の音量を決めてもらう。

図2-3-1　ガートナーほかの実験手続きの概略 (Gaertner et al., 2008)

引き起こすのではないか」と考え、以下のような研究を行っている。

ガートナーほか（2008）の研究の概要

　ガートナーほか（Gaertner et al., 2008）の研究の実験手続きの概要は図2-3-1
の通りであった。この実験は、「社会的排斥の有無」（実験に参加しない人を「名指
しで指名される」もしくは「くじ引きで決める」）と「集団実体性の高さ」（サクラの
3人が「同じユニフォームを着ている」もしくは「私服を着ている」）が独立変数であ
り、これらの条件を組み合わせた4つの群で構成された（「社会的排斥あり・低集
団実体性群」「社会的排斥あり・高集団実体性群」「社会的排斥なし・低集団実体性群」
「社会的排斥なし・高集団実体性群」の4群）。267名の大学生が実験に参加し、いず
れかの群に振り分けられた。攻撃行動の指標には実験協力者が3人のサクラに聞
かせた「騒音の音量」が用いられ、これが本実験における従属変数である。もし
もガートナーらの仮説が支持されるならば、社会的排斥を受け、かつ3人のサク
ラの集団実体性が高い群では、騒音の音量が他の群よりも高いと予測される。す
なわち、社会的排斥の有無と集団実体性とのあいだに交互作用がみられることに
なる。

実験で得られた結果を図2-3-2に示す。図を見るかぎりでは、ガートナーらの仮説通り、社会的排斥を受け、かつ集団実体性が高い群では騒音の音量の平均値が高いことがうかがえる。ただし、これはあくまでも今回の実験の結果であり、同一実験を繰り返したときに4群間の平均値はそれぞれの群で今回の結果と一致するとはかぎらない。例えば、コイ

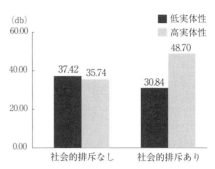

図2-3-2　社会的排斥と集団実体性の有無による攻撃行動（騒音の音量）の相違
(Gaertner et al., 2008)

ントスを10回実施して表が出る回数を調べることを繰り返したとき、確率的には表が5回出るはずだが、すべての施行で表が5回出るとはかぎらず、必ず理論的に期待される値に対して誤差が生じる。すなわち、今回の結果は、偶然の範囲で生じうる誤差の積み重ねによって、平均値に見かけ上の差があるようにみえているだけかもしれない。そこで、今回の実験における「社会的排斥の有無」と「集団実体性の高さ」を組み合わせた4群間の平均値が偶然の範囲で生じうる差と判断されるか、それとも平均値には差があると判断されるかを、確率論にもとづいて統計的に検証するのである（コラム3も参照のこと）。実際に統計的に差がみられるかを分散分析とよばれる手法を用いて検証すると、4群間の平均値には確かに統計的に差がみられた。つまり、社会的排斥を受け、かつ集団実体性が高い群は、その他の群と比べて騒音の音量の平均値が高かったのである。このことから、今回の実験で得られた結果はガートナーらの仮説を支持するものであり、社会的排斥を受けなかった群では、集団実体性の高さによって攻撃行動（騒音の音量）に差がみられないにもかかわらず、社会的排斥を受けた群において、集団実体性の高い群は集団実体性の低い群よりも大きな騒音をサクラの3人に聞かせていたと判断することができる。

信頼および自尊感情と社会的排斥による影響

社会的排斥を経験することで生じる社会的痛み（Social pain）は、脳内の前部帯状回背側部（dACC）および右腹側前頭前野（rVLPFC）の活性化と関連する（Eisenberger et al., 2003）。前者の部位の活性化は社会的排斥による不快さを反映し、後者の部位の活性化は社会的排斥による不快感情を制御する程度を反映する

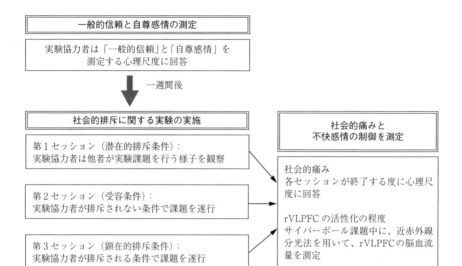

一般的信頼と自尊感情の測定

実験協力者は「一般的信頼」と「自尊感情」を
測定する心理尺度に回答

一週間後

社会的排斥に関する実験の実施

第1セッション（潜在的排斥条件）：
実験協力者は他者が実験課題を行う様子を観察

第2セッション（受容条件）：
実験協力者が排斥されない条件で課題を遂行

第3セッション（顕在的排斥条件）：
実験協力者が排斥される条件で課題を遂行

社会的痛みと
不快感情の制御を測定

社会的痛み
各セッションが終了する度に心理尺
度に回答

rVLPFCの活性化の程度
サイバーボール課題中に、近赤外線
分光法を用いて、rVLPFCの脳血流
量を測定

図 2-3-3　ヤナギサワほかの実験手続きの概略（Yanagisawa et al., 2009）

と考えられている。また、これらの脳内部位は身体的痛みを経験したときにも活性化するため、社会的排斥の経験による社会的痛みと身体的痛みは同様の脳機能的基盤を有することを示唆する。ヤナギサワほか（Yanagisawa et al., 2011）は、これまでの研究において心理社会的要因が社会的排斥の経験にともなう制御過程とどのような関連をもつかが十分に明らかにされていないことを指摘し、一般的信頼（general trust）および自尊感情とrVLPFCの活性化との関連を検討している。

ヤナギサワほか（2009）の研究の概要

　ヤナギサワほか（Yanagisawa et al., 2009）の研究における実験手続きは図2-3-3の通りであった。この実験では37名の実験協力者に一般的信頼と自尊感情についてあらかじめ回答を求め、その後にサイバーボール課題の実施と社会的痛みの評価、およびrVLPFCにおける脳血流量の測定が行われた（図2-3-4はサイバーボール課題の画像例）。もし、一般的信頼および自尊感情が社会的排斥の経験による不快感情の制御に関わるrVLPFCと関連をもつならば、これ

図 2-3-4　サイバーボール課題における画像例（Williams et al., 2000）

表 2-3-1　一般的信頼および自尊感情と社会的痛みとの関連

		一般的信頼	自尊感情
社会的痛み	潜在的排斥条件	-.34*	-.38*
	受容条件	-.09	-.00
	顕在的排斥条件	-.33*	-.33*
rVLPFC の変化量	潜在的排斥条件	.19	-.16
	受容条件	.20	.05
	顕在的排斥条件	.44**	.21

（Yanagisawa et al., 2011 を改変）

らの変数のあいだでは相関関係がみられるはずである。サイバーボール課題
(Williams & Jarvis, 2006；Williams, Cheung, & Choi, 2000) はパソコンを利用し
たキャッチボール課題であり、社会的排斥に関する研究において使用頻度の高い
実験課題である。図 2-3-4 はサイバーボール課題の画面例であり、画面下に見え
る手が実験協力者になる。課題遂行中にボールが手元に投げられたときは、画面
上部に位置するいずれかのキャラクターにボールを投げるように指示されるが、
社会的排斥条件では実験協力者にボールが投げられる回数が少ないように操作さ
れている。

　心理尺度によって測定された「一般的信頼」「自尊感情」「社会的痛み」と脳血
流量にもとづいて測定された rVLPFC の活性化の程度とのあいだに相関関係が
みられるかを検証するために相関係数 (r) を算出した結果が表 2-3-1 である。相
関係数とは、直線的な相関関係を表す統計量である。絶対値 1 の範囲（$-1 \leqq r \leqq 1$）をとり、数値が 1 に近いほど相関関係が強く、0 に近いほど相関関係がみ
られないと解釈される。したがって、表内のうち、例えば一般的信頼と社会的痛
み（顕在条件）の評価とのあいだの相関係数は $r = -.33$ であるため、一般的信頼
が高い人ほど社会的排斥による社会的痛みを低く評価していることがわかる。こ
の結果に対して、先述の例と同じように、偶然の範囲で得られる数値であるのか、
それとも統計的に有意な相関関係がみられるか（相関係数が 0 でないのか）を検
証したところ、表内の「*（アスタリスク）」が付記された変数間では統計的に有
意な相関関係がみられることが明らかにされた。すなわち、一般的信頼や自尊感
情が高い人ほど社会的排斥場面の遭遇にともなう主観的な社会的痛みを低く評価
していること、一般的信頼が高い人ほど社会的排斥の経験による不快感情を制御
する傾向がみられることがわかる。

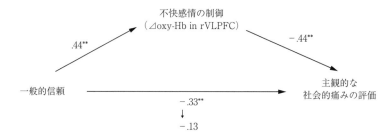

不快感情の制御
（△oxy-Hb in rVLPFC）

.44**

− .44**

一般的信頼

− .33**
↓
− .13

主観的な
社会的痛みの評価

※一般的信頼と主観的な社会的痛みの評価との間に「不快感情の制御」が媒介すると仮定すると、
β = − .33 から β = − .13 に数値が変化。

図 2-3-5　不快感情の制御を媒介した一般的信頼と社会的痛みの評価の関連
（Yanagisawa et al., 2011 を改変）

　上記の分析では 2 つの変数のあいだの相関関係が検討されている。ヤナギサ
ワほか（Yanagisawa et al., 2009）の論文では、一般的信頼の高さが社会的排斥の
経験による不快感情を制御し、主観的な社会的痛みの低さを予測するか、という
ことが検討されている。すなわち、「一般的信頼の高さ」→「不快感情の制御」
→「主観的な社会的痛みの評価」という関連性がみられるかを検証している。そ
の結果が図 2-3-5 である。図中の数値は一方の変数がもう一方の変数をどの程度
予測できるかを表す統計量（β：偏回帰係数）であり、例えば一般的信頼から不
快感情の制御（rVLPFC）をどの程度予測できるかを示している。また、一般的
信頼が直接的に主観的な社会的痛みの評価を予測するのか、それとも一般的信頼
は不快感情の制御（rVLPFC）を介することで、主観的な社会的痛みの評価を間
接的に予測するのかが検討されている（こうした分析方法は媒介分析とよばれる。
詳しくは Baron & Kenny〔1986〕や清水・荘島〔2017〕、鈴川〔2009〕などを参照の
こと）。一般的信頼と主観的な社会的痛みの評価とのあいだには統計的に関連が
みられたが（β = − .33）、不快感情の制御が媒介することを仮定すると、その関
連は統計的にみられなくなった（β = − .13）。この検討を通して、一般的信頼の
高さは不快感情の制御を媒介することで主観的な社会的痛みの評価を予測するこ
とが示されている。
　上述した媒介分析のように、2 つ以上の測定値を個々に独立させず、それぞれ
の相互関連を検討する分析は多変量解析と総称される。多変量解析の目的は、①
多変量データを簡潔に記述することと情報の圧縮（主な解析方法には因子分析や主

成分分析など）、②多変量データを未知の要因の特定やその影響の強さの推定（主な解析方法には重回帰分析や構造方程式モデリングなど）、③多変量データの判別や分類（主な解析方法には判別分析やクラスター分析など）の 3 つに分類できる。媒介分析は上記の分類では②に相当する（多変量解析の詳細については、本章の範囲を超えるため、それぞれ適宜書籍等を参照されたい）。

●COLUMN 3●　小さい標本から大きな母集団を統計的に推測する

1. 統計的に推測するとは

統計的推測とは、母集団（population）がどのような性質をもつかを、標本（sample）の情報を利用して確率モデルによって母集団の値（母数：parameter）に対する「推定」と「検定」を行うことを意味する。母集団とは研究の目的であるリサーチ・クエスチョンの対象者集団を指し、標本とは母集団の中から選ばれた部分集合を指す。例えば、「日本に住む小学 5 〜 6 年生」が母集団であり、「全国から集められた小学 5 〜 6 年生 600 名」が標本である。推定とは標本の情報から母数を推測することである。推定は料理を作るときの「味見」にたとえることができ、身近な例にはテレビ番組の視聴率調査や選挙の出口調査などがあげられる。

一方、「検定」は標本の情報をもとにして母集団に関する各種の仮説に関する適否の判断を確率的に行うことである。このとき、帰無仮説（null hypothesis）と対立仮説（alternative hypothesis）という 2 つの仮説を立て、背理法のロジックを用いてどちらの仮説を採択するかを判断する。すなわち、帰無仮説が正しいとしたときに、もしも対立仮説が正しいことを示す信憑性の高い結果が標本から得られたならば、帰無仮説を棄却して対立仮説を採択する、といった具合であり、この判断を確率論にもとづいて行うのである。具体的には、帰無仮説が正しいという仮定のもとで、標本の結果が生じうる確率を求め、もしも低い確率でしか生じえない結果であるならば、それは「対立仮説が正しいとした仮定において必然的に得られた結果」とみなすのである。

上記の手続きの中で、確率的に判断するために算出される数値を検定統計量とよび、この検定統計量が大きい値であるほど帰無仮説が棄却されやすく

なる。また、この検定統計量は「効果の大きさ」と「標本の大きさ」によって規定される（検定統計量＝効果の大きさ×標本の大きさ）。そのため、本来はほとんど効果がみられなくても、標本サイズが極めて大きいときには帰無仮説が棄却されてしまう恐れがある。このようなこともあり、近年は、アメリカ心理学会などをはじめとして、有意性検定の結果だけでなく、効果量（effect size）や信頼区間（Confidence Interval：あらかじめ定められた確率において母数を含む区間のこと）の報告も求められるようになってきた（American Psychological Association, 2009）。

2. 統計的判断における 2 種類の誤り方

　統計的仮説検定は確率に基づいていずれの仮説を採択するかを判断するため、誤った判断をしてしまう恐れがある。この判断の誤りには 2 つあり、第 1 種の過誤（type I error）と第 2 種の過誤（type II error）とよばれる。第 1 種の過誤とは、検定仮説（帰無仮説ともいう）が正しいにもかかわらず検定仮説を棄却する誤りであり、偽陽性（false positive）ともよばれる。たとえるなら、妊娠していない人に対して、「あなたは妊娠しています」と判断してしまう誤りである。一方、第 2 種の誤りとは、検定仮説が偽であるにもかかわらず検定仮説を採択する誤りであり、偽陰性（false negative）ともよばれる。先の例にならうなら、妊娠している人に対して、「あなたは妊娠していません」と判断してしまう誤りである。

●COLUMN 4●　効果量を解釈する

　南風原（2011）は実験的操作や実践的介入における「効果」を検討するとき、①平均的な効果の有無、②平均的な効果の大きさ、③効果の一般性（どの程度の個人に一般化できるのか）という 3 側面に区別できると指摘している。1 つ目の側面である「平均的な効果の有無」とは効果の有無を意味し、統計的仮説検定によって検討できる。2 つ目の側面である「平均的な効果の大きさ」とは、効果があるならばどの程度の大きさといえるかを意味し、効果量とよばれる指標によって解釈される。

　先に述べたように、効果量は効果の大きさを表し、帰無仮説が正しくない

表1　効果量の算出と報告、解釈のためのガイドライン

1.　研究の目的、デザイン、アウトカム、に基づいて最も適した効果量を選択する

2.　主要な変数について必要な基礎データを提供する

　　(a) 群デザインでは、平均値、標準偏差、サンプルサイズを、すべての群と時点ごとに示す

　　(b) 相関研究ではすべての測定時点で完全な相関行列を示す

　　(c) 2値のアウトカムでは、すべての群のサンプルサイズと各セルでの度数と割合を示す

3.　用いた効果量のタイプを示す

4.　統計的有意差にかかわらずすべてのアウトカムの効果を示す

5.　特定の引用文献または数式を示し、効果量がどのように計算されたかを正確に示す

6.　他の先行研究の文脈において効果量を解釈する

　　(a) 研究間のデザイン，アウトカムのタイプ，効果量の計算法が同じ時に最もよい比較ができる

　　(b) 先行研究の文脈と，実践的あるいは臨床的な価値に基づき効果量の強さを評価する

　　(c) 先行研究の効果量が示されていない場合，可能な限りで効果量を算出する

　　(d) Cohen（1988）のベンチマークは，他の関連研究との比較が不可能な場合のみ用いる

（Durlak, 2009）

程度を量的に表す指標とされ（大久保・岡田, 2012）、統計解析と同じく「群間差を表す d 族の効果量」と「関連の強さを表す r 族の効果量」の2つに大別される（Rosenthal, 1994）。効果量は量的な指標であるため、その大きさに応じた解釈が必要となるが、これまでの論文ではコーエン（Cohen, 1988）によるベンチマークを引用して効果量を解釈したものが散見される。他方、ダーラック（Durlak, 2009）はコーエン（Cohen, 1988）のベンチマークを無批判に使用することに否定的であり、その他の先行研究との比較等を通して効果量を解釈することが望ましく、関連する研究との比較が不可能である場合のみ、ベンチマークとして用いるべきとしている。ダーラック（Durlak, 2009）は効果量の算出や報告、解釈のために必要な事項を表1のようにまとめている。また、南風原（2014）は実用主義的研究と理論確証型研究によって、効果量の報告の必要性や有用性が異なることを指摘しており、効果量の利用においては画一的な基準によって効果量の解釈をするのではなく文脈的な解釈が求められている。

第**3**章

対人認知

　私たちは、毎日さまざまな人に出会い、その人たちについてさまざまな判断を行っている。友人や上司、恋人、ときには、電車内で向かい側に座った人やテレビに出てくる芸能人に対して、「今どのような感情状態にあるのか」「自分に対して好意を抱いてくれているのか」「その人はどのようなパーソナリティか」といったことを考えることがある。このように、特定の他者について、さまざまな情報をもとに、その人のパーソナリティ、情動、意図、態度、対人関係を推論したり、その人の行動を予測したりすることを対人認知（person perception）という。

第1節　対人認知のプロセス

1．対人情報の種類

　それでは、対人認知にはどのような情報が用いられるのであろうか。対人認知に用いられる情報は、2種類に大別することができる。まず1つは、相手が属する社会的カテゴリーに関する情報であり、もう1つは、相手についての個別の情報である。

　社会的カテゴリーに関する情報についてもう少し詳しくみてみよう。私たちはさまざまな物事の中に、ある共通した特徴を見出すと、それらをひとくくりにして、あるカテゴリーに属するものとしてみなすようになる。これを「カテゴリー化（categorization）」とよぶ。他者を見るときも同様に、「あの人は女性である」「あの人は高齢者である」というように、なんらかの社会的カテゴリーに属している人として見る。そして、私たちは、ある社会的カテゴリーやそのカテゴリーに属している個人に対して、一般化された信念や期待などを抱いていることがあ

るが、これをステレオタイプ（stereotype）という。「女性だからコミュニケーション能力が高いだろう」「高齢者だから穏やかに接してくれるだろう」といったものである。

2. 対人認知の二過程モデル

　社会的カテゴリーに関する情報と相手についての個別の情報にもとづいた2つの対人認知のプロセスは、相手や状況に応じて使い分けられていると考えられている。これらを統合的に理論化した対人認知モデルには、二重処理モデル（dual process model；Brewer, 1988）や連続体モデル（continuum model；Fiske & Neuberg, 1990）がある。ここでは、連続体モデルにもとづいて、対人認知のプロセスをみていこう。

　連続体モデル（図3-1-1）では、まず、対象人物をなんらかの社会的カテゴリーに当てはめる初期カテゴリー化が起こると想定している。例えば性別・年齢・人種などが即座に自動的に同定される。対象人物が自分にとって関わりのない場合には、初期のカテゴリーにもとづいた印象が確定する。

　関わりがある場合には、対象人物の属性に注意を振り向け、対象人物の属性が初期のカテゴリーと一致しているか否かが検討される。これを確証的カテゴリー化という。この確証的カテゴリー化がうまくいけば、当該人物は初期カテゴリー化にもとづいた印象が形成される。うまくいかなければ、再カテゴリー化の段階に進む。ここでは別のカテゴリーだけでなく、下位カテゴリーや事例（“この女性は私の妹のようだ”など）、自己概念（“この人は私自身のようだ”など）も含めた、新たなカテゴリーとの照合が試みられる。

　再カテゴリー化もうまくいかなければ、ピースミール統合（piece meal integration）の段階に進む。ピースミールとは細かなものを1つひとつ処理することを意味するが、この段階では、対象人物の属性が1つずつ統合されて全体の印象を作り上げていく。

　このモデルでは、対象人物についてさらに評価が必要であれば、上述の流れがまた繰り返されて、最終的な印象に近づいていくと想定されている。また、対象人物の印象は、カテゴリー依存型の印象からピースミール依存型の印象の連続体上のどこかに位置づけられると考えられている。

　個人の属性にもとづいた処理が起きるか否かを決定する要因には、認知者と対

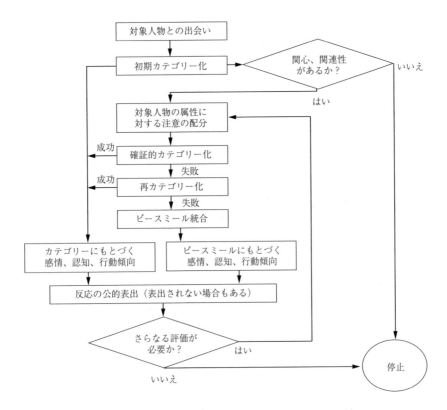

図 3-1-1　連続体モデル（Fiske & Neuberg, 1990 より作成）

象者との関連性や関与度の要因がある。また、フィスクとニューバーグ（Fiske & Neuberg, 1990）は動機づけの要因を重視しており、認知者がなんらかの形で対象人物の行為に影響を受ける状態にある場合などには、対象人物について正確に認知したいという動機が働いてピースミール依存型の処理が起きやすいとしている。

第2節　ステレオタイプの影響のメカニズム

1. プライミング

　社会的カテゴリーに関する情報にもとづいた処理の基盤となるのは、プライミング（priming）である。プライミングとは、先に示された刺激が、本人が気づいていないうちに、後の評価・判断や行動に影響を及ぼすことである。

ディバイン（Devine, 1989；研究 2）は、アフリカ系人種を連想させる言葉（例えば、ニガー、バスケットボール、ジャズなど）を他の単語に混ぜて、ヨーロッパ系アメリカ人の実験参加者に閾下提示した。閾下提示とは知覚者が意識できない方法で刺激を提示するものであり、この実験では 80msec という極めて短い時間で単語を提示した。閾下提示されるアフリカ系人種の連想語の割合は、20% と 80% の 2 条件が設定された。続いて、「ドナルド」という架空の人物について書かれた文章を提示し、実験参加者にドナルドの印象を評定させた。その結果、閾下提示されたアフリカ系人種を連想させる言葉の割合が 80% であった条件は、20% 条件に比べ、ドナルドに対する評価がより敵意的になった（図3-2-1）。しかも、このようなプライミングの効果は、実験参加者の偏見の強弱にかかわらず認められたのである。一方、敵意と関連のない特性におけるドナルドの評価には、プライム条件の影響はみられなかった（第10章参照）。

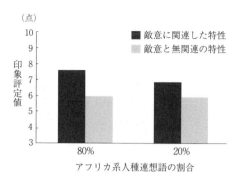

図3-2-1　プライミングが刺激人物の評定に与える影響
（Devine, 1989；研究2より作成）

　このような現象は、コリンズとロフタス（Collins & Loftus, 1975）のネットワーク活性化拡散理論から解釈することができる。このモデルでは概念や事象はネットワークを形成している。そして、ある概念が活性化されると、続いてそれに結びついている他の概念も活性化され、アクセスしやすい状態になる。同様に、ステレオタイプのような人に関する表象もネットワークを形成しており、ある特性が活性化するとそれに結びついている表象がアクセスしやすい状態になると考えられる。先に述べたディバインの実験では、アフリカ系人種を連想させる言葉が活性化することで、ヨーロッパ系アメリカ人の実験参加者がもつ「アフリカ系人種は敵意的である」というステレオタイプが活性化し、ドナルドの評価にまで影響が及んだと考えられる。

　さらに、プライミングによって活性化されたステレオタイプは、他者に対する評価に影響を及ぼすだけでなく、本人の自覚のないまま、他者に対する行動にも影響を及ぼす。

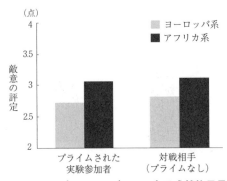

（点）

■ ヨーロッパ系
■ アフリカ系

敵意の評定

図3-2-2　プライミングによる自己成就的予言
（Chen & Bargh, 1997 より作成）

プライムされた
実験参加者

対戦相手
（プライムなし）

チェンとバージ（Chen & Bargh, 1997）は、初対面のヨーロッパ系アメリカ人の実験参加者ペアに、2つの課題への参加を求めた。最初の課題は、個別に取り組む課題で、コンピュータ画面に提示されるドットの数が奇数か偶数かを判断する課題であった。しかし、ペアのうちの1人には、この課題のあいだ、ヨーロッパ系かアフリカ系か、どちらか一方の若い男性の顔写真が閾下提示されるよう仕組まれていた。次に、2人は一緒にゲームを行うよう求められた。ゲーム中の音声が録音され、実験参加者の敵意的な行動が評定された。

その結果、ヨーロッパ系男性の顔を先行提示された人よりも、アフリカ系男性の顔を先行提示された人はより敵対的な行動を示したと評定された（図3-2-2左）。それに加え、アフリカ系男性の顔を先行提示された人の相手は、ヨーロッパ系男性の顔を先行提示された人の相手よりも、より敵対的な行動を示したのである（図3-2-2右）。一方、プライム刺激を先行提示された参加者は、自分の相手を敵対的であると思ったが、自分については敵対的であるとは評価していなかった。すなわち、相手の敵対的行動を引き出したのが、自分自身であることに気づいていなかったのである。

このように、ステレオタイプが活性化されることにより、本人の自覚のないまま、相手に対する行動を変化させ、その行動が最初のステレオタイプを確証するような行動を相手から引き出すことがある。この効果は自己成就的予言（self-fulfilling prophecy）とよばれている。

ところで、プライミングによって活性化された概念に対応する方向へと印象や行動が変化することを同化効果（assimilation effect）というが、実際にはその逆の対比効果（contrast effect）がみられることもある。例えば、ヒトラーやドラキュラなど極端に敵意的な人物をプライミングすると、続いて他の人物を評価させたときに、敵意性が低く評価されたのに対して、サンタクロースやローマ法王など敵意とはかけ離れたイメージの人物をプライミングすると、対象人物の敵意

性は高く評価された（Herr, 1986）。

　同化効果と対比効果のどちらが生起するかについては、それを左右する要因も整理されつつある（及川・及川, 2010）。先の研究（Herr, 1986）のように先行刺激が非常に極端で、後続刺激がそれほど極端でないとき、先行刺激との比較で後続刺激が過小に評価されることがある。また、正確な印象を形成したいという欲求があるときに、印象とは無関係な先行事象の影響に気づけば、それを排除・修正しようとするが、そのときに過剰修正が生じ、対比効果がみられることがある。

2. 確証バイアス

　ステレオタイプが他者の評価に影響を及ぼすプロセスには、私たちがもつ確証バイアス（confirmation bias）という傾向も関わっている。

　確証バイアスとは、ある考えや仮説を評価・検証しようとする際に、みずからその仮説に合致する証拠を選択的に収集したり、多くの情報の中からをそのような情報を選択的に認知したり、判断の段階では、そのような情報を重視したりする傾向のことである。仮説に都合の悪い情報は無視されやすく、探されることもほとんどなく、そのため、当初の仮説は維持されやすい。

　例えば、工藤（2003）は、血液型ステレオタイプによる確証バイアスについて検討を行った。血液型ステレオタイプとは、ABO 式血液型にもとづくカテゴリーに対するステレオタイプであり、「A 型の人は○○な性格だ」というように、血液型と性格などを結びつけるステレオタイプである。実験では、実験参加者に刺激人物についての説明文を提示し、刺激人物の血液型について判断を求めた。説明文には、ABO 式の血液型性格判断において各血液型に典型的な記述が均等に含まれていた。実験の結果、刺激人物が A 型かどうかの判断を求められた実験参加者は、A 型に典型的な性格の記述を、他の血液型に関する記述に比べて重視していた。すなわち、確証的な情報の使用が行われていたのである。他の血液型についても、AB 型を除き、同様の傾向がみられた。さらに、血液型ステレオタイプを信じている実験参加者ほど、A 型かどうかの判断を求められると刺激人物が A 型であると判断する傾向が高いなど、確証的な判断を行うことも示された。

　このように、ステレオタイプを確証する情報処理が行われやすいため、他者の評価にステレオタイプの影響がみられやすくなる。さらに、このような確証的な

プロセスによって、ステレオタイプ自体が維持されやすく、たとえ望ましくない
ステレオタイプであっても容易には解消しないのである。

第3節　印象形成

1. 中心的特性

　容貌・声・身振り・風評など、他者に関する情報をもとにその人についての全
体的印象を形成する過程を「印象形成（impression formation）」という。この印
象形成過程について初めて理論化を試みたのが、アッシュ（Asch, 1946）である。

　アッシュ（Asch, 1946）はゲシュタルト心理学の立場から、印象形成について
説明することを試みた。ゲシュタルト心理学は、刺激の全体的特徴は個々の要素
の単なる寄せ集めではなく、要素どうしの相互の布置（形態、ゲシュタルト）に
よって決定されるとする。印象形成においても、ある人物の全体的印象はその人
物に関する情報1つひとつの単なる寄せ集めではなく、各情報が全体的布置の中
でどのように位置づけられているかという、情報相互間のダイナミズムによって
決定されるとアッシュは考えた。そこで、アッシュ（Asch, 1946）は、次のよう
な実験を行い、印象が形成される過程の検討を行った。

　実験では、実験参加者に「ある人物の特徴を記述したもの」としていくつかの
形容詞を提示し、その人物の全体的な印象を尋ねた。

　その結果、アッシュは、全体的印象に大きな影響を与える情報とそうでない情
報とがあることを指摘した。人の性格を表す特徴の中には、その一言が入ってい
ることによってその人物の全体的印象に大きな影響を及ぼす「中心的特性」と、
全体的印象にあまり影響を及ぼさない「周辺的特性」とがある。例えば、アッ
シュ（Asch, 1946）では「知的な」「器用な」「勤勉な」「温かい」「決断力のある」
「実際的な」「注意深い」という形容詞のリストが実験参加者に提示されたが、そ
の際半分の人たちには1か所だけ「温かい」の部分を「冷たい」に入れ替えて提
示した。そうすると、「温かい」という形容詞を含んだリストを読んだ実験参加
者と「冷たい」という形容詞を含んだリストを読んだ実験参加者とで、その人物
に対して抱いた最終的な印象に大きな違いが生まれた。ところがその代わりに、
例えば「ていねいな」と「無礼な」を入れ換えても、あまり印象に違いが出な
かった。このようなことが起きるのは、中心的特性が全体的印象を一定の方向に

決定するように作用し、その方向でその人の印象をまとめあげようとする心のダイナミズムがあるためと説明される。

2.　第一印象の重要性

　アッシュの実験では、その人物に関する情報が与えられる順番によって、形成される印象が異なることも示されている。この現象を「情報の提示順序効果（order effect）」という。ある人物の特徴として、「知的な」「勤勉な」「衝動的な」「批判的な」「頑固な」「嫉妬深い」という形容詞のリストを、1つのグループには上から順番に、もう一方のグループには逆に示したところ、第一のグループは、この人物を有能で社会的に成功した人物というように好意的に受けとめたが、第二のグループは、まったくこの人物を好ましいとは思わなかった。つまり、2つのグループに示された内容はまったく同じであるのに、情報をみる順番が異なっているだけで、2つのグループがその人物に対して抱いた印象はまったく異なってしまった。

　このように、アッシュは、初めのほうの情報が最終的に形成される印象に大きな影響を及ぼすという初頭効果（primacy effect）を示した。しかし、後の研究では、1つひとつの特性を提示するたびに印象を評定させる（Stewart, 1965）、採用に関わる人物評価の実験設定で採用が直近の場合（Eyal, Hoover, Fujita, & Nussbaum, 2011）など、条件によっては初頭効果と逆に、終わりのほうの情報が印象を左右する新近効果（recency effect）が生ずることも示されている。

第4節　特性推論

1.　対応推論理論

　私たちが他者に抱く印象は、その人の行動を観察することからも形成される。私たちが、身の周りのさまざまな出来事や人の行動について、その原因を推論する過程を帰属というが、他者の行動の原因を帰属するプロセスにおいて、その人の内的な特性（能力やパーソナリティ、態度など）が推論されることがある。このような過程を特性推論という。

　一般に、人の行動の原因は、その人の内的な特性か状況要因に帰属される（Heider, 1958）。内的な特性に帰属されることを内的帰属、状況要因に帰属され

ることを外的帰属という。

　また、ジョーンズとデーヴィス（Jones & Davis, 1965）は、行動の原因が内的に帰属される条件を検討し、対応推論理論（correspondent inference theory）を提唱した。この理論によれば、内的帰属がなされるかどうかは、行動と内的な特性とを結びつける論理的必然性による。この必然性を対応性（correspondence）という。対応性が高いと、行動は内的な特性に帰属されることになる。

2. 対応バイアス

　対応推論理論によれば、ある行動をとるように外的圧力がかかっていると、対応性は低くなる。つまり、その行動から内的特性が推論されにくくなるはずである。しかし、特性推論に関する研究が進むにつれて、人は、周囲の圧力によって引き起こされた行動からも内的特性を推論してしまう傾向をもつことが示された。

　例えば、ジョーンズとハリス（Jones & Harris, 1967）は，キューバの指導者カストロに関するエッセイを実験参加者に読ませ、書き手の態度を推測させた。エッセイの内容はカストロ支持と不支持の2種類があったが、実験参加者の半数には、エッセイの書き手は、支持・不支持のどちらの立場で書くか、決められていたと説明された。残り半数の実験参加者には、書き手は支持・不支持を自由に選択することができたと説明された。前者の実験参加者は、エッセイから書き手の態度を推測することはできないはずであるが、実際には、後者の実験参加者と同様、エッセイの内容に沿った態度を書き手がもっていると推測された。

　このように、行為者の内的な特性が重視されすぎて、外的状況要因によって決定された行動からも、行為者の態度や性格などが推測されてしまう傾向を、対応バイアス（correspondence bias）あるいは基本的な帰属の誤り（fundamental attribution error）という。

3. 自発的特性推論

　現実に他者の行動を観察した場合には、自動的に内的な特性への帰属が起こっている可能性も示されている（自発的特性推論；spontaneous trait inference）。例えば、スミスとミラー（Smith & Miller, 1983）は、実験参加者に人の行動を記述した文章を示し、行動の原因や行為者の特性に関する質問に「はい」「いいえ」で答えてもらう実験を行った。すると、行動の原因（「この行動の原因はこの人自

| 行動の知覚 | → | 特性推論 | → | 状況による修正 |

　　　　　　　　自動的処理　　　　　　　　　　　統制的処理

図3-4-1　特性推論の3段階モデル
（Gillbert & Malone, 1995 より作成）

身にあるのでしょうか？」「この行動の
原因は状況にあるのでしょうか？」）
について答えるより、行為者の特性
（「この人はこの特性に当てはまります
か？」）について答えるほうが、反
応時間が短かった。

　ギルバートとマローン（Gillbert
& Malone, 1995）は、従来の帰属理
論とは異なり、行動の観察に続いて
その行動と対応した特性の推論が起
こり、その後になって状況を考慮し
た推論の修正が生じるとする、3段

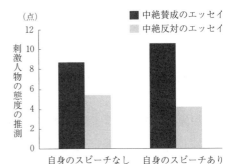

注）得点が高いほど、刺激人物が中絶に賛成と推測
していることを示す。

**図3-4-2　対応バイアスにおける
認知的負荷の影響**
（Gilbert, Pelham, & Krull, 1988 より作成）

階モデルを主張した（図3-4-1）。この一連のプロセスにおいて、最初の2つの段
階は自動的に生起し、最後の修正の段階では統制的な処理が必要とされると考え
られている。

　例えば、カストロ支持の文章を読むと即座に書き手が本当にカストロを支持し
ていると思ってしまい、その後で、「実験者によって指示されて書いたのだから、
本当の態度は違うかもしれない」と考え直す。しかし修正は認知資源を要するた
め、常に修正がなされるとはかぎらない。また、修正がなされたとしても不十分
になりがちで、結果として対応バイアスが生じるのである。

　このモデルでは、認知的に忙しい（cognitively busy）状態では、対応バイアス
が大きくなると予想される。このような認知的負荷の影響について、ギルバート
ほか（Gilbert, Pelham, & Krull, 1988）がジョーンズとハリス（Jones & Harris,
1967）の実験と類似した実験によって検証している。実験参加者は、刺激人物の
妊娠中絶に関するスピーチからその人の態度を推論することを求められた。その
際、刺激人物は実験者の指示によって「中絶支持」「中絶反対」が割り当てられ、

あらかじめ用意された新聞記事をもとに、原稿を作成しスピーチを行ったことが説明された。さらに、半数の実験参加者には、刺激人物のスピーチの後に実験参加者自身が同様にスピーチを行うよう求められた。ジョーンズとハリス（Jones & Harris, 1967）と同様、刺激人物はエッセイの内容を割り当てられているだけなので、実験参加者は刺激人物の態度を推測できないはずであるが、ここでも対応バイアスがみられた。さらに、自身のスピーチという認知的負荷が課せられた実験参加者では、対応バイアスが大きくなったのである（図 3-4-2）。

第 5 節　印象やステレオタイプの社会的共有

1．印象やステレオタイプとコミュニケーション

　他者についての印象やステレオタイプは認知者個人内にとどまらず、他者とのコミュニケーションや社会化のプロセスの中で、広く共有されていく。

　例えば、ヒギンズとロールズ（Higgins & Rholes, 1978）の実験では、実験参加者は、ある人物（ターゲット人物）に関する情報を受け手に伝えるよう求められた。その際、受け手がターゲット人物のことを好きだと知らされると、実験参加者はターゲット人物の良い情報を伝えた。対して、受け手がターゲット人物を嫌っていると知らされると、実験参加者はターゲット人物の悪い情報を伝えた。それだけでなく、送り手自身のターゲット人物に対する印象も、自分が伝えた内容に沿った印象が形成されていたのである。

　また、カシマ（Kashima, 2000）は、情報が伝達される中で、ステレオタイプを強めていくような話題の選択が行われることを示した。この実験では、数名の実験参加者が、あるターゲット人物に関する話題を次々に伝えていく。すると、最初のほうでは、ステレオタイプに反する情報が伝えられていくのに対し、後半ではステレオタイプに一致する情報の伝達率が高くなっていった。

　コミュニケーションの内容だけでなく、言語形式においてもステレオタイプの影響がみられる。例えば、視覚障害者を誘導する人物を評する際に、それがステレオタイプにもとづいた期待と一致する行為であれば、抽象的表現（「やさしい」「親切な」など）が用いられやすく、期待と一致しない行為は具体的表現（「案内した」「手伝った」）で記述される。このような現象は、言語的期待バイアスとよばれる。期待と一致する行為は抽象化、一般化されてステレオタイプを維持強化

するのに対して、期待と一致しない行為は、具体的に記述されその場かぎりの行為としてステレオタイプから切り離されてしまうと考えられる（菅・唐沢, 2006）。

2.　文化的ステレオタイプ

　ステレオタイプは、対人間のコミュニケーションを通じてだけではなく、メディアを通じても広く伝わっていく。例えば、テレビドラマの中では登場人物がステレオタイプ的に描かれることがある（岩男, 2000）。こうして、一般的に共有されているステレオタイプに関する知識のことを文化的ステレオタイプという。私たちは幼いころから、周囲の大人や、友だちとのコミュニケーションだけでなく、メディアを通じても、さまざまな文化的ステレオタイプに触れる。すなわち社会化（socialization）の過程を通して文化的ステレオタイプは、獲得、共有されていく。

　ディバイン（Devine, 1989；研究1）は、実験参加者にアフリカ系人種に対する一般的なステレオタイプの内容をあげさせた。すると、アフリカ系人種に対する偏見が弱い実験参加者でも、「犯罪的な（criminal)」「貧しい（poor)」「怠惰な（lazy)」などの内容をあげた。つまり、偏見が弱い人たちにおいても、知識として文化的ステレオタイプが獲得されているのである。また、続く研究2で、ディバインは、文化的ステレオタイプは偏見の強弱にかかわらず自動的に活性化することも示している（本章第2節参照）。

　ただし、ディバイン（Devine, 1989）は、ステレオタイプの自動的活性化とステレオタイプの意識的な統制のプロセスを区別した分離モデルを提唱しており、それによれば、ステレオタイプの影響を抑制しようとする個人的信念の持ち主は、ステレオタイプの適用を意識的に回避することができるという。第2節でも概観した通り、ステレオタイプの影響は強力である。しかし、ディバイン（Devine, 1989）の分離モデルのように、ステレオタイプの低減や抑制に関する仮説も提出されている（第10章も参照）。

第4章

自己

　社会生活において、私たちは、他者だけでなく自分自身とも向き合うことが求められる。自己に関するテーマは、古代から現代に至るまで、心理学や哲学などで探求されてきた。このうち、自分自身をどのように捉え、行動するのかに関しては、他者からさまざまな形で影響を受けるため、社会心理学の重要なテーマの1つとされてきた。

　中村（1990）は、自分自身をどのように捉え、行動するのかに関する一連の過程を自己過程とよび、自己の姿への注目、自己の姿の把握、自己の姿の評価、自己の姿の表出の、4つの過程を提唱した。その後、注目、把握の過程は、自己認知としてまとめられている（中村, 2006）。本章では、自己に関する社会心理学的テーマについて、自己過程の4つの過程ごとに説明する。加えて、自己に関するテーマの新たな展開として、文化、脳機能に関するテーマを紹介する。

第1節　自己の姿への注目

1. 自己注目

　私たちの意識は、普段は自分自身ではなく、外界に向けられている。しかし、鏡に映った自分の姿を見る、他者から自分の姿を見られる、内省するといったきっかけがあると、自分自身を意識するようになる。自分自身を意識することは、自己注目とよばれる。

　自己注目している状態は、自覚状態（self-awareness）とよばれる。ドゥバルとウィックランド（Duval & Wicklund, 1972）の提唱した自覚状態理論（self-awareness theory）では、自覚状態になると、その状況での適切さの基準を意識し、現状を基準と比較するとされている。そして、現状が基準に達していない場合、現状を基準と一致させるように行動を調整しようとするか、行動の調整を放

棄して自己から注意をそらそうするとされている。行動の調整としては、規範（「○○すべきである（すべきではない）」という行動や判断の基準）に沿った行動があげられる。例えば、シャイアーほか（Scheier, Fenigstein, & Buss, 1974）は、自覚状態になった男性の実験参加者が、「女性に対して優しくすべき」という規範に沿った行動をとりやすくなることを示した。彼らは、実験室で、男性の実験参加者に、生徒役の女性（実験協力者）が課題で間違えたら、好きな強さの電気ショックを選び、スイッチを押すように告げた。このとき、半数の実験参加者の前には、自己注目を促すために鏡が置いてあった。女性が間違えたときに選ばれた電気ショックの強さ（実際には電気ショックは流れない）を調べた結果、実験参加者の前に鏡がある条件は、ない条件に比べ、弱い電気ショックが選ばれやすかった。鏡で自覚状態になった男性の実験参加者が、「女性に対して優しくすべき」という規範に沿って、弱い電気ショックを選んだことが結果に反映されたのである。一方、行動の調整の放棄としては、自己から注意をそらすために、注意を意図的に外界に向けようとする行動があげられる。日常生活でいえば、現実逃避のために飲酒することが、行動の調整の放棄の一例である。

　なお、自覚状態理論については、のちに理論の修正が試みられてきた（e.g., Carver, 2012）。例えば、バス（Buss, 1980）は、自覚状態を、自己の容姿や振る舞いなど、他者から見える側面に注意を向ける公的自覚状態、自己の思考や感情など、他者から見えない側面に注意を向ける私的自覚状態に分けた。また、カーバーとシャイアー（Carver & Scheier, 1998）は、自己制御の観点から自覚状態が行動に与える影響を説明した（本章第4節参照）。

2. 自己注目の個人差

　自己注目しやすいか否かには個人差があり、自己意識（self-consciousness）とよばれる。自己意識を測定する尺度では、他者から見える側面への注意の向けやすさ（公的自己意識；public self-consciousness）と、他者から見えない側面への注意の向けやすさ（私的自己意識；private self-consciousness）を測定する（e.g., Fenigstein, Scheier, & Buss, 1975）。これらの尺度では、公的自己意識と私的自己意識には中程度、あるいは弱い正の相関がみられている。公的自己意識の高い者の特徴として、「自分のほうを見て笑っている」といった他者のあいまいな行動が自分に対して向けられていると判断しやすいこと（Fenigstein, 1984）などが示

されている。一方、私的自己意識の高い者の特徴として、自分の感情に忠実に行動しやすいこと（Scheier, 1976）などが明らかにされている。

第2節　自己の姿の把握

1．自己概念

　自己の姿に注目すると、自分自身について考えるようになるとされる。ジェームズ（James, 1890）は、自分自身について考えるときの、「考えている自分」を主体（I）、考える対象となる自分自身を客体（me）とよんだ。客体のうち、自分自身に関する具体的な知識は自己知識（self-knowledge）、自己知識にもとづいて自分自身を大まかに捉えた信念は自己概念（self-concept）とよばれる。また、自己概念のうち、特定の状況で一時的に意識されている自己概念は、作動自己概念（working self-concept）とよばれる。

　ジェームズ（James, 1890）は、自己概念を、身体や財産に関する物質的自己、他者からの印象に関する社会的自己、能力や性格に関する精神的自己の3つに分類した。ジェームズ以降、さまざまな観点から自己概念が分類されている。また、自己概念には、他者との関係の中で形成される側面もある。重要他者（親、親友、恋人など、自分にとって重要な者）との関係の中で形成された自己概念は、関係的自己（relational self）とよばれる（Andersen & Chen, 2002）。

　多様な自己概念のうち、「自分らしさ」に関する理解に関する側面は、アイデンティティとよばれる。アイデンティティは、自己の性格や能力など、他者とは異なる存在であるという理解に関する個人的アイデンティティ（individual identity）と、「自分は○○大学の学生である」など、所属集団の一員であるという理解に関する社会的アイデンティティ（social identity）に分けられる。ターナーほか（Turner, Hogg, Oakes, Reicher, & Wetherell, 1987）の提唱した自己カテゴリー化理論（self-categorization theory）では、周囲の他者と自己の類似性の認知が、どちらのアイデンティティで自己を認識するかに影響するとされている（図4-2-1）。周囲の他者と自己が類似していないと認知すると個人的アイデンティティで、周囲の他者と何かの点で類似していると認知すると社会的アイデンティティで、自己を認識するとされる。社会的アイデンティティで自己を認識すると、それぞれ自分自身を内集団（自分が所属している集団）の特徴にもとづいて

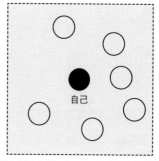

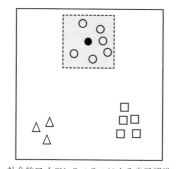

個人的アイデンティティによる自己認識　　　　社会的アイデンティティによる自己認識

注）●は自己、その他の図形は他者を示す。また、破線の内側は内集団、外側は外集団を示す。

図 4-2-1　自己カテゴリー化理論（Turner et al., 1987 より作成）

意識する、自己ステレオタイプ化（self-stereotyping）が生じやすくなる。また、内集団を外集団（自分が所属していない集団）よりも肯定的に評価するようになる（第 10 章参照）。

2.　自己スキーマ

　自己知識は、関連するものどうしが結びつき、ネットワークを形成して記憶されていると捉えられている。構造化された自己知識は、自己スキーマ（self-schema）とよばれる（第 3 章参照）。自己スキーマは、自己にとって重要な次元ほど、多くの情報どうしが結びついている。例えば、スポーツ選手は、スポーツに関する自己知識が、多くのネットワークを形成して記憶されていることになる。

　自己スキーマには、情報処理（第 3 章参照）を円滑にする役割がある。例えば、マーカス（Markus, 1977）は、自己スキーマに関する情報は速く処理されることを明らかにした。最初に、実験参加者に「自分は独立的か依存的か」と「そのことの重要性」を評価させ、実験参加者を、独立スキーマ群（自分は独立的で、そのことを重要であると考えている者）、依存スキーマ群（自分は依存的で、それを重要であると考えている者）、非スキーマ群（どちらにも当てはまらない者）に分類した。次に、実験参加者に、スライドに表示される語が自分に当てはまるか否かを、できるかぎり速く判断するように告げた。その結果、非スキーマ群では独立、依存に関する語の反応時間に差はみられなかったものの、独立スキーマ群は独立に関する語（例：「主張的な（assertive）」）、依存的スキーマ群は依存に関する語

（例：「同調的な（conforming）」）の、反応時間が短かった。別の研究では、自己スキーマと関連づけて処理した情報は記憶されやすいことが示され、自己関連づけ効果（self-reference effect）とよばれる（Rogers, Kuiper, & Kirker, 1977）。

3. メタ知覚

　自己の姿の把握については、自己概念の基盤となる「自分自身が見ている自己の認識」だけでなく、「他者に見られている自己の認識」、すなわち、メタ知覚（metaperception）に関するテーマもあげられる。メタ知覚として、他者に見られる自己像の認識だけでなく、他者に直接的に伝えていない自己像の認識にも関心が向けられている（Vorauer, 2001）。後者に関連する概念として、例えば、被透視感（相互作用する他者に対して、思考内容や感情など、直接的に伝えていない事柄を気づかれていると感じる感覚；太幡, 2017）があげられる。

第3節　自己の姿の評価

1. 自尊心

　自己認知を経ると、把握した自己の姿を評価するようになるとされる。自己評価（self-evaluation）にもとづいて形成された、自己全体に対する肯定的評価は、自尊心（自尊感情；self-esteem）とよばれる。

　ローゼンバーグ（Rosenberg, 1965）は、自尊心を、自己受容、自己尊敬に関する感じ方と考え、自尊心の高さを測定する尺度を作成した。この尺度は時間や状況を通じて変動しにくい自尊心を測定する尺度であり、日本語版も作成されている（e.g., 山本・松井・山成, 1982）。

　リアリーとバウマイスター（Leary & Baumeister, 2000）は、ソシオメーター理論（sociometer theory）を提唱し、自尊心を他者からの受容と拒絶の程度を知らせるものと考えた。ソシオメーター理論によると、他者からの受容（の予期）によって自尊心が高まる一方、他者からの拒絶（の予期）によって自尊心が低まるとされている。ソシオメーター理論で想定されるような、時間や状況によって変化する自尊心は、状態自尊心（状態自尊感情；state self-esteem）とよばれる。なお、状態自尊心に対し、時間や状況を通じて変動しにくい自尊心は、特性自尊心（特性自尊感情；trait self-esteem）とよばれる。

　近年では、本人が自覚できない自尊心、すなわち潜在的自尊心（潜在的自尊感情；implicit self-esteem）も着目されるようになり、特性自尊心、状態自尊心のような、本人が自覚できる顕在的自尊心（顕在的自尊感情；explicit self-esteem）と区別されている。潜在的自尊心の代表的な測定法として、「自分」が「良い」と「悪い」のどちらの概念と連合しているかを、コンピュータに表示される語をできるかぎり速く判断させて調べる、潜在連合テスト（Implicit Association Test；IAT、第5章参照）があげられる（e.g., Greenwald & Farnham, 2000）。潜在的自尊心は、回答の際の謙遜の影響を受けにくいとされている。日本人は欧米人に比べ、顕在的自尊心は低いものの、IATによって測定された潜在的自尊心の高さには違いがみられないことが報告されている（Yamaguchi, et al., 2007）。なお、潜在的自尊心と顕在的自尊心には弱い正の相関がみられるにとどまっており（Bosson, Swann, & Pennebaker, 2000）、両者のずれに着目する研究もみられる。例えば、顕在的自尊心が高い者のうち、潜在的自尊心の低い者は高い者に比べ、内集団に有利な判断や行動をしやすい（内集団ひいき；第10章参照）など、自己防衛的に反応しやすいことが示されている（e.g., Jordan, Spencer, Zanna, Hoshino-Browne, & Correll, 2003）。

　自尊心には、自己肯定感の獲得や困難な状況への対処を通して、社会生活への適応に寄与するという役割がある。また、自尊心は、社会生活における人間の生存に関わる重要なものとして位置づけられている。先に説明したソシオメーター理論（Leary & Baumeister, 2000）では、他者からの受容は個人が生存するために重要であるとされている。そして、自尊心が低下している者は、他者から拒絶されている（あるいは、今後、拒絶される可能性が高い）状態にあるため、自尊心を回復させることを試みるとされている。また、存在脅威管理理論（terror management theory；Solomon, Greenberg, & Pyszczynski, 1991）では、自尊心と文化的世界観（集団内で共有されている信念）が、死の不可避性を認識することで生じる脅威を緩和するとされている。自己の存在への脅威を感じたときには、自尊心を高めることで、自己を取り巻く文化的世界観を維持し、その脅威に対処しようとするとされている。

　ところで、自尊心は、自分自身にとって重要な側面の影響を強く受ける。例えば、仕事での成功を重視している者はそうではない者に比べ、仕事の成果や、仕事に対する他者からの評価によって、自尊心が変動しやすいであろう。自己の特

定の側面が自尊心に影響を及ぼす程度は、自己価値の随伴性（contingencies of self-worth）とよばれる（Crocker & Wolfe, 2001）。日本人大学生を対象とした調査では、随伴性が高い側面として、他者との競争、外見的魅力、他者からの評価、学業能力などがあげられている（内田, 2008）。

2. 自己評価の維持、高揚

　自己評価や自尊心には個人差がみられるのとは別に、自己評価に影響を与える一般的動機がある。主な動機として、自己評価を高く維持したり高めようとしたりする、自己高揚（self-enhancement）動機があげられる。

　自己高揚動機の影響で、一般的に、現在の自己を肯定的に認知する傾向がみられる。テイラーとブラウン（Taylor & Brown, 1988）は、このような傾向をポジティブ幻想（positive illusion）とよび、実際よりも、①肯定的に自己評価する、②周囲の出来事に対する統制感が高い、③楽観的に将来を予測するという特徴がみられるとしている。そして、ポジティブ幻想には、自己の精神的健康の維持や、目標を追求する動機づけの喚起という役割があると位置づけている。

　実際よりも肯定的自己評価の一例として、自己の性格や能力を平均的他者よりも優れていると考えやすいことがあげられる。これは平均以上効果（better-than-average effect）とよばれる（Alicke, Klotz, Breitenbecher, Yurak, & Vredenburg, 1995）。例えば、アメリカの大学生に、さまざまな性格について、同じ大学の平均的学生と比べて自分自身に当てはまるか否かを評価させた研究では、特性自尊心の高さにかかわらず肯定的な性格は当てはまり、否定的な性格は当てはまらないと回答されやすいことが示されている（Suls, Lemos, & Stewart, 2002）。なお、日本の大学生を対象とした研究では、経済力、スタイルなど、領域によっては自己を平均的他者よりも過小評価する傾向がみられており（伊藤, 1999）、平均以上効果が生じるか否かには、領域の重要性や評価基準の明確性が影響する可能性や、文化による違いがみられる可能性（本章第5節、第13章参照）が指摘されている。

　実際よりも肯定的な自己評価は、現在と過去の自己とを比較する継時的自己比較（temporal self-comparison）にもみられ、現在の自己評価を高めるために、過去の自己を現在の自己よりも否定的に評価しやすいことが示されている。例えば、ウィルソンとロス（Wilson & Ross, 2001）は、大学生に自己評価させたのち、2か月後にもう一度自己評価させ、さらに2か月前の自分自身を振り返って評価

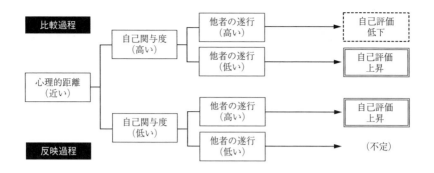

図4-3-1　自己評価維持モデルにおける比較過程と反映過程
(Tesser, 1988 より作成)

させた。その結果、2か月前の自分自身を振り返った評価は、現在の自己評価や、2か月前に回答した自己評価よりも低くなった。

　自己高揚動機の影響は、他者の行動の結果に対する理解においてもみられる。テッサー（Tesser, 1988）の提唱した自己評価維持モデル（self-evaluation maintenance model）では、相手との心理的距離（その他者との関係の近さ）、自己関与度（自分自身にとってのその事柄の重要性）、他者の遂行レベル（成功か失敗か）の組み合わせで、自己評価やその後の反応への影響が異なるとされている（図4-3-1）。例えば、自分と仲の良い友人（心理的距離が近い他者）が、部活動の大会で良い成績を収めたとする。その部活動への自己関与度が高い（例：自分もその部活動に所属していて、その部活動に一生懸命取り組んでいる）場合、友人との比較が生じる（比較過程）。この場合、友人の遂行レベルのほうが自分よりも高いほど、自己評価が低下する脅威にさらされるため、自己評価を低下させないように対処するとされている。この状況では、その他者との心理的距離を遠ざける（例：その友人と仲良くしないようにする）、自己関与度を下げる（例：部活動で一生懸命頑張るのをやめる）、自分の遂行を他者よりも高めようとする（例：部活動で友人に負けないように努力する）という対処が考えられる。一方、その部活動への自己関与度が低い（例：自分は友人とは同じ部活動には所属していない）場合、友人との比較が生じない（反映過程）。優れた他者との関わりやなんらかの共通点が自分自身にあると、自分自身も優れていると感じられるため、友人の遂行レベルが高いほど、自己評価は上昇することになるとされている。反映過程のように、

他者との関係性を通じて自己高揚することは、間接的自己高揚とよばれる。例えば、優れた他者（集団）と自分には関わりがあることを意識して自己評価を高めようとする、栄光浴（basking in reflected glory）はその一例である。上の例でいえば、友人が部活動の大会で良い成績を収めたことを他者に話すことが、栄光浴にあたる。

また、自己評価が低下する脅威にさらされているときに自己評価を維持する方法には、自己評価維持モデルの比較過程で説明される、相手との心理的距離、自己関与度、他者の遂行レベルに関する要因を変えること以外に、自己価値を確認することもあげられる。自己価値確認理論（self-affirmation theory）では、特定の領域で自己評価が低下する脅威にさらされても、自分を価値のある人間と感じられれば自己評価が維持できるとされている（Steele, 1988）。例えば、自己価値を確認した喫煙者は確認していない喫煙者に比べ、喫煙の健康被害に関する情報（自己評価が低下する脅威となる情報）を避けようとしないことが示されている（Harris, Mayle, Mabbott, & Napper, 2007）。

ところで、自己評価は常に自己高揚動機の影響を受けるわけではない。自己の能力や性格について、たとえ望ましくない情報であっても正確に知ろうとする、自己査定（self-assessment）動機（Trope, 1983）の影響を受けることもある。自分自身を正確に評価できると、将来の出来事をより正確に予測できるようになり、危険を回避するのに有益である。自己の能力について、その能力が変化しにくいと伝えられると自己高揚的に、変化しやすいと伝えられると自己査定的に情報収集されやすいことが明らかにされている（Dunning, 1995）。また、一貫した自己概念を保とうとする自己確証（self-verification）動機（Swann, Stein-Seroussi, & Giesler, 1992）も、自己認知や行動に影響するとされている。自己概念の正しさを確認するように行動すると、自己概念を一貫させることができるため、自己の姿の把握において有益である。性格に関する情報について、自己概念の確信度が高い者は、自己概念と合致する情報を収集しやすいことが報告されている（沼崎・工藤, 1995）。

第4節 自己の姿の表出

1. 自己呈示

　自己認知、自己評価を経て、自己の姿を他者に表出するとされる。このとき、自己にとって望ましい結果を得るために、自己について特定の印象を他者に与えようと自己の振る舞いを操作することがある。これは、自己呈示（self-presentation）とよばれる。自己呈示は、意識的な行動だけを指すわけではない。情報処理（第3章参照）の観点では、認知資源が必要な統制過程の情報処理を経た行動だけでなく、認知資源をほとんど必要としない自動過程の情報処理を経た行動も、自己呈示とされている（Schlenker, 2012）。例えば、儀礼的なあいさつのような、「○○のときは××する」という一連の知識（スクリプト）が学習された行動は、自動過程の情報処理を経た自己呈示である。

　自己呈示の主な役割としては、報酬の獲得や損失の回避、自尊心の維持や高揚、自己のアイデンティティの確立があげられる。このうち、自己のアイデンティティの確立には、自己呈示した自己像を他者から認めてもらうことに加え、その自己像を自分自身で確認することも含まれる。例えば、自己の行動が他者に見られている場合、振る舞ったように自己概念が変化する可能性があることが示されており（Tice, 1992）、自己呈示の内在化とよばれる。

　自己呈示は、自己呈示の目的の点で2種類に分けられる。1つは、特定の印象を他者に与えようとする、主張的自己呈示である。ジョーンズとピットマン（Jones & Pittman, 1982）は主張的自己呈示を、取り入り（ingratiation）、自己宣伝（self-promotion）、示範（exemplification）、威嚇（intimidation）、哀願（supplication）に分類した（表4-4-1）。自己にとって望ましい結果を得るために、取り入り、自己宣伝、示範は肯定的な印象を、威嚇、哀願は否定的な印象を他者に与えようとする自己呈示である。

　もう1つの自己呈示は、自己の印象が悪くなりそうな状況で、印象が悪くなることを防ごうとする、防衛的自己呈示である。例えば、失敗したときの防衛的自己呈示として、謝罪（自分の非を認めて謝る）、弁解（失敗の言い訳をする）、正当化（自分は間違ったことをしていないと主張する）、否認（自分は関与していないと主張する）があげられる（大渕, 2015）。

表 4-4-1　主張的自己呈示の分類

自己呈示	自己呈示の目的	例
取り入り	自己の魅力を高め、他者の好意を獲得しようとする	就職面接で、会社が必要とする人物像に合う服装や言動をする
自己宣伝	能力が高いことを示そうとする	自慢話をする
示範	徳的であることを示そうとする	困った人を献身的に援助する
威嚇	他者に恐怖を与えようとする	街中でぶつかった他者をにらみつける
哀願	弱く頼りない印象を与えようとする	自分の失敗談を話す

　また、防衛的自己呈示には、失敗することが予想されるときに、失敗したとしても自己の能力が低いためではないことを示そうとする自己呈示もあり、セルフ・ハンディキャッピング（self-handicapping）とよばれる。具体的には、不利な状況にあることを人に訴える主張的セルフ・ハンディキャッピング（例：大切な試験の前に「ちっとも勉強していない」と周りの人に言う）、不利な状況をみずから作り出す獲得的セルフ・ハンディキャッピング（例：大切な試験の直前にわざと用事を作って勉強できない状況にしてしまう）がある。

　バーグラスとジョーンズ（Berglas & Jones, 1978）は、セルフ・ハンディキャッピングは、能力が低いという印象を他者に与えないようにするためだけでなく、失敗に対する自分自身への言い訳を作って自己評価を維持しようとするためになされることを示した。最初に、実験助手の指示のもと、半数の実験参加者には簡単な課題、残りの半数には難しい（解答不能な問題を多く含む）課題に取り組ませた。課題終了後、実験助手は、全員に「課題は良い成績だった」と伝えた。続いて、実験助手とは別の実験者が、類似した別の課題に取り組んでもらうこと、課題の前に好きな薬を選んで飲んでもらうことを告げた。薬は、頭の働きの促進薬と抑制薬で、それぞれ成分量が段階的に異なる薬が用意されていた。実験参加者が頭の働きの抑制薬を選ぶと、セルフ・ハンディキャッピングしたことになる。また、半数の実験参加者には、実験者が「助手から実験参加者の課題の成績を聞いた」と告げ、残りの半数にはそのようには告げなかった。その結果（図 4-4-1）、最初に難しい課題に取り組んで「課題は良い成績だった」と伝えた者には、実験者が最初の課題の成績を知っているか否かにかかわらず、頭の働きの抑制薬が選択されやすかった。彼らは、次の課題でも良い成績を収めることができる確信がないため、頭の働きの抑制薬を選んで、「今回は薬のせいで課題が解けなかった」

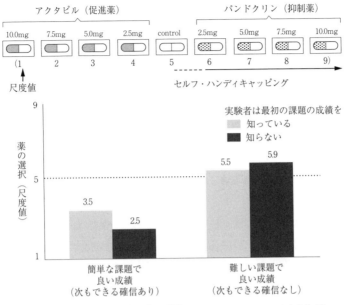

図4-4-1　各条件の薬の選択（Berglas, & Jones, 1978 より作成）

という言い訳を、実験者に対してだけでなく、自分自身に対しても作ろうとしたことが結果に反映されたのである。

2. 自己開示

　自己の姿を他者に表現するとき、自己の内面を正直に他者に伝えようとすることもある。他者に対して、言葉を介して自分自身に関する情報を伝達する行為は、自己開示（self-disclosure）とよばれる。自己開示は自己呈示と比べると、特定の印象を与えようとする意図が少ない自己表出である。

　自己開示には、自己開示した相手に感じられる親密感や信頼感により、対人関係を進展させる役割がある。また、開示した本人にも、さまざまな効果をもたらす。例えば、悩みや苦しみを自己開示すると、精神的な痛みをやわらげることができ、カタルシス効果とよばれる。過去の心的外傷（トラウマ）に関する体験を自己開示したことがある者はない者に比べ、精神的に健康な状態にあることが報告されている（Pennebaker, 1997）。その他、自己開示によって、自分自身や状況への理解を深めること（自己明確化）、相手の反応から自己の適切さを確認するこ

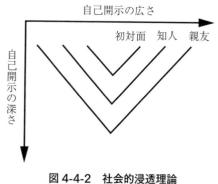

図 4-4-2　社会的浸透理論
(Altman & Taylor, 1973 より作成)

と（社会的妥当化）もできるとされている。

　自己開示の仕方は、相手との関係性により異なる。社会的浸透理論（social penetration theory；Altman & Taylor, 1973）では、相手との関係性により、自己開示の広さ（話題にする内容）、自己開示の深さ（自己の否定的側面を含める程度）が異なるとされている（図 4-4-2）。親友には初対面の相手よりも、広く、深い内容が自己開示されやすい。他者と良好な関係を構築するためには、相手との関係性を考慮し、相手と同程度の広さと深さの自己開示を相手に返すという、返報性を成立させる必要がある（第7章参照）。

3.　自己制御

　自己の姿を適切に表出するには、目標に合わせて行動を調整する必要がある。周囲の世界への認識や将来の結果の予期にもとづいて自己の行動を制御することは、自己制御（self-regulation）とよばれる。効果的な自己制御には、自己の行動を評価し変化させる基準（目標）、制御すべき行動に注意を向けること（自己モニタリング）、現状を基準に合致させようとする動機づけが必要である。

　自己制御の過程を説明した代表的な理論として、カーバーとシャイアー（Carver & Scheier, 1998）の提唱した制御理論（cybernetic theory of regulation）があげられる（図 4-4-3）。制御理論は、自覚状態理論（Duval & Wicklund, 1972；本章第1節参照）を展開させた理論である。自覚状態において基準（目標）を意識すると、現状を基準と比較するとされている。基準に達している場合、自己制御が終了し、現在の行動が維持される。一方、基準に達していない場合、現状を基準と一致させるように行動を調整する。行動の調整の結果は自分自身にフィードバックされ、現状が基準に達すれば自己制御は終了する。基準に達しない場合、自己の行動を基準に一致させることができる可能性を判断し、可能性が高いと判断した場合のみ、基準に一致するような行動がとられる。可能性が低いと判断すると、自己制御は放棄され、自己から注意をそらそうとする。

自己制御には制御資源（regulatory resource）という有限のエネルギーが必要となるため、ある事柄への自己制御で制御資源を消費した自我枯渇（ego depletion）の状態にあると、その後の別の事柄への自己制御に十分な制御資源が使えなくなるとされている（e.g., Baumeister, Vohs, & Tice, 2007）。例えば、制御資源を多く消費する先行課題に取り組んで自我枯渇の状態にある者はそうではない者に比べ、難しい後続課題に取り組むときに早く諦めやすいことが示されている（Baumeister, Bratslavsky, Muraven, & Tice, 1998）。

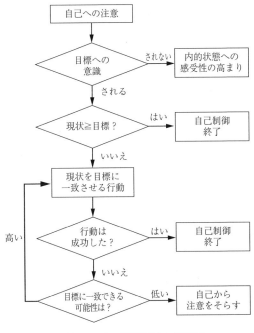

図4-4-3　制御理論の概略図

また、自己制御の仕方は、どのような目標に着目するかという、制御焦点（regulatory focus）によって変わる。ヒギンズ（Higgins, 1998）の提唱した制御焦点理論（regulatory focus theory）では、望ましい結果を獲得するという目標に着目する促進焦点（promotion focus）と、望ましくない結果を回避するという目標に着目する予防焦点（prevention focus）の2つが想定され、状況によって着目しやすい制御焦点が変わるとされている。また、どちらの制御焦点に着目しやすいかには個人差があり、個人差を測定する尺度が作成されている（e.g., Higgins, et al., 2001）。着目しやすい制御焦点の個人差は、認知や行動に影響をもたらす。例えば、説得（第5章参照）に関する研究では、促進焦点に着目しやすい者は成功や獲得が強調されたメッセージに説得されやすいのに対し、予防焦点に着目しやすい者は安全やリスクの低さが強調されたメッセージに説得されやすいことが示されている（Cesario, Grant, & Higgins, 2004）。

第5節　自己に関するテーマの新たな展開

1．自己過程に対する文化的影響

　近年では、心に対する文化的影響に着目する研究が盛んに行われており（第13章参照）、自己過程に対する文化的影響に関する研究も進められている。例えば、本章第3節で取り上げた自己高揚について、日本をはじめとする東洋の文化圏の者には北米やヨーロッパをはじめとする西洋の文化圏の者に比べ、自己高揚動機よりも、より優れた存在になることを求める、自己改善（self-improving）動機にもとづいた行動がみられやすいと考えられている（Heine, et al., 2001）。自己認知や自己表出にも文化による違いがみられており、その理由についてさまざまな観点から考察されている（第13章参照）。

2．自己過程に関連する脳機能

　近年では、人間の認知の働きにおける脳機能に着目する認知神経科学（cognitive neuroscience）の観点から、自己過程に関する脳機能に着目した研究

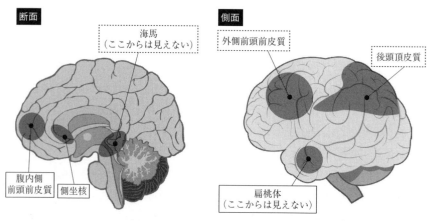

注）それぞれの脳の図で、左が前方である。自己スキーマと関連する情報を処理するときに賦活する部位は実線、自己スキーマと関連しない情報を処理するときに賦活する部位は破線で囲まれている。なお、海馬、側坐核、扁桃体は大脳辺縁系、腹内側前頭前皮質、後頭頂皮質、外側前頭前皮質は大脳新皮質にある。

図4-5-1　処理する情報による賦活する脳の領域の違い
（Fiske & Taylor, 2017；Lieberman, et al., 2004 より作成）

もみられる。脳機能を明らかにするため、脳活動に関連した血流動態反応を視覚化してリアルタイムの脳活動を測定する、機能的磁気共鳴画像法（functional magnetic resonance imaging；fMRI）などが主に用いられている。

　fMRIを用いた研究例として、自己スキーマに関する情報処理に関する研究を紹介する（Lieberman, Jarcho, & Satpute, 2004）。この研究では、実験参加者が処理する情報が自己スキーマと関連するか否かで、賦活（活性化）する脳の部位が異なることが示されている（図4-5-1）。自己スキーマと関連する情報を処理するときは、自動的、動機的、情動的な情報処理に関する部位（腹内側前頭前皮質、側坐核、扁桃体）が賦活していた。一方、自己スキーマと関連しない情報を処理するときは、意図的な情報処理に関する部位（外側前頭前皮質、後頭頂皮質）、エピソード記憶（出来事に関する記憶）の想起に関する部位（海馬）が賦活していた。これらの結果から、自己スキーマに含まれる知識は、自動的、動機的、情動的な情報処理に関する脳の部位に含まれるようになることが示唆されている。

　以上に紹介したような、自己過程に関する脳機能に着目した研究により、自己過程の基盤が明らかになりつつある。

第5章
態度と態度変容

第1節　態度とは何か

1．態度の定義

　人は日々の生活の中で、同じ対象と接し続けることもあれば、新しい対象と出会うこともある。ここでの対象とは"人"であったり"物"であったりさまざまである。新しい対象に対して好意的な感情を抱けば、再度その対象に接するかもしれない。繰り返し好意的な感情を抱けば、接する頻度もおのずと増えていく。「このペンは使いやすい」「このペンが好き」と思ったら、その人はそのペンを使い続け、古くなっても同一のペンを再度購入するであろう。

　このように、同じ対象に対する認知・感情・行動傾向がもつ評価値（＋／−）が同一の方向を向いているということは、その対象に対して個人の中で肯定的な傾向（あるいは否定的な傾向）が抱かれていることを意味していると考えられる。原岡（1984）は、「ある個人が特定の対象に対して、特定の信念、感情、行動傾向を持ち、それらが相互に連関し合って、全体の反応を示すようになれば、その個人は、その対象に対して、一定の態度（attitude）を持つようになったといえよう」と述べている。

　このように、一度態度が形成されると、特定の対象に対して認知・感情・行動傾向は一貫するようになり、その対象に対しては決まった反応を示すようになるであろう。それによって、「この人に対しては距離をとる」「この商品は必ず買う」など、特定の対象に対して、素早く迷うことの少ない対応が容易になると考えられる。

　社会心理学においては、オルポート（Allport, 1935）による「態度とは、個人がかかわりをもつあらゆる対象や状況に対するその個人の反応に指示的、あるい

は力学的な影響を及ぼす経験によって体制化された、心理神経的な準備状態である」との定義が有名である。しかし、社会的認知の考え方が主流になってくるとペティとカシオッポ（Petty & Cacioppo, 1986）による「人が自分自身や他者、事物に、あるいは社会問題に対して抱く評価的反応である」という定義が引用されるようになっており、この定義が優勢であろうと思われる。

2. 態度の構造

　ニューカム（Newcomb, 1960）は、態度は行動や反応そのものではなく、刺激（入力）と反応（出力）を仲介する媒介変数と考えた（図5-1-1）。また、ローゼンバーグとホブランド（Rosenberg & Hovland, 1960）などによって、態度の3つの主成分が指摘され、その構造が検討された（図5-1-2）。ローゼンバーグとホブランド（Rosenberg & Hovland, 1960）は、態度の主成分として、感情（affect）、認知（cognition）、行動（behavior）をあげている。これらは、直接的に観察したり測定したりできない傾性であり、測定可能な従属変数によって観察可能となる。
・感情：これは、情からなり、「好意‐嫌悪」「愉快‐不愉快」などの評価を含んでいる。
・認知：これは評価的信念からなり、「望ましい‐望ましくない」「良い‐悪い」

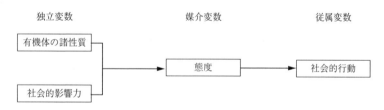

図5-1-1　媒介変数としての態度（Newcomb, 1960より作成）

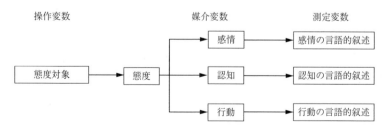

図5-1-2　態度の構成概念と成分（Rosenberg & Hovland, 1960より作成）

65

「善 - 悪」などの評価を含んでいる。

・行動：これは行動の準備状態であり、実際の行動とは区別される。クレッチと
クラッチフィールド（Krech & Crutchfield, 1948）は、この成分を行動意図とよ
んでいる。「しようと思う - しようと思わない」などの評価を含んでいる。

　ローゼンバーグ（Rosenberg, 1960）は、態度内構造としての各々の成分の一貫
性に着目し、態度変容との関係を考えた。態度の感情と認知が一貫していれば、
その態度状態は安定している。その一方で、2つの成分がお互いに非一貫的であ
る場合には、その態度は不安定な状態にあり、自発的に感情と認知の一貫性を獲
得した状態になろうとすると仮定している。

第2節　態度の推測

　人には他者の行動を説明したり予測したいという欲求がある。そのため、人は
他者や自分の態度を知りたいと考えるのである。態度研究の初期には、死刑や政
治などの社会的問題に対する態度が測定可能か否かに関心が向けられた。もちろ
ん、面接などで態度を測定することは可能であるが、サーストン（Thurstone,
1928）が尺度法などを使用することによって、態度を数量的に測定可能であるこ
とを示すと、次にはできるだけ正しく妥当な測定を行うことに焦点が当てられる
ようになった。

　以下では、現在も使用されている代表的な態度の測定法であるリカート法
（Likert scale）とセマンティック・ディファレンシャル法（semantic differential
method）を説明する。

1. リカート法

　リカート法では、回答者にあらかじめ準備された態度項目（質問項目）にどの
程度賛成か否かを判断させる。次に、それぞれの判断に対して定められた規則に
したがって数値が与えられる。そして、複数の態度項目に対する数値の合計得点
が個人ごとに算出される。この得点が「賛成 - 反対」の尺度上におけるその個人
の「位置」を示すものと解釈されるのである。以下は7段階尺度の例である。

あなたは自分の大学が全面的に禁煙とすることについてどう思いますか？

	非常に	ある程度	やや	どちらでもない	やや	ある程度	非常に	
反対	1	2	3	4	5	6	7	賛成

　現在では社会心理学の調査のみではなく、世論調査や各種実験の従属変数としても、さまざまな場面でリカート法が使用されている。

2. セマンティック・ディファレンシャル法

　セマンティック・ディファレンシャル法（SD法と略称されることが多いため、以下はSD法と記述する）は、さまざまな対象に対して人が抱く心理的意味を測定する目的のために、オスグッドほか（Osgood, Suci, & Tannenbaum, 1957）によって開発された方法である。感覚刺激（色・音など）の感情効果の研究から、態度測定、国家・商品・企業のイメージなどの研究に至るまで、心理学の幅広い領域で用いられている（岩下, 1983）。

　具体的には、SD法は評価される対象（オスグッドは意味を与える刺激となるものをコンセプトとよんでいる）のイメージなどを複数の形容詞対に対する評定から探っていく手法である。以下は国に対するイメージを尋ねた例である。

アメリカに対するイメージは？

	非常に	ある程度	やや	どちらでもない	やや	ある程度	非常に	
悪い	1	2	3	4	5	6	7	良い

	非常に	ある程度	やや	どちらでもない	やや	ある程度	非常に	
好ましい	1	2	3	4	5	6	7	好ましくない

　SD法では、図5-2-1で示したように得点の平均値をグラフの形式でプロフィールとして表現することができる。これにより各々の対象のイメージの相違を視覚的に示すことが可能となる。

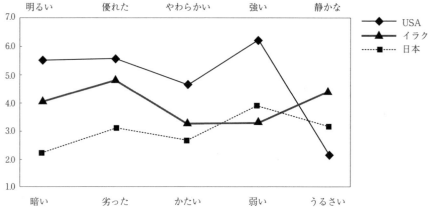

図5-2-1　各国に対するイメージのプロフィール

第3節　態度変容

　社会心理学において態度変容に関する研究は多いが、自発的に態度が変わるものと他者による働きかけによって態度が変わるものの2つに大きく分かれる。主に前者は認知的不協和理論の研究が代表的であり、後者は説得研究が代表的である。

1. 認知的不協和理論

　フェスティンガー（Festinger, 1957）は、自己の内部や自己を取り巻く環境に関する認知を考慮して、それらのあいだに生じる矛盾や食い違いを不協和（dissonance）とよんだ。そこで生じた認知間の不協和は不快な緊張状態をもたらすため、人はこれを低減しようとして認知の一方を変化させたり、新たな認知を加えたりすることがあることを指摘した。フェスティンガー（Festinger, 1957）は、態度と行動の矛盾によって生じる不協和に着目し、人はみずからの態度とは異なる行動をすると、その不協和を低減するために態度を変化させることを示した。この認知的不協和理論（Cognitive Dissonance Theory）にもとづく研究によると、不協和低減のための態度変化が起こりやすい条件として、以下の5つがあげられている。

①反態度的行為に対する正当化（報酬など）が不十分なとき

フェスティンガーとカールスミス（Festinger & Carlsmith, 1959）の実験では、退屈な課題を面白かったと嘘をつくことへの報酬が 20 ドルである場合よりも、1 ドルである場合のほうが、行為を正当化する必要が強くなり、態度変化が大きくなる（その退屈な課題を「面白い」と評価する）ことを示した。

②罰の脅威が小さい状況で行為がなされたとき

アロンソンとカールスミス（Aronson & Carlsmith, 1963）の実験では、子どもたちがあるおもちゃで遊ぶことを禁じられたとき、罰の脅威が小さいほうが事態を合理化する必要が強くなり、おもちゃの魅力が低減しやすい（「そのおもちゃが魅力的でないから遊ばない」と考えるようになる）ことが示された。

③行為が自由意志にもとづいてなされたとき

リンダーほか（Linder, Cooper, & Jones, 1967）の実験では、自分の意見と反対の内容の文章を書いた場合、みずから選択して書いた場合のほうが、選択の余地がなかった場合よりも態度変化は大きくなる（その内容に賛成となる）ことが示された。

④他に魅力的な選択肢が存在していたとき

ブレーム（Brehm, 1956）の実験では、2 品目のうち一方を選択した場合、両者の魅力が拮抗（きっこう）しているほど、選択したほうの魅力が増大し、選択しなかったほうの魅力が低減した。

⑤行為の遂行に多くの労力が費やされているとき

アロンソンとミルズ（Aronson & Mills, 1959）の実験では、討論クラブの入会テストの難易度が高いほど、入会後のクラブに対する魅力は低減しにくいという結果になった。

2. バランス理論

ハイダー（Heider, 1964）は、人が対人関係において、自己と相手と対象とのあいだで均衡状態を好む傾向にあり、不均衡状態が存在した場合は、不均衡解消と均衡追求の力が生じると仮定し、バランス理論（Balance Theory）を提唱した。図 5-3-1 に示すように、自己（P）・相手（O）・対象（X）のあいだで、いかに好意（＋）・嫌悪（－）が向けられるかによって、バランスが変わることが想定されている。例えば、「私（P）は恋人（O）が好き（＋）、恋人（O）はテニス（X）が

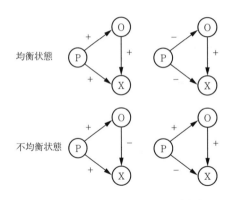

均衡状態

不均衡状態

図 5-3-1　ハイダーのバランス理論
(Heider, 1964)

好き（＋）、だから、私（O）はテニス（X）が好き（＋）になる」などが均衡状態と考えられる。

3. MODE モデル

　態度研究の基礎には態度と行動の一貫性が想定されているが、必ずしも測定された態度と行動が一貫するわけではなかった。例えば、ラピエール（LaPiere, 1934）の古典的研究では、人種偏見の残る1930年代のアメリカにおいて、若い中国人カップルとアメリカ中を旅行し、人びとの偏見的態度と行動との関係について観察を行った。彼らは250以上のホテルやレストランを訪れたが、サーヴィスを拒否されたのは1例だけであった。しかし、旅行の後に手紙を出して、中国人にサーヴィスを提供するかを問い合わせたところ、92％が拒否したいと返事をしてきた。この態度と行動の非一貫性については、さまざまな説明がなされてきた。例えば、アイゼンとフィッシュバイン（Ajzen & Fishbein, 1980）の熟考行為理論（Theory of reasoned action）では、人が行動を実行に移す以前に、利用可能な情報が合理的に判断され（例えば、利益と損失の吟味など）、行動の方向づけをなすことが仮定されている。したがって、態度だけでなく社会的規範や物理的影響などが考慮されて行動が決定されるために、態度と行動の一貫性は必ずしも保障されない。このように、熟考行為理論が想定しているのは合理的に多くの情報を吟味する人間である。しかし、人は必ずしも熟慮の後に行動を決定するわけではない。このような態度と行動との関係について包括的に示したのがフェイジオ（Fazio, 1990）のMODEモデルである。

　MODEモデルは、行動を決定する判断に対して、認知的努力を傾ける分配的処理と即時の反応としての自発的処理の2つの処理モードを仮定している。MODEという名称が「決定因としての動機と機会（Motivation and Opportunity as DEterminants）」の頭文字であるように、分配的処理と自発的処理の生起は、動機づけと熟慮する機会によって決定されるとしている。分配的処理では、アイゼンとフィッシュバイン（Ajzen & Fishbein, 1980）の熟考行為理論によって示さ

70

れているように、熟慮された判断によって行動が決定されるため、態度と行動の
乖離（かいり）が生じやすくなる。その一方、自発的処理では熟慮がなされないため、既有
の態度にもとづいた行動をとりやすくなると考えられる。フェイジオほかは、こ
の自発的処理における態度と行動の一致を、態度アクセスビリティ（attitude
accessibility）の観点から説明している。態度アクセスビリティは、態度対象と
その態度（評価）の連合の強さと定義され、その強度は反応時間の速さによって
示される。したがって、態度と強く連合している態度対象と遭遇した場合には、
態度は素早く活性化され、記憶におけるアクセスビリティが高まるため、強く判
断に影響を与えることとなる。

第4節　潜在的態度

　第2節で述べたように、従来の態度の測定法は質問紙を用いた自己報告によ
るものが大半であったため、測定された態度は回答者の意識することができる顕
在的態度（explicit attitude）であった。そのため、測定された態度には社会的望
ましさの影響による自己呈示や自己欺瞞の可能性が考えられる。例えば、特定の
人種に対して強い偏見をもっていたとしても、「偏見を表明することは望ましく
ない」と正直に回答しなかったり、偏見をもっていること自体を抑圧してしまっ
ている可能性がある。このような社会的望ましさなどの影響を回避し、間接的な
測定から潜在的態度（implicit attitude）を測定する方法が考案されてきた。潜在
的態度とは本人も意識することができないが、行動や判断に影響を与える可能性
のある態度である。

1．プライミング

　フェイジオほか（Fazio, Jackson, Dunton & Williams, 1995）は、プライミング
（priming）の手法を用いて人種に対する偏見などの潜在的態度の測定を試みた。
プライミングとは、欲求や感情、過去の経験などによって、記憶の中のある種の
情報が他の情報に比べて想起しやすくなる現象である。そして、その効果を応用
したのがプライミング手法である。プライミング手法では、先行する刺激（プラ
イム）が呈示された後、反応を求められるターゲット刺激が呈示され、実験参加
者はターゲット刺激に対して反応する形式で行われる。

フェイジオら（1995）は、白人と黒人の顔写真をプライムとして呈示し、直後に形容詞（例えば、肯定的：知的な、親切な；否定的：敵意のある、愚かな）の「良い－悪い」判断を求めた。その結果、白人の実験参加者では、黒人の写真がプライムとして呈示されると肯定的な形容詞に対する反応が遅れたが、黒人の実験参加者では白人の写真がプライムであるほうが肯定的な反応が遅れた。これはプライミング現象のあらわれ方やその強さが、人種的偏見を反映していることを意味している。

　そこで、このプライミングの結果を数量化して、従来の質問紙による人種差別尺度（Modern Racism Scale）と比較した。すると、プライミングの結果は、人種差別尺度や人種差別に関する言語的報告（例えば、ロドニー・キング事件に対する意見など）とは関連を示さなかったが、相互作用における非言語的行動（例えば、視線や対人距離）と関連を示した。一方、人種差別尺度の得点は、他の言語的報告と関連を示したが、非言語的行動とは無関連であった。これは、プライミングの測度が、質問紙による態度測定の限界を補い、個人の潜在的態度を知る有効な道具になりうることを示している。

2. IAT

　グリーンウォールドほか（Greenwald et al., 1998）によって開発されたのが潜在連合テスト（Implicit Association Test；IAT）である。IAT は、過去の経験によって自動化される概念間の結びつきの強さによって潜在的な態度を測る手法である。すなわち、IAT を用いることで、回答者が意識しない潜在的態度が測定可能となる。

　潜在的態度の測定に用いる IAT は5つのブロックに分けられる。ブロックごとに 16 〜 32 問のカテゴリー判別課題が出題される。課題はコンピュータの画面の中央に提示される言葉や写真が、左右どちらのカテゴリーに当てはまるかをそれぞれのカテゴリーに対応するキー（左なら「E」のキー、右なら「I」のキー）を押して回答させるというものである（図5-4-1）。

　図5-4-1に、人種的態度を例にとった IAT の手順とコンピュータ上の画面例を示す。同じ人種の顔写真と好印象の言葉を同じカテゴリーに分類する課題の平均反応時間から、同じ人種の顔写真と悪印象の言葉を同じカテゴリーに分類する課題の平均反応時間を引いた値を IAT 効果とする。IAT 効果が負の値を示す人

左のカテゴリー　―　右のカテゴリーの判別課題

ブロック1　「白人の顔写真」　　　　　　　　　―　「黒人の顔写真」
ブロック2　「好印象の言葉」　　　　　　　　　―　「悪印象の言葉」
ブロック3　「白人の顔写真」か「好印象の言葉」　―　「黒人の顔写真」か「悪印象の言葉」
ブロック4　「白人の顔写真」　　　　　　　　　―　「黒人の顔写真」
ブロック5　「黒人の顔写真」か「好印象の言葉」　―　「白人の顔写真」か「悪印象の言葉」

```
左のキーを押す                          右のキーを押す

白人　もしくは　好印象                   黒人　もしくは　悪印象


              刺激語もしくは刺激画像の提示
```

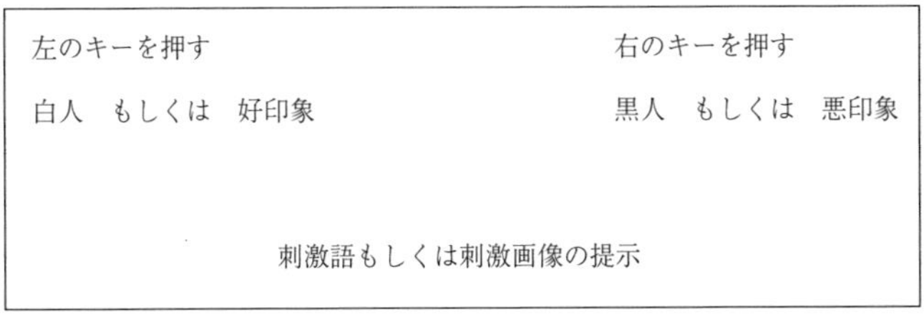

図 5-4-1　IAT 課題の手順とコンピュータ上の画面の例（一致課題：ブロック3）

は、潜在的に同じ人種に対して好印象をもっていることを示している。また、異なる人種の顔写真と好印象の言葉を同じカテゴリーに分類する課題の平均反応時間から、異なる人種の顔写真と悪印象の言葉を同じカテゴリーに分類する課題の平均反応時間を引いた値である IAT 効果が正を示す場合には、異なる人種に対して悪印象をもっていることを示している。ダスグプタほか（Dasgupta, MaGhee, Greenwald & Banaji, 2000）は、アメリカの大学生を実験参加者として、黒人のアメリカ人と白人のアメリカ人に対して IAT を行い、潜在的態度を測定した。その結果、質問紙などで測定された顕在的態度では平等的であった白人大学生は、潜在的には黒人に対してネガティブな態度をもっていることが示された。

第5節　説　得

1．説得研究

　説得は、言語を手段とした説得者による被説得者に対する態度変容（attitude change）の試みである。説得研究は、説得変数の効果に着目した研究と説得の過程に着目した研究に大別することが可能である（原岡, 1984）。前者の説得効果を規定する変数は、図 5-5-1 に示したように、説得者・被説得者・メッセージ内容・文脈の4カテゴリーに分類されている（Hovland, Janis, & Kelley, 1953；

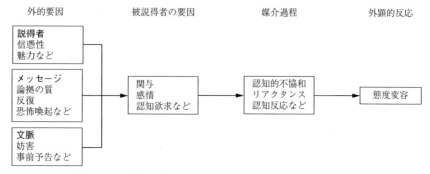

| 外的要因 | 被説得者の要因 | 媒介過程 | 外顕的反応 |

説得者
信憑性
魅力など

メッセージ
論拠の質
反復
恐怖喚起など

文脈
妨害
事前予告など

関与
感情
認知欲求など

認知的不協和
リアクタンス
認知反応など

態度変容

図 5-5-1　説得過程の規定要因（池上・遠藤, 1998；McGuire,1969 より作成）

McGuire, 1969)。

　初期の説得研究においては、説得変数の態度変容に対する直接の効果が検討されてきた（Hovland et al., 1953）。例えば、説得者が専門家であるか否かが説得効果を増すかどうかを検討する研究が行われた（Hovland & Weiss, 1951）。

2. 説得の二重過程モデル

　説得の過程を検討しているモデルとして、ヒューリスティック・システマティック・モデル（Heuristic-Systematic Model；Chaiken, 1980）と精緻化見込みモデル（Elaboration Likelihood Model；Petty & Cacioppo, 1979）の２つがある。両者とも被説得者の情報処理を２つのモードに分けて考えるモデルであり、説得の二重過程モデルともよばれている。

　ヒューリスティック・システマティック・モデルは、被説得者による説得的メッセージの処理を、高い認知的努力を要するシステマティック処理と低い認知的な努力によるヒューリスティック処理との２つの処理モードに分類している。システマティック処理は、被説得者が受け取った情報に関して、積極的に精緻な処理を行うモードである。言い換えるならば、被説得者の努力や認知的能力をより多く必要とするモードである。この処理モードは、受け取ったメッセージを精緻に処理しようと高く動機づけられている場合に生起する。一方、ヒューリスティック処理は、システマティック処理よりも、被説得者の思考や能力をあまり必要としない直感に頼った処理モードである。チェイケンほか（Chaiken, Liberman, & Eagly, 1989）は、例えば「専門家は信頼できる」「大多数の人の意

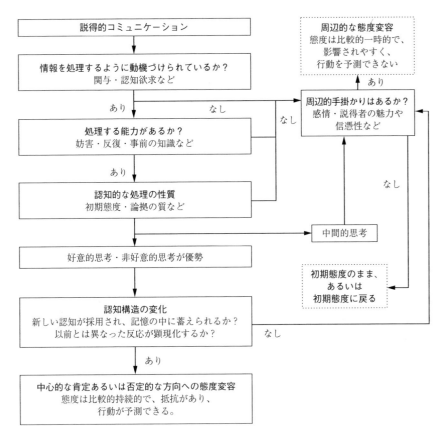

図5-5-2　ELM：説得に至る中心ルートと周辺ルート（Petty & Cacioppo, 1986 より作成）

見は正しい」「長いメッセージは妥当なメッセージだ」などの過去の体験や状況
を基礎にして学んだ単純なスキーマや、決定ルールなど、シンプルな決定因とし
てのヒューリスティック手掛かりによって、人びとが評価していることを示して
いる。

　このモデルは、人間が必要に応じてのみ、複雑かつ活発な情報の認知的処理を
行うという「最小努力原理（Chaiken, 1980）」もしくは「認知的倹約家（Taylor,
1981）」の概念にもとづいている。したがって、被説得者が説得的メッセージを
処理するための動機や能力を有していない場合には、ヒューリスティック処理が
優勢となる。一方、システマティック処理は、被説得者が説得的メッセージを処

理するための動機や能力を有している場合に優勢となる。チェイケン（Chaiken, 1980）の実験2では、関与を操作することにより、システマティック処理の生起に影響を与える動機づけの程度を変化させた。そして関与に加えて、メッセージ内容（論拠の質）とヒューリスティック手掛かり（説得者の魅力）を操作して実験を行った。説得話題に対して関与が高い場合には、そのメッセージ内容および説得に対する態度決定が自己にとって大きな意味をもつため、メッセージの詳細な吟味が必要となる。一方、関与が低い場合にはその必要がないと予想された。実験の結果、高関与条件の実験参加者ではシステマティック処理が優勢となり、メッセージの影響のみによって説得効果が決定された。一方、低関与条件の実験参加者ではヒューリスティック処理が優勢となり、メッセージ内容ではなく手掛かりに説得効果が影響を受けていた。

　精緻化見込モデルにおいても、情報処理の相違に対応して説得に至る2つのルートが仮定されている（図5-5-2）。認知的負荷が必要とされるルートは中心ルートとよばれ，受け手が説得的メッセージの議論における内容の中心的な部分について熟考する処理モードである。認知的負荷が必要とされないルートは周辺ルートとよばれ、このルートを通った態度変容は、説得的メッセージの本質的ではない要因に影響される。この要因は周辺的手掛かりとよばれ、説得者の魅力などがこれに当たる。ペティとカシオッポ（Petty & Cacioppo, 1986）は、関与・メッセージ内容・説得者の信憑性（手掛かり）を操作して、その説得効果を検討した。その結果、高関与条件の被説得者は、中心ルートを通った態度変容が生じたため、メッセージ内容のみに影響を受け、手掛かりの影響は受けていなかった。その一方で、周辺的ルートを通った態度変容が生じた被説得者は手掛かりのみに影響を受けているという結果となっていた。

第6節　マインドコントロール

　破壊的カルトのような宗教団体やスピリチュアルな組織に騙されて詐欺や虐待を受けたり、振り込み詐欺などの被害を受けたりする事件が社会的問題となっている。それらの事件には、マインドコントロールとよばれる、信じる人の心を操作する方略が関わっていることが多い。マインドコントロールとは、他者がみずからの組織の抱く目的成就のために、本人が他者から影響を受けていることを知

覚しないあいだに、一時的あるいは永続的に、個人の精神過程や行動に影響を及ぼし操作することである（西田, 1995）。

　このマインドコントロールを理解するために重要な概念がビリーフである。西田（2019）によれば、ビリーフとは人がもっている知識や信念であり、それらの集合体としてビリーフシステムが構成されている。そして、膨大なビリーフの中から必要なビリーフ群を引き出し、適切な系列に組み合わせて、思考や意思決定を行っている。したがって、マインドコントロールとは、ビリーフ群から構成されているビリーフシステムを変容させて、それを支配者に都合の良い意思決定の装置に作り変えることである。そこでは時間をかけて個々のビリーフシステムを変えさせ、全人格的な変化を生じさせる。変化させられるビリーフシステムは、①理想：完成された個人・家族・社会の像、②目標：個人が歩むべき理想への道筋、③人生観や世界観：歴史や出来事の摂理・法則と世界観や生きる意味、④自己：自分がいかなる存在でどうあるべきかという認識、⑤権威：誰が正しいことを言って誰が間違っているのか、以上の5つである。これらが変化し、古い自分（ビリーフシステム）から新しい自分（ビリーフシステム）へと入れ替えが生じることによってマインドコントロールは完成する。しかし、古い自分（ビリーフシステム）はなくなったわけではないため、マインドコントロールを解くことは可能であると西田（2019）は指摘している。

第**6**章

感　情

第1節　感情の分類

　私たちは、日常生活の中で数多くの刺激を受け、さまざまな感情を感じている。日々の彩りとしての感情（例えば、怒り、不安、喜び、悲しみ、驚き、妬みなど）は感じるだけではなく、行動にも影響を及ぼしている。古今東西、私たちはこれらの感情に対してさまざまな分類を行ってきた。

1. 情動と気分

　私たちが「感情」といわれて最初に思い浮かべる感情は、おそらく、怒りや悲しみなどではないであろうか。怒りや悲しみのように、感情の対象や原因が比較的明確で一時的な強い感情は情動（emotion）とよばれ、生理的変化（例えば、交感神経系の興奮）をともないやすい感情である。一方、原因や対象が必ずしも明確ではなく、比較的長い時間持続する弱い感情を気分（mood）とよぶ。天気が良くてすがすがしいとか、朝からなんとなく憂鬱といったものである。そして、これら情動と気分を含む包括的な概念が感情（affect）となる。

　同じ状況でも感じる感情が違うこともある。例えば、友人から失敗を指摘されたときに悲しみを感じることもあれば、嫌悪を感じることもあるであろう。友人の指摘をアドバイスと解釈し、嬉しいと感じることもあるかもしれない。このように、同一状況においても喚起される感情が異なるため、感情を喚起する体験はあくまでも主観的な体験とされる。この主観的な感情体験に焦点を当てたものが感情（feeling）とされ、感情（affect）区別が必要なときには「感情経験」という語が用いられることが多い。感情（affect）と感情体験は必ずしも一致しない。感情（affect）は本人の自覚なく喚起されることがあり、自分が感情を喚起して

いることに気づいていない場合がありえるのである。

　心理学において感情の標準的な定義はいまだなされておらず、上記のような用語も厳密に定義されているわけではない。例えば、好きか嫌いかという判断を選好（preference）とよび、感情に含めることがある。このように、研究者や状況によりそれぞれの用語の定義や内容に差異がみられ、互換的に使用されることも多々あるため、本章ではこれらの用語すべてを「感情」という語で統一し、説明することとする。

2. 基本感情と社会的感情

　進化論にもとづいて考えると、感情は環境への適応上、有利な生物学的反応様式の1つといえる。つまり、感情とは進化の過程で残ってきた生存に必要なシステムであり、課題解決に対して即効性のある反応を導く（図6-1-1）。怒り、恐怖、喜びなどいくつかの感情は、固有の事象とそれに対応する機能や行動と一対一の関係がある。端的にいえば、事象への対処などをまとめた

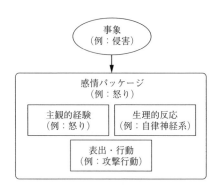

図 6-1-1　基本感情の概念図

パッケージのようなものである。このように、基本的な生存課題の処理という観点から感情を捉えた理論が基本感情理論であり、怒り、恐怖、喜び、悲しみ、驚きといった感情を「基本感情（basic emotions）」とよぶ。一方、生存とはおよそ関係のない日常生活における他者との関わりの中でもさまざまな感情を感じる。例えば、差恥心や嫉妬などの感情である。このような、主に対人関係の中で生じる感情は「社会的感情」とよばれる。

　では、怒りの感情はどちらに当てはまるのであろうか。怒りにはテリトリー侵害への警告という意味もあり、秩序や規則などの社会的な規範の維持という意味もある。みずからのテリトリーを侵害する対象への怒りは基本感情であろう。しかし、（みずからが被害を受けない場合でも）迷惑行為を行う第三者に対して怒りを感じるのは、集団としての秩序を保とうとする社会的な感情ともいえる。

3. ポジティブとネガティブ

　感情についてラッセル（Russell, 1980）は、快 - 不快、覚醒 - 睡眠の2次元平面上にすべての感情を布置できると主張している。また、現代心理学の創始者とされるヴント（Wundt, W.）は快 - 不快、興奮 - 鎮静、緊張 - 弛緩の3次元で感情を捉えている。このように、いくつかの次元の組み合わせで感情を捉えようとすることを次元説という。何を次元とするかは研究者間で統一されていないが、多くの研究者に一致する次元として快（ポジティブ）- 不快（ネガティブ）が存在する。ポジティブ感情の代表例として喜びや楽しみが、ネガティブ感情の代表例として怒りや不安があげられるが、「感情」として研究されているものの多くはネガティブ感情である。21世紀になりポジティブ心理学への注目が集まる中、ポジティブ感情に関しても多くの研究が始まっているが、まだまだ明らかになっていないことのほうが多いのである。

　例えば、驚きについて考えてみると、驚きはポジティブ感情ともネガティブ感情とも一概にはいえない感情である。親友が突然引越すことになり悲しいときも、不合格だと思っていた試験に合格して嬉しいときも驚きを感じる。このように感情を単純にポジティブ感情／ネガティブ感情のどちらかに分類することは問題となる。ポジティブ感情でもネガティブ感情でもない感情の扱いも、そもそもそのようなものを感情と捉えるかどうかも、研究者間で見解が統一されていないのが現状である。

4. 感情と自己認知

　ルイス（Lewis, 2008）は、喜び、怒り、悲しみなどの感情を「一次的感情（primary emotions）」とし、発達の比較的初期段階からみられる単純な感情であると考えた。一方、羨望、恥、罪悪感などはより複雑な感情と位置づけており、自覚状態（self-awareness）や自己評価の成立がそれらの感情喚起には必要であると指摘している（図 6-1-2）。

　まず、生後6か月までの生後間もない時期に感じる一次的感情として、充足、喜び、興味、驚き、苦痛、悲しみ、恐怖などがあげられる。次に、1歳後半ごろの客体的な自己意識の成立により、新しい感情が発生する。これらの感情は「自己意識的感情（self-conscious emotions）」とよばれ、気恥ずかしさ、羨望、共感が含まれる。一次的感情は特定の表情で表出されるため他者から見てすぐに理解

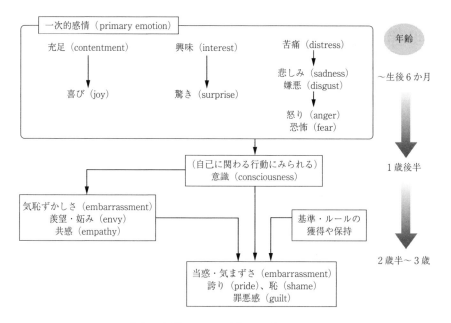

図 6-1-2　生後 3 年間における感情の発達（Lewis, 2008 より作成）

できるが、自己意識的感情を感じているかを理解するためには、表情表出だけではなく身体的・言語的な表出にも注意を払う必要がある。また、自己意識的感情の喚起は自己意識を反映しているが、自己評価は反映していないとされる。

　2・3歳ごろには、社会的な基準やルールを獲得・保持し、みずからの行動を評価するようになる。こうした評価により発生する新しい感情を「自己意識評価的感情（self-conscious evaluative emotions）」とよび（Lewis, 2008）、当惑・気まずさ、誇り、恥、罪悪感が含まれる。2・3歳ごろの子どもが親との約束を守れたときの誇らしげな表情と、守れなかったときの表情を思い出してみてほしい。子どもたちは、基準と比べて失敗した場合に恥や罪悪感を、成功した場合に誇りを感じるようになるのである。このように、3歳までのあいだに、自己意識や自己評価といった認知の発達にともない、自己と関わりの深い感情が喚起されるようになる。なお、わが国において「自己意識的感情」と「自己意識評価的感情」はほとんど区別されておらず、両方を合わせて「自己意識的感情」とよぶことが多い。

第2節　感情と社会的認知

1. 感情一致判断

　人の感情状態は、行動だけではなく、喚起時のさまざまな判断にも影響を及ぼす。例えば、友だちからプレゼントをもらって嬉しい（ポジティブ）と感じていると、その日の学校も楽しかった（ポジティブ）と考えやすいといったように、その感情的な性質と一致するような情報処理が促進される。シュワルツとクロア（Schwarz & Clore, 1983）が、晴れの日もしくは雨の日に電話調査を行い、生活満足度について尋ねたところ、晴れた日では雨の日よりも生活満足度が高く評定されていた。これは天候の良さにより喚起されるポジティブな感情が、本来無関係な生活満足感の判断に影響を与えたためと解釈できる。また、生活満足度のような自分自身に対する判断だけではなく、他者の印象評価にも影響を及ぼしている（例えば、楽しいときはつらいときよりも相手を肯定的に評価するなど）。このように「感情一致判断」とは、感情が、自分自身、他者、集団などへの評価や態度といった社会的判断（social judgment）に対して、喚起している感情と一致している方向に影響を与えることである。

2. 感情プライミング説

　感情一致判断のメカニズムの説明として有力なものの1つが「感情プライミング説」である。感情プライミング説とは、感情が関連する記憶や概念の利用を促進・抑制することにより判断に影響を与えるという説である。バウアー（Bower, 1991）は感情と記憶・概念との関連について「感情ネットワーク理論」を提唱している。私たちがもっている記憶や知識（概念）は、関連性にもとづいて結びつきネットワークを構成している。感情ネットワーク理論では、この知識や記憶のネットワークの中に感情を組み込み、それぞれの感情とそれに関連する概念や記憶とが連結していると仮定する。人が何かしらの感情状態になると、連結している概念や記憶が活性化する一方、相反する概念は抑制される。その結果、活性化した概念が影響し、生起した感情と合致する方向にバイアスがかかることになる。例えば、ポジティブな感情時は、判断対象に対するポジティブな考えや反応が活性化され、ポジティブな情報をより選択的に処理しやすい。このような感情プラ

イミングの過程が働き、結果として感情と同方向にかたよって判断されやすくなる。

3.　感情情報機能説と誤帰属

　感情一致判断の生起理由の説明として「感情情報機能説（feeling as information）」もあげられる。感情情報機能説とは、あいまいであったり不確実であったりする対象を判断する際に、知らず知らずのうちにみずからの感情状態を手掛かりにすることである。例えば、ふと立ち寄った雑貨屋で見つけた小箱を「好きかどうか」という自分の感情状態をもとに判断し、購入するかを決めるといったことである。このように、対象からもたらされた感情という情報を判断材料とすることで判断が容易になり、その結果、ポジティブな感情状態のときにはより楽観的で肯定的評価を、ネガティブな感情状態のときにはより悲観的で否定的な評価をすることになる。

　一方、みずからの感情状態の原因が不明確にもかかわらず、感情を判断の手掛かりにすることは無関連な事象に対する判断に影響を与えてしまう。例えば、先のシュワルツとクロア（Schwarz & Clore, 1983）の研究は、生活満足度というあいまいで基準が不明確なものの判断に対して、天候という本来無関係なものにより喚起された感情が影響したといえよう。しかし他方で、シュワルツとクロア（Schwarz & Clore, 1983）の研究においては、生活満足度の評価の前に天候について話題にすると、感情状態はそのままにもかかわらず、評価に感情が影響を及ぼさなくなることも示されている。つまり、判断対象による感情なのか（対象と関連があるか）を意識することが、無関連な対象への判断に感情が影響しないようにするためには重要となる。また、これらの知見から、感情を判断の手掛かりとして用いることは、意識していない自動的な過程であるといえよう。

　感情情報機能説では、天候によって生じた感情が生活満足度に影響したように、感情が無関係な対象への判断に影響すること、言い換えれば、感情の原因帰属を勘違いしてしまうことである誤帰属を仮定している。感情の誤帰属に関する研究として、例えば、北村（2002）があげられる。北村（2002）では、参加者を2群に分け、ポジティブないしはネガティブ感情状態に誘導した後、音楽を流しながらある商品の評価を求めた（図6-2-1）。その際、各群の参加者はさらに3群に分けられ、それぞれの群は音楽により導かれる感情として異なる説明を受けた（そ

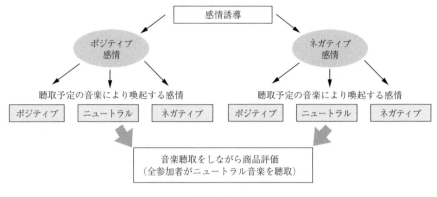

図 6-2-1　実験の流れ（北村, 2002）

れぞれポジティブ、ニュートラル、ネガティブの感情になると説明されたが、実際には
すべての参加者がニュートラルな音楽を聴いた）。結果として、ネガティブ感情群の
うち、音楽によりポジティブになると説明された参加者は、ネガティブになると
説明された参加者よりも商品に低い評価をしていた。これは、音楽によりポジ
ティブ感情になるはずなのに感情がネガティブのままであるのは、商品への評価
が低いからだと誤帰属したためと考えられる。

4.　感情混入モデル（AIM）

　感情一致判断に代表されるように、私たちの行う社会的判断にはしばしば感情
が影響する。そこで、フォーガス（Forgas, 1995）はそれまでの研究知見をまと
め、感情が社会的判断に与える影響を包括的に説明する枠組みとして「感情混入
モデル（AIM；Affect Infusion Model）」を提唱した（図 6-2-2）。このモデルでは、
人が社会的判断において用いる情報処理の方略を 4 つに分類しており、どの方略
が用いられるかは課題の性質と要求される認知的努力量で規定されるとした。ま
た、どの方略が用いられるかにより感情による影響の受けやすさが異なると考え
られている。課題の性質のうち、構成的な課題とは新たな情報処理が必要な課題
であり、多くの情報を取り入れて判断するために感情の影響が大きい、つまり、
感情が混入しやすい課題といえる。一方、再構成的な課題とは記憶や過去の経験
をもとに実行できる課題であるため、比較的感情が混入しにくい課題といえる。
　以下に 4 つの処理方略を説明する。

図 6-2-2　感情混入モデル

(1) 直接アクセス型：例えば、「○○社の時計は良い」というように、判断の対象をよく知っており、すでに評価が確立している場合に用いられる方略である。既存の知識（記憶）からの評価をそのまま適用（直接的に検索）するため、判断に感情が影響する余地はほとんどない。

(2) 動機充足型：判断において、ある特定の目標や動機が存在する際に、それを満たすような結論を導くために用いられる方略である。「××さんなら状況を改善してくれるだろう」といった目標に対して選択的な情報処理を行って判断する場合などが該当し、感情の影響を受けにくい。

(3) ヒューリスティック型：判断に利用可能な情報のうち、利用しやすい一部の情報だけに注目し、それを手掛かりに簡略な判断を行う方略である。対象が単純・典型的で、個人的な関心や動機がない、熟考する余裕がない、正しい判断方法が不明確である場合に用いられやすい。例えば、自分があまり興味をもっていないものについて選択する際に、この方略が使用される。感情は利用しやすい情報であるため、手掛かりとしてしばしば使用され、判断に感情が混入しやすい。

(4) 実質型：既存の知識を利用しながら関連する新しい情報も取り入れ、それらを統合し対象を判断する方略である。判断対象が複雑で重要であり、特別な動機が存在せず、正しい判断が求められ、熟考する余裕がある場合に用いられやすい。この方略では既存の知識として記憶を利用するが、そこに感情が混入しやすい。すなわち、感情を喚起するとその感情と結びついた記憶が検索されやすくなり、感情が判断に影響することになる。

　以上のように、ヒューリスティック型と実質型では感情が混入しやすいが、ヒューリスティック型では感情情報機能説、実質型では感情プライミング説の想定する過程に従って感情が判断に影響しやすくなるのである。

第3節　社会的動機づけと感情

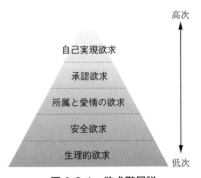

図 6-3-1　欲求階層説
(Maslow, 1954 より作成)

人の欲求を低次から高次に階層化して分類・説明したマズロー（Maslow, 1954）の「欲求階層説」は非常に有名である（図 6-3-1）。欲求階層説とは、さまざまな欲求は階層的な構造であり、低次の欲求が充足されて初めて高次の欲求が意識されることを説明した説である。欲求は、低次のものから生理的欲求、安全欲求、所属と愛情の欲求、承認欲求、自己実現欲求という階層を構成している。これらの欲求の中間にある所属と愛情の欲求は、いわゆる「親和動機」と同じである。親和動機とは、他者との友好的な関係を成立させたり維持したりしようとする動機づけであり、他者への好意的感情や態度へとつながる。また、承認欲求とは、他者から認められ尊重されることを望む欲求である。どちらの欲求も他者との関わりの中で生じる社会的動機づけであり、感情と関係している。この節では、社会的動機づけと個別の感情の関わりとして不安に注目し、自己呈示、社会的影響との関連について説明していく。

1.　不安と自己呈示

　日々、他者と関わりながら生活している中で、他者からどのように思われているか、他者が自分にどのような印象を抱いているかは重要な問題となる。他者が自分に対して抱く印象を操作しようとすることを「自己呈示（self-presentation）」とよぶが（第4章参照）、自己呈示は必ずしも成功するとはかぎらない。例えば、初めて会う人に良い印象をもってほしいと思うことで逆に会話がはずまず、悪い印象を与えてしまうこともある。人は、他者から嫌われたり拒否されたりするよりも、他者から認められ好意を向けられることを望むもの（社会的動機づけ）である。そのため、社会的動機づけが強いほど、承認されるために「他者が望ましいと思っている印象」を与えようと印象を操作し、結果として自己呈示欲求が高まる。

　また、他者からの評価を意識する程度には個人差があるが、否定的評価を恐れる人ほど、他者に良い印象を与えようとする。しかし、望み通りの印象を相手に与えられたか、言い換えれば自己呈示が成功したかどうかがわかることは稀である。そのため、自己呈示においては常に失敗する可能性を考慮することとなる。特に、相手にとって、ないしはその状況で望ましいとされる印象が不明確である場合や、望ましい印象が理解できても、そのような印象を相手に与えることが困難な場合は、自己呈示の成功の見積もりは低くなるであろう。

　つまり、自己呈示においては、他者に特定の印象を抱いてほしいと強く思うほど、もしくは自己呈示の成功を低く見積もる（失敗する可能性を高く評価する）ほど、不安が高まることになる（Schlenker & Leary, 1982）。定式で表すと下記のようになる。

$$不安の強さ = f [M \times (1 - p)]$$
$$M：自己呈示欲求の強さ$$
$$p：自己呈示の成功の見積もり$$

　このような対人関係における不安は社交不安（social anxiety）といわれ、リアリー（Leary, 1983）によれば「現実の、もしくは想像上の対人状況において、他者からの評価に直面する、あるいは他者からの評価を予測することで生じる不安状態」と定義される。この社交不安についてはさまざまな種類があるとされ、例えば、バス（Buss, 1980）は、社交不安を聴衆不安、シャイネス、恥、当惑の大きく4つに分類している。わが国でも、菅原（1992）が社交不安をハジ、テレ、対人困惑、対人緊張の4つに分類しており、社交不安はこれらを含む包括的な概念と捉えられる。

2. 不安と社会的影響

　社会的動機づけとの関わりとして、人前でスピーチすることを想像してほしい。スピーチがうまくいけば承認欲求は満たされるが、失敗したときのことを考えると不安を感じるであろう。このときに感じる不安をスピーチ不安（聴衆不安）とよぶ。スピーチ不安とは人前でのスピーチのように、何かしらのパフォーマンスを実施する際に感じる不安や緊張のことである。先ほどのバス（Buss, 1980）の

分類にもあるように、スピーチ不安は社交不安に含まれる。

　しかし、人前でのスピーチと一口にいっても、聴衆の人数、聴衆の立場やスピーチ者と聴衆の距離などさまざまな要因があり、それらにより喚起される不安の強さも異なる。ラタネ（Latané, 1981）は、この聴衆の存在が個人のパフォーマンスに与える影響について「社会的インパクト理論（Social Impact Theory）」を示している。社会的インパクト理論によれば、他者が与える社会的インパクト（Impact）は、影響源となる他者の強度（strength；地位や能力）、他者との直接性（immediacy；空間的、時間的な接近性）、影響源の人数（number）の3つにより規定される。定式で表すと $I = f (s \times i \times n)$ となる。つまり、地位が高い人物や専門家が観衆である場合のほうが友人の場合よりも、他者との距離が近いほうが遠い場合よりも、インパクトは強くなるのである。また、影響源である他者の人数だけが増加した場合でも、個人が受ける社会的インパクトは強くなる。当然、社会的なインパクトが強まれば、その際の不安も強く感じる。大勢の人の前であがってしまい、スピーチができなくなる場合がこれに該当するであろう。

　他者の人数だけが増加してもインパクトは強くなるが、他者の人数とインパクトは正比例関係にあるわけではない。他者の人数とインパクトの関係については、$I = sN^t$ かつ $t < 1$（sは定数）という式で表されるように、人数が増加するにつれてインパクトの増加量は減少する。つまり、他者が10名から11名に増えても、インパクトの増加量は1名から2名に増えたときの増加量よりも少なくなる。逆に、影響源である他者の人数が一定で、社会的インパクトを受ける側が増えた場合は、インパクトの分散が起こり個々の受けるインパクトは弱くなる。1人でのスピーチよりもグループ発表のほうがあまり不安を感じないのは、インパクトの分散が発生するためである。

　このように、他者は感情喚起に大きな影響を及ぼす。他者の存在の有無だけではなく、人数も含めたさまざまな要因が関連しており、感情喚起は複雑な事象といえる。

第4節　感情制御と自他の感情予測

　私たちは、今自分がどのような感情を抱いているかは理解できる。しかし、今の自分の感情がどの程度持続するかを正しく予測することは不得手である。同様

に、未来の自分を想像し、その感情状態について推測することも実はあまり得意
ではない。誰しもが一度は自分が将来どのような仕事に就き、どのような暮らし
をするかを想像したことがあるであろう。その際、未来の自分は幸せな毎日を過
ごしていると予測したかもしれないが、実際はそこまで幸せではないこともある。
逆に、恋人と別れた後の自分の悲しみを想像したとしても、実際には想像してい
た以上に早く立ち直ることが多いであろう。このような自分の感情状態の想像を
感情予測（affective forecasting）とよぶが、研究においても人の感情予測は正確
ではないことが示されている。また、現在の感情状態を理解できても、その感情
を制御することは困難である。この節では感情制御と自他の感情予測について取
り上げ、説明していく。

1. 感情制御

　近年、社会から求められることの1つに自己制御があげられる。喚起した感情
や衝動に従うのではなく、自己を制御しながら日常生活を過ごすことが良いこと
とされている。このような感情を抑え込む、つまり感情抑制はよく用いられる方
略であるが、一方で重大な弊害となる場合がある。例えば、ペネベーカー
（Pennebaker, 1997）が、トラウマ体験を隠蔽することが心身の健康に悪影響（抑
うつ傾向の高まり、免疫機能の低下、長期的な健康悪化）を及ぼすことを指摘してい
るように、感情抑制は心身に大きな負担となる。また、意識的な抑制はワーキン
グ・メモリーの圧迫による細かな処理や作業能率の低下につながることも示され
ている（Klein & Boals, 2001）。さらに、抑制することが逆に感情の増幅につなが
ることもある（Wegner, 1994）。このように、感情を抑制することは多方面にわ
たり、ネガティブな結果をもたらすのである。

　そもそも感情はさまざまな機能を有している。例えば、環境や行動の適切性に
対する喜びが、適切な環境や行動を増加・促進するきっかけとなる。また、怒り
が自己の権利の主張や社会的秩序の維持を導くように、ネガティブな感情全般は
注意を焦点化し、問題解決を目指す働きをもつ。このように、感情には喚起する
理由が存在し、感情抑制はこれらを放棄するのと同義である。例えば、嫌悪を抑
制することは不快・有害な刺激との接触につながり、驚愕の抑制は新奇な対象に
遭遇した際の情報収集を制限することになる。

　しかし、感情制御をまったく実施しないことが良いともかぎらない。感情は認

知や行動に影響を及ぼし、感情の表出方法によっては他者からの印象にも影響するため、過剰な制御も不十分な制御もどちらも問題なのである。そのため、一言で感情制御といっても、実際には喚起・表出・処理の3側面に注目して考える必要がある。まず、喚起としては過度な喚起を減少させることが重要である。過度な喚起とは回数でもあり、1回の強度でもある。例えば、高血圧や心臓病と怒りの過度な喚起に関連がみられることから（鈴木・春木, 1994）、過度な怒りの喚起がこれらの疾患のリスクを高めると考えられる。このように、過度な喚起は悪影響を及ぼすため、適切な喚起を心掛ける必要がある。表出については、表出抑制を含め、状況に適した表出方法を選択することが重要となる。不適切な表出は問題解決を導かず、かえって問題の悪化や他者からの印象低下につながりかねない。表出を抑制することが最適な状況も考えられる。表出する際は状況把握が重要となるといえよう。最後に、処理としては、喚起した感情を鎮める、発散することが重要となる。状況により感情表出ができない場合や、表出しても完全に感情が鎮静化できないこともある。そのような場合、長期にわたり感情が残留する。残留した感情を処理せず抑制すれば、感情抑制の弊害にもつながりかねず、合理化や社会的共有などなんらかの方法で残った感情を処理することが必要である。

2. 自身の感情予測

　感情予測の研究では、人が出来事から受ける影響をより大きく見積もり、将来の感情状態の予測を誤ることが示されている（Wilson & Gilbert, 2003）。例えば、大好きな恋人との破局を想像してほしい。その際、喚起する悲しみについて推測すると、私たちは実際よりも強い悲しみが長く続くと見積もる。この強度と持続時間における予測のかたよりをインパクト・バイアス（impact bias）とよび、予測する感情がポジティブな感情でもネガティブな感情でもインパクト・バイアスは生じる。インパクト・バイアスが発生する理由として、感情予測の際に当該事象のみに注意が集中し、他の事象の影響を適切に考慮できないことがあげられる。例えば、怒り経験の後、嬉しい出来事があると怒りはやわらぐが、未来を想像する際には、怒りを感じた出来事のみを意識した状態で感情予測を行いやすい。また、私たちは感情予測時に、過去に体験した代表的な（つまり最高もしくは最悪の）経験を思い浮かべるであろう。例えば、講義に遅刻したときの感情を予測する際には、最も遅れた経験を想起するのではないか。その結果、実際よりもネガ

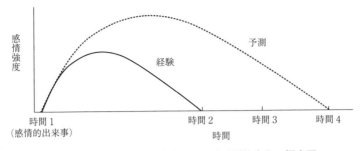

図 6-4-1　実際の経験と感情予測の時系列的変化の概念図
（Wilson & Gilbert, 2003 より作成）

ティブに予測することになる。このように、予測において実際の出来事とは異なる出来事を想像することにより、バイアスが生じるのである。

　また、私たちはネガティブな出来事を経験した後、その出来事を自分なりに納得できるように振り返る、テレビを見て気晴らしをするといった行動をする。私たちには、このような「心理的免疫システム（psychological immune system）」が存在し、ネガティブ感情の緩和・制御を試みている。しかし、私たちはその存在や働きを意識していないために、より強いネガティブ感情を感じる出来事において、実際に喚起するネガティブ感情を過剰評価し、予測と現実が乖離するのである。なお、この心理的免疫システムは、その性質上、強いネガティブ経験であるほど回復のためにより強力に働き、ネガティブの程度が弱い場合よりも早く感情が改善することが指摘されている（Gilbert, Lieberman, Morewedge, & Wilson, 2004）。

　このように、感情予測の際には、インパクト・バイアスにより持続時間と強度の両面において過大な見積もりを行う（図 6-4-1）。なんらかの意思決定をする際にはみずからの感情予測が正確であることは重要であるが、過大に見積もるからこそ行動がより促進されることもまた事実である。例えば、成功後の喜びを強く見積もれば、達成動機が高まり、より成功確率を高めるような行動を促進するであろう。逆に、失敗後の落胆を強く見積もれば、失敗回避のためにより努力がなされるであろう。このように、感情予測は動機づけや行動選択にも影響を及ぼす重要な役割を担っているのである。

3. 他者の感情推測

　私たちは自分の未来の感情状態だけではなく、他者の感情についても思いをめ
ぐらせる。つまり、目の前の他者が今どのように感じているかを考慮するだけで
なく、特定の状況における他者の感情など、実際には発生していない事態も含め
さまざまな場面を想像し推論することがある。例えば、交通事故の被害者の気持
ちを考えたり、恐竜がいる世界の人がどのような感情状態であるかを推測したり
する。このような他者の感情予測に関する研究では、特定状況での他者の感情を
予測する際には、まず、その状況における自己の感情を予測し、その予測を用い
て他者の感情を予測することが示されている（例えば、Van Boven & Loewenstein,
2003）。つまり、自分と他者の状況把握などの認知方略が異なることは理解して
いても、他者は自分と同様に感じるであろうと思いがちなのである。しかし、先
述したように、そもそも自分の感情予測自体が正確ではない。そのため、不正確
な予測から推測された他者の感情状態の予測もまた正確ではないのである。

　では、自分が実際に経験した状況における他者の感情予測を行う場合はどうで
あろう。人前でパントマイムをする際の自分と他者が求める報酬の予測を検討し
た研究がある（Van Boven, Loewenstein, & Dunning, 2005）。この研究では、パ
ントマイムに対して、自分も他者も仮想の状況で予想する条件（仮想条件）と、
他者は仮想だが参加者である自分は実際にパントマイムを実行する可能性がある
状況で予測する条件（実行条件）を設定した。結果として、仮想条件の自分、他
者および実行条件の他者の報酬予測は一致していたが、実行条件での参加者はそ
の２倍の報酬を求めることが示された。仮想条件では比較的安易にパントマイ
ムについて想像し、自分の予測をそのまま他者に適用している。しかし、現実的
にパントマイムの実行を考慮した際には、実際に経験した自分の感情状態そのま
まを他者の予測に用いてはいなかった。仮想とは異なり、私たちが実際に経験し
た感情は主観的なものと判断し、状況が同様でも他者は自分と同じ感情状態にな
ることを想定しないのである。いずれにせよ、他者の感情を正確に推測・予測で
きるとはかぎらないのである。

●COLUMN 5●　怒り制御

　感情制御の中でも、近年注目を集めているものに怒り感情の制御がある。怒り感情の制御にもさまざまな方法があるが、ここでは、怒りを感じた後に行われる攻撃行動を防ぐ方法および怒りを感じた相手（怒り対象）との関係強化につながる方法を取り上げる。まず、怒り喚起後の攻撃行動について、怒り喚起直後は感情、2〜3日後は認知というように、時間経過にともない攻撃行動を促進する要因が異なることが明らかになっている（日比野・湯川, 2004）。そのため、怒りによる攻撃行動を防止するには、喚起直後は自分の怒りから意識をそらすことが重要となる。例えば、怒りを感じた直後の制御として 10 数える方法（テンカウント法）がある。これは 10 数えることでいったん怒りを感じた出来事から注意をそらし、感情が攻撃行動を導くことを防いでいると考えられる。また、怒りを感じてから 2〜3 日後であれば、冷静に出来事を捉えるために自分の経験を客観的に見つめ直し、認知的再評価をすることが制御としては重要となるであろう。

　また、雨降って地固まるというように、実は怒りを感じたことが有益であったと思う人が多いことや、怒り表出の理由の 1 つとして相手との関係強化を図ることがあげられている（Averill, 1982）。怒りを適切に制御できれば、怒りを感じた相手との相互理解が促進され、関係が深まる可能性がある。

　では、関係強化につながる具体的な制御方法について考えてみよう。関係強化を目的とするならば、怒りを感じた相手と話し合う、自分が怒りを感じたことを相手に伝えることを意識すべきである。もし、直接相手に伝えることができない場合は、自分なりに怒りを感じた経験に理由をつけ、納得することが必要となる。どちらにしても、怒り対象や怒り経験と積極的に向き合うことが重要であり、その結果、経験の再評価や相手との相互理解につながるのである。逆に、相手を避ける、第三者に相談するというだけでは、感じた怒りを処理できない可能性があり、怒りを感じたこと自体が相手に伝わらず、怒りを感じた出来事が何度も繰り返されることになるかもしれない。当然ながら、怒りを感じた直後に怒りに任せて相手に伝えるよりも、怒りがある程度やわらぎ、冷静に自分の経験を考えることができるようになってから、相手と話し合うほうがより効果的であるといえよう。

第7章
対人関係

　私たちは親や兄弟などの家族、友人や恋人、学校の同級生などさまざまな人びとに囲まれながら生活している。その中で、親密な他者とどのような関係を作り、親密な他者はどのような役割を果たしているのであろうか。本章では、恋愛関係に関する研究を中心に先行研究を紹介し、親密な他者について考えていく。

第1節　関係の起源

　私たちは、仲の良い人や顔見知り程度の人など、親密さの異なる他者と関わりながら日常生活を送っている。私たちが有する人と人とのつながり、すなわち社会的ネットワークの規模の平均は約150人程度とされる。この150人という人数は、ダンバーによる一連の研究によって導出された。例えば、ダンバー（Dunbar, 1992）は、霊長類において、大脳皮質が大きいほど、集団サイズ（群れの大きさ）が大きいことを明らかにし、ヒトの集団サイズが150人程度であると推定した（図7-1-1）。この人数は、Facebook などの SNS 上でも同様とされる（Dunbar, 2018）。

　社会的ネットワークを維持することは容易ではない。例えば、血縁関係にある人と比べ、血縁関係のない友人は、接触頻度を保つなど親密さを維持するために多くのコストを払わなければならない

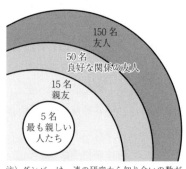

注）ダンバーは一連の研究から知り合いの数が平均して150人程度であることや、その中で親しさによって人数が異なることを明らかにした。

図 7-1-1　友人関係の数
（Dunbar, 2014 より作成）

(Roberts & Dunbar, 2011)。また、恋人がいる場合には、恋人との関係を維持するためにさまざまなコストを払わなければならないため、他の人との関係は希薄になりがちである。実際、深刻な問題を抱えたときに助けを求められる人をリストアップした際に、恋人がいる人はいない人に比べて 2 名程度人数が少ないとされる（Burton-Chellew & Dunbar, 2015）。

　関係を維持するコストが大きいにもかかわらず、恋愛関係を形成するのはなぜなのであろうか。また、恋愛関係は、私たちの社会的ネットワークの中でどのような役割を果たしているのであろうか。そのことを説明する理論の 1 つとして、アタッチメント理論がある。アタッチメント（attachment；愛着とも訳される）とは、危機的状況において特定の他者との近接を求め、それを維持することによって安全であるという感覚を得ようとする傾向であり、アタッチメントを向けられる人物はアタッチメント対象（attachment figure）とよばれる。アタッチメント対象は、乳幼児期では主たる養育者（例えば、母親）であり、ネガティブな感情が喚起されたりした場合に養育者に慰めてもらうことで安心し、また、養育者がいることで安心してさまざまな挑戦をすることができる。児童期や青年期、成人期へと発達するにつれ、養育者だけではなくさまざまな人びとがアタッチメント対象になり、複数の人が安心を提供する存在になっていく。この際、複数の対象の中で最もアタッチメントが向けられやすい第 1 対象、次にアタッチメントが向けられやすい第 2 対象、その次に第 3 対象……とアタッチメントの向けやすさが異なる複数の対象によって構成されるアタッチメント・ネットワークが形成されていく。

　成人期のアタッチメント・ネットワークでは、恋人や配偶者がいる人の主たるアタッチメント対象は恋人や配偶者になりやすく、恋人や配偶者がいない人の主たるアタッチメント対象は母親や友人になりやすい。また、恋人をアタッチメント対象とする程度と友人をアタッチメント対象にする程度に相補的な関連がある（Umemura, Lacinová, Macek, & Elske, 2017）。すなわち、恋人ができた人は、友人へ向けていたアタッチメントを恋人に向けるようになる。一方、恋人がいない人や恋人との関係が終焉した人は、アタッチメントを友人へと向けやすい。

　このような特定の対象をアタッチメント対象とするアタッチメント・ネットワークは、私たちに安心をもたらす基盤として社会的ネットワークの中で中心的な役割を果たす。その中で、恋人は主たるアタッチメント対象として、個人の社

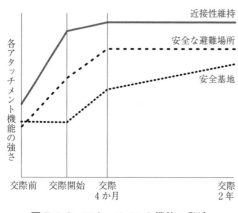

会適応を促す源泉としての役割を果たしていくのである。ただし、十分なアタッチメント対象（full-blown attachment）となるためには、その他者が、近接性維持（他者との近接を維持しようとする）、安全な避難場所（危機に直面した際に、安心を求めに行く）、分離苦悩（分離に抵抗し、苦悩する）、安全基地（新たな挑戦などの際に、アタッチメント対象によって送り出される）という

図7-1-2　アタッチメント機能の発達
（Fagundes & Schindler, 2012 より作成）

4つの機能を満たしている必要がある。4つのアタッチメント機能は、それぞれ異なる発達をする（図7-1-2；Fagundes & Schindler, 2012）。例えば、恋人ができた場合、その恋人への近接性維持や安全な避難場所は交際開始前に急激に高まった後、交際4か月程度までに緩やかに高まる。一方、安全基地機能は、交際後4か月程度で高まり、その後、交際開始2年目までに緩やかに上昇する。したがって、恋人が十分なアタッチメント対象となるには2年程度の期間が必要とされる。

第2節　関係の種類

1．交換関係と共同関係

　親密な対人関係では、相手からさまざまな資源を受け取り、逆に相手にさまざまな資源を与えるといったように、資源の交換が行われる。フォア（Foa, 1971）は、交換される資源を個別性と具体性から6つの種類に分類した（図7-2-1）。愛情と金銭に注目すると、どちらも具体性は同じ程度だが、個別性は大きく異なっている。金銭の価値は誰にとっても同じため、誰から受け取ろうが価値が変わらない。一方、愛情は、誰から受け取るかで価値が大きく変わる。したがって、特定の人から受け取る愛情は、その人からしかもらうことができない特別なものとなる。このように、交換される資源によって対人関係のあり方は変わってくる。

　対人関係における資源の交換を
基盤とした社会的交換理論（Social
exchange theory）は、恋愛関係や
友人関係の質が資源の交換によっ
て生じる利得や損失によって規定
されることを示した。例えばスプ
レッチャー（Sprecher, 2001）では、
恋人との関係によって生じる利益
よりもコストが上回っている状態
が、男性では関係満足度の低さと
関連し、女性では別れやすさと関
連した。また、奥田（1994）は、自

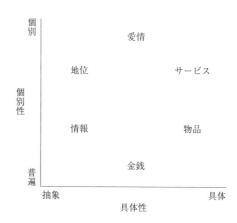

**図 7-2-1　対人的相互作用において
交換される資源**（Foa, 1971 より作成）

分が恋人との関係に多くの資源を注いでいるほど、恋人は関係から報酬を得ていると認知して関係満足度が高くなり、恋人も関係に多くの資源を注ぎ込むようになる過程を明らかにした。

　資源の交換には、相手から資源を受け取った場合、その分を返さなければならないという返報性の規範が働き、他者との持ちつ持たれつの関係ができあがっていく。しかし、恋愛関係や夫婦関係では、相手からの利益の見返りを期待せず、恋人の欲求に応じるという共同規範（communal norm）が重視される（Mills, Clark, Ford, & Johnson, 2004）。共同規範が重視された関係では、恋人の欲求に応じるために、自己を犠牲にする行動がとられやすい。また、恋人がそのようなコストとなる行動をしてもらったと気づくことによって、恋人もまた相手のためにコストとなる行動をとるようになる。結果として、共同規範の強さは、双方の幸福感を高め、また、関係の良好さと結びつく。

　ただし、共同規範を重視することには、搾取されるリスクをともなう。例えば、自分が恋人の欲求に応じるために行動したとしても、恋人も常に自分の欲求に応じてくれるとはかぎらない。そのため、共同規範を重視する程度を柔軟に調整することで、そのリスクにうまく対応していく必要がある。

2.　勢力関係

　恋愛関係では、程度の差こそあれ、恋人どうしが互いに影響を与え合う。例え

ば、彼氏は休日にサッカー観戦をしたいとする。このとき、彼女もサッカー観戦をしたければ、互いの欲求を満たすことができる。一方、もしも彼女が休日はできるだけ外に出ずゆっくりしたいのであれば、休日に何をするかについてカップルで対立が生じうる。この例のようにカップルの一方の行動やその行動によって得られる結果がもう一方の存在によって影響されることは、恋愛関係の特徴の1つである。

　自分の行動の結果が恋人の存在によって左右される程度は依存性とよばれる（Rusbult & Van Lange, 2003）。恋人どうしの依存性が同程度であれば、2者の関係性は良好なものとなる。しかし、依存性が2者で異なる場合もある。この場合、依存性が低い人は、望ましい結果の獲得や重要な欲求の充足を恋人に頼っておらず、恋人との関係が崩壊したとしてもその影響は比較的小さい。一方、依存性の高い人は、望ましい結果の獲得や重要な欲求の充足を恋人に頼っているため、恋人との関係が崩壊した場合の影響は比較的大きい。それゆえ、依存性が低い人は関係内で勢力（power）が強く、恋人との関係に関わる意思決定に対する影響力が大きくなり、主導権を握りやすくなる。

　恋愛関係内での勢力が個人や関係性にどのような影響を与えるかについては、さまざまな研究が行われている。例えば、スタンリーほか（Stanley, Rhoades, Scott, Kelmer, Markman & Ficham, 2017）は、恋愛カップルを対象とした研究において、恋人に比べて依存性が高い人（勢力の弱い人）は、恋人とのネガティブな相互作用の多さ、関係良好性の低さ、心理的暴力の加害と被害の多さを報告することを明らかにした。また、ファンダードリフトほか（VanderDrift, Agnew, Harvey, & Warren, 2013）は、性交でコンドームをつけようとする意図の強さが、恋人に比べて依存性が低い人（勢力の強い人）によって規定されることを明らかにした。さらに、オーバーオールほか（Overall, Hammond, & McNalty, 2016）は、恋人との対立時に、勢力の弱い男性は恋人が対立を回避しようとしたり、問題の解決を望まなかったりする場合に、パートナーに暴力を振るいやすくなることを明らかにした。

　以上のように、恋愛関係にある2者の依存の程度が異なる場合、勢力の強弱が生じ、それが関係内での行動に強く影響することが明らかになっている。ただし、恋人間の勢力の強弱は、依存の程度のみではなく、社会構造や社会規範によっても影響を受ける（Johnson, 2008）。したがって、恋愛関係における勢力に

ついては2者の関係性からアプローチするとともに、よりマクロな社会構造の観点からのアプローチも必要となる。

第3節　対人魅力

　どのような人に魅力を感じるのかについて、古くから数多くの研究が行われ、さまざまな要因が検討されてきた。対人魅力の研究では恋愛だけでなく、友情についても研究されているが、本節では恋愛関係に関わる研究を中心に紹介する。その中で、身体的魅力は恋人選択や他者からの好意的評価の獲得に強く影響することが繰り返し明らかにされている。身体的魅力について検討した初期の研究であるウォルスターほか（Walster, Aronson, Abrahams, & Rottman, 1966）は、見知らぬ男女大学生をランダムでペアにしてダンスパーティーを開催するという実験において、ダンス後に相手への好意度を尋ねた。その結果、好意度と関連した主な要因は身体的魅力のみであった。また、魅力的な異性を見た際の脳活動を調べる研究も行われ、異性の魅力を判断していく課題において、報酬の検知や獲得と関わる領域（側坐核など）が賦活することが示唆された（Cloutier, Heatherton, Whalen, & Kelley, 2008）。この結果から、身体的魅力は多くの人にとって、快をもたらす報酬となっていることがうかがえる。

　また、近年では、一目惚れ（love at first sight）に関する研究も行われている。ジョクほか（Zsok, Haucke, De Wit, & Barelds, 2017）は、一目惚れを2者の関係性をより強固にするために作り出されるポジティブな記憶であるとし、恋人の身体的魅力が高い場合に一目惚れしたという記憶が作られやすいことを明らかにした。この結果は、身体的魅力の高さが恋人選択だけではなく、関係の継続にも影響することを示唆している。

　身体的魅力以外にも、さまざまな要因が他者からの好意的評価や恋人選択に関わる（Finkel & Eastwick, 2015；表7-3-1）。例えば、ある対象に繰り返し接触することで、その対象への好意度が高まる単純接触効果（mere exposure effect）はその一例である。単純接触効果による好意度の高まりは、その接触が自覚できないほどの短時間であっても生じる。しかし、接触の頻度が多すぎると好意度が高まらなくなる（Montoya , Kershaw, & Prosser, 2017）。また、パーソナリティや態度などさまざまな部分で相手と似ていると感じること、すなわち類似性も相手への

表 7-3-1　他者への好意的評価と関連する要因

快刺激の獲得と不快刺激の回避に関わる要因
身体的魅力、ユーモア
自尊心の高揚に関わる要因
類似性（他者の態度やパーソナリティが似ていると認識すること）
返報性（他者が自分に好意を抱いていると感じること）
期待の低さ（自尊心が低い場合や他者への評価基準が低いこと）
所属感の獲得に関わる要因
親近感（物理的な近さや単純接触効果によって親近感を感じること）
自己開示（自己開示をされること）
不安低減（ストレスや不安を低減してくれること）
自己の一貫性に関わる要因
態度の一貫性、自己確証、互恵性
自己拡張の機会の提供に関わる要因

（Finkel & Eastwick, 2015 より作成）

好意を高める。類似性の影響は態度の類似性が特に大きく、相手と実際に似ているかよりも相手と似ていると認識することが好意度と結びつきやすい（Montoya & Horton, 2013）。

　また、自己拡張モデル（self-expansion model）では、重要な目標を達成する能力を高めるために自分の資源や視点、アイデンティティを獲得すること、すなわち自己拡張の機会を提供してくれる人物に魅力を感じるとされる（Aron, Lewandowski, Mashek, & Aron, 2013）。例えば、ファンダードリフトほか（VanderDrift, Lewandowski, & Agnew, 2011）は、恋人がいる大学生を対象に、オンライン上で架空の異性とメッセージのやりとりをする実験を行った。メッセージのやりとりにおいて、架空の異性は、実験参加者が選んだ質問に対して新しい体験を期待させることで自己拡張の機会を感じさせるような回答をするように、事前に実験者によってプログラムが組まれていた（例えば、「どのくらい新しいことにチャレンジしていますか？」という質問に対して、架空の人物は「いつもです！」と回答する）。その結果、現在の恋人が自己拡張の機会を提供してくれていないと認知している人は、オンライン上でやりとりをした架空の異性を好意的に評価することが明らかになった。この結果は、恋人がいる人ですら、自己拡張の機会を提供してくれる人に対して魅力を感じることを示している。

第4節　恋愛・友情

恋愛関係と友人関係との違いはどこにあるのだろうか。立脇（2007）は異性交際中に体験する感情が恋人や片想いの相手、異性の友人とでいかに異なるかを検討した（図7-4-1）。その結果、恋人に対して情熱（好き、どきどきなど）や尊敬・信頼感情（頼っている、尊敬など）といったポジティブな感情だけではな

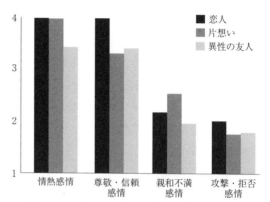

図7-4-1　恋人、片想い、異性の友人への感情
（立脇, 2007より作成）

く、攻撃・拒否感情（うっとうしい、面倒など）といったネガティブな感情も感じやすいことが明らかになった。また、片想いの相手に対しては、情熱に加え親和不満感情（つらい、悲しいなど）を抱きやすいことが明らかになった。一方、異性の友人に対しては、恋人や片想いの相手に比べると、いずれの感情も感じにくかった。この結果から、恋愛関係のように2者の関係が深く親密になっていくほどポジティブ感情と同時に、ネガティブ感情も抱きやすくなることがわかる。

また、フェア（Fehr, 1999）は、関係へのコミットメントの観点から恋愛関係と友人関係との違いについて論じている。関係へのコミットメントとは、関係を維持しようとする意思のことであり、恋愛関係の維持だけではなく、友人との関係の維持にも強い影響力をもつ。例えば、親友との関係が1年後にも継続されているかを検討した先行研究（Branje, Frijns, Finkenauer, Engels, & Meeus, 2007）では、親友との関係へのコミットメントが強い人は、1年後も同じ人を親友としていた。

しかし、フェア（Fehr, 1999）は恋愛関係へのコミットメントと友人関係へのコミットメントが質的に異なる可能性を指摘している。コミットメントは、大きく2つの側面によって構成される。第一は、魅力（attraction）とよばれる、関係を自発的・積極的に維持しようとする側面である。第二は、抑止力（constraint）とよばれる、関係が崩壊する際に生じるコスト（終結コスト）を避けるために関

係崩壊を回避しようとする側面である。フェア（Fehr, 1999）は、恋愛関係と友人関係とを比較した場合、恋愛関係に比べ、友人関係では抑止力が弱い可能性を指摘している。恋愛関係は、2者が排他的に資源を交換し合うことで特別感やかけがえのなさを増していき、代替不可能な関係へと発展する（相馬・浦, 2009）。その結果、終結コストは高くなる。したがって、恋愛関係は、代替不可能なサポートや資源を確保するために関係を維持していかなければならない。一方、友人関係においても、特別感やかけがえのなさは存在するものの、その程度は恋愛関係より弱く、他の友人で代替可能な場合が多い（Fehr, 1999）。したがって、友人関係は、他の関係で資源やサポートを得られる可能性が恋愛関係に比べて高い。そのため、恋愛関係に比べ、友人関係は終結コストが低くなる。以上のように、恋愛関係と友人関係とでは終結コストが異なってくることによって、恋愛関係へのコミットメントと友人関係へのコミットメントに違いが生じる可能性がある。

　さらに、増田（1994）は恋愛関係と友人関係とを区別する絶対的な行動基準は存在しないことを論じている。例えば、キスや性交は交際中の2者が行う行動の象徴的なものであるが、その行動は必ずしも恋愛関係にある人とのみ行うものであるとはかぎらない。実際、オーウェンとフィンチャム（Owen & Fincham, 2011）は、互いに恋愛関係ではないことを認識しながら性交をする友人関係（friend with benefit）が少なからず存在することを明らかにしている。

　では、恋愛関係と友人関係を区別する基準は存在しないのであろうか。増田（1994）は、恋愛関係にある当事者たちは、恋人以外とはしてはならない排他的行為を各々に設定し、その排他的行為が恋愛関係と友人関係を区別するとした。例えば、恋人以外の異性に挨拶をすることを恋人以外としてはならない排他的行動と設定し、それを恋愛関係と友人関係とを区別する基準とする恋愛カップルもいれば、恋人以外の異性と手をつなぐことを許容し、それが恋愛関係と友人関係とを区別する基準とならない恋愛カップルもいるのである。

　以上の知見から、恋愛関係と友人関係に関しては感情経験や終結コスト、排他的行為などさまざまな違いが存在すると考えられるが、それらは必ずしも恋愛関係と友人関係とを明確に区別する基準となりえない。また、恋愛関係にあった2者が、恋愛関係が崩壊した後に再び友人となる関係（post dissolution relationships；Masuda, 2006）が存在することからも、恋愛関係と友人関係が明確に区別できないことがうかがえるであろう。

第5節　社会的排斥

　本章の冒頭で述べたように、私たちは、社会的ネットワークの中で生きており、その中で特定の他者と特に親密な関係を作りながら生活をしている。しかし、すべての関係が維持され続けるわけではない。ときには、親しい友だちとの仲違いや集団からの仲間はずれ、恋人からの突然の拒絶を経験する場合もある。

　このような社会的排斥に直面した際の反応について、アイゼンバーガーほか（Eisenberger, Lieberman, & Williams, 2003）は、サイバーボール課題を用いた検討を行った。サイバーボール課題とは、コンピュータ上でキャッチボールをする課題であり、受容条件と排斥条件が設定されている。受容条件では、自分を含む3人でキャッチボールをしたときに、自分にもボールが回ってきてキャッチボールに参加できる条件である。一方、排斥条件は、キャッチボールで自分にボールが回ってこず、自分を除く2人でキャッチボールが行われ続ける条件である。その結果、排斥条件では、身体的痛みを感じた際に活動する脳領域（前部帯状回背側など）の活動が確認され、排斥された際に生じる感覚が身体的痛みと共通することが明らかになった。

　社会的排斥によって生じる心の痛みに影響する要因については、浦（2010）が詳細に論じている。そこでは、自尊心の高さや日常的に他者に受容されているという感覚、日常的なソーシャル・サポートの利用可能性が、社会的排斥時のネガティブな影響を緩和することや、社会的排斥をされた場合に代わりとなる関係性に所属できることでネガティブな影響を緩和できる可能性があることなどが論じられている。また、社会的排斥をされた際にアタッチメント対象を利用できることも、社会的排斥時のネガティブな影響を緩和する1つの要因である。例えば、ディロレンツォほか（DiLorenzo, Chum, Weidmark, & MacDonald, 2017）は、自分の意見を他者から否定されるという社会的排斥を経験させた後に、アタッチメント対象（恋人）と接する機会がある人たちと見知らぬ人と接する人たちとで、身体的な痛みへの我慢強さが変わるかを検討した。その結果、アタッチメント対象と接した人たちは、見知らぬ人と接した人たちに比べ、痛みを我慢しにくくなっていた。この結果は、社会的排斥時にアタッチメント対象へ近接できる場合、苦痛に対して開放的な反応をし、アタッチメント対象からのサポートを受けやす

くなると解釈できる。

　また、恋人から突然別れを切り出されることも社会的排斥の一種と考えることができる。そして、相手から別れを切り出され、拒絶された結果、拒絶された人がストーカー的行為に及ぶ恐れもある。金政ほか（2018）は、相手から別れを切り出された人を対象とした調査を行い、どのような心理的要因がストーカー的行為と結びつくのかを検討した。その結果、別れた相手のことを繰り返し思い出してしまうなどの反芻<ruby>反芻<rt>はんすう</rt></ruby>・拘泥<ruby>拘泥<rt>こうでい</rt></ruby>思考、独りよがりの執着心を抱く独善的執着、相手はきっと自分のことを受容してくれるといった考えをもつ甘え的受容期待が、ストーカー的行為に及ぶリスク要因となることを明らかにした。このようなストーカー的行為を予防するための1つの方法として、恋愛関係の終結のさせ方の工夫が考えられる。例えば、コリンズとギラス（Collins & Gillath, 2012）は、恋人と別れる際に、別れたいことを素直に打ち明けることが、相手に思いやりを感じさせることや、再び交際しようとする意思の低さと結びつくことを報告している。

　本章では、親密な関係に関するさまざまな研究を紹介してきた。親密な関係は、私たちの日常生活と切り離せないものである。そして、親密な関係は私たちを幸福にする可能性があると同時に、不幸にする可能性もある。また、親密な関係が身体的健康や精神的健康と強く結びついているという知見も数多く存在する（Pietromonaco & Collins, 2017）。それゆえ、本章で紹介してきたような親密な関係についての基礎的な知見の積み重ねると同時に、親密な関係を対象とした教育や介入プログラムの開発を行うことも、心理学に求められていることの1つであろう。

第8章

向社会的行動

第1節　ソーシャル・サポート

　日常生活の中でうまくいかないことがあったとき、家族や友だちに愚痴を聞いてもらったり励ましてもらったりしたことで、心が軽くなった経験はないだろうか。このような、主に身近な人間関係の中での精神的・物質的な援助や支援のことを心理学ではソーシャル・サポート（social support）という。以下では、ソーシャル・サポートの概念と測定方法、ソーシャル・サポートがストレス軽減にもたらす効果について説明する。最後に、近年注目されているソーシャル・サポートの互恵性（reciprocity）に関する研究も紹介する。

1．ソーシャル・サポートの概念と測定方法

　ソーシャル・サポートという概念を初めて定義したのは、コッブ（Cobb, S.）である。コッブ（Cobb, 1976）によるソーシャル・サポートの定義は「1. 世話をされ、愛されている。2. 尊敬され、高く評価されている。3. コミュニケーションと相互義務のネットワークに所属している。以上の3つのうち1つ以上を確信させてくれるような情報」というものであった。その後、多くの研究者がソーシャル・サポートの定義づけを行ってきており、現時点で一義的な定義は存在していない。しかし、多くの研究で共通しているのが、ソーシャル・サポートは情緒的サポート（emotional support）と道具的サポート（instrumental support）に大別されるという点である。情緒的サポートとは、相談に乗ったり慰めたりするような心理的負担をやわらげる効果をもつサポートのことであり、道具的サポートとは、力やお金や物などの資源やその資源に関する情報といった問題解決に直接役立つサポートのことである。

表 8-1-1　BISSEN の教示文と項目内容

受領サポート	
現在のあなたの生活において、あなたを助けてくれる人はいらっしゃいますか。具体的な人物を思い浮かべて、当てはまるところに○をつけてください。	
慰め・励まし	現在あなたには、あなたの気分が晴れないとき、あなたを元気づけたり、あなたのぐちを聞いてくれたりする人はいますか
助言・相談	現在あなたには、あなたが迷ったり困ったり物事を決めたりするとき、あなたの相談にのってくれたり、あなたにとって参考になる意見を言ってくれたりする人はいますか
物理的・金銭的援助	現在あなたには、あなたのちょっとした用事を引き受けてくれる人はいますか
行動的援助	現在あなたには、あなた自身やあなたの同居家族の体調がよくないとき、必要な面倒をみてくれる人はいますか

提供サポート	
現在のあなたの生活において、あなたが助けてあげる人はいらっしゃいますか。具体的な人物を思い浮かべて、当てはまるところに○をつけてください。	
慰め・励まし	現在あなたには、その人の気分が晴れないとき、あなたが元気づけたり、ぐちを聞いてあげたりする人がいますか
助言・相談	現在あなたには、その人が迷ったり困ったり物事を決めたりするとき、あなたが相談にのってあげたり、その人にとって参考になる意見を言ったりする人はいますか
物理的・金銭的援助	現在あなたには、その人のために、あなたがちょっとした用事を引き受けてあげる人はいますか
行動的援助	現在あなたには、その人自身やその人の同居家族の体調がよくないとき、必要な面倒をみてあげる人はいますか

注）各項目に対して、サポート対象となる人物を「家族」「親族」「友人」「近所の知り合い」「仕事関係の人」「その他」「いない」のカテゴリーの中から複数選択で回答する。

(相羽ほか, 2013 より作成)

　ソーシャル・サポートの定義がさまざまであることにともない、ソーシャル・サポートを測定する尺度もこれまで非常に多く開発されてきた。それらの尺度の測定指標を大別すると、「一定期間に実際にサポートを受けたか」という実行されたサポート（enacted support）と、「必要なときにサポートを受けられると思うか」というサポートの利用可能性を測定する、知覚されたサポート（perceived support）に分類される。また、サポートの測定指標は、実行もしくは知覚されたサポートという観点のうえで、さらに次の2つに分類することも可能である。1つ目は、「サポートを特定の相手からどのくらい受けられると思うか、もしくは受けたか」という程度や頻度でサポート量を測定する尺度である。2つ目は、サポートを提供してくれる相手（サポート源）の人数など、構造的指標のソーシャル・サポート・ネットワークを測定する尺度である。これまでの研究では、

これらの分類のうち、知覚されたサポートを程度や頻度で測定する尺度が多く開発されている（例えば、岩佐・権藤・増井ほか〔2007〕による MSPSS 日本語版など）。こうした尺度は、そのほとんどが他者から受け取るサポート（受領サポート）を測定するものである。しかし、本来のソーシャル・サポートの概念では、受領サポートだけでなく、他者に与えるサポート（提供サポート）も存在する。そのため、近年は受領サポートと提供サポートの両側面を測定できる尺度が開発され始めている。例えば、相羽・太刀川・福岡・遠藤・白鳥・松井・朝田（2013）と Aiba, Tachikawa, Fukuoka et al.（2017）は、8 項目で受領と提供の両側面から知覚されたソーシャル・サポート・ネットワークを測定する簡易ソーシャル・サポート・ネットワーク尺度（BISSEN）を開発している（表 8-1-1）。こうした尺度を用いることで、後述するソーシャル・サポートの互恵性も測定することが可能となる。

2. ソーシャル・サポートがストレスを軽減するメカニズム

　ソーシャル・サポートが心身の健康に良い影響をもたらすことは、これまで多くの研究で確かめられてきた。では、具体的にどのようなメカニズムで、ソーシャル・サポートがストレスを軽減し、心身の健康を促進・維持しているのだろうか。コーエンとウィルズ（Cohen & Wills, 1985）は、ラザルスとロニア（Lazarus & Launier, 1978）によるストレスの認知的評価モデルをもとに、ソーシャル・サポートが健康に影響をもたらすメカニズムについてのモデル（図 8-1-1）を考案している。このモデルによれば、ソーシャル・サポートはストレスの評価過程と心身の反応の 2 段階でストレッサーの影響を緩衝すると捉えられている。このように、強いストレッサーが存在するときにソーシャル・サポートが効

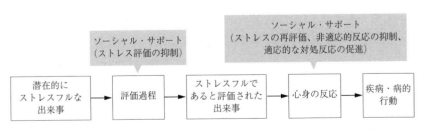

図 8-1-1　ソーシャル・サポートが健康に影響をもたらすメカニズム
（Cohen & Wills, 1985 より作成）

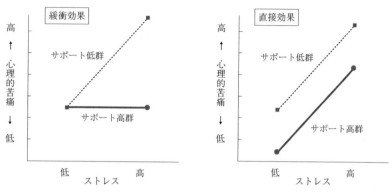

図8-1-2　ソーシャル・サポートのストレス緩衝効果と直接効果
(Cohen & Wills, 1985 より作成)

果を発揮するという考え方は、ストレス緩衝効果（stress-buffering effect）とよばれている（図8-1-2左）。一方、ストレッサーの大きさにかかわらずソーシャル・サポートが効果を発揮するという指摘もあり、こちらは直接効果（main effect）とよばれている（図8-1-2右）。直接効果では、ストレッサーが少ない状況であっても、サポーティブな人間関係の中にいることは精神的健康に良い影響をもつが、その一方で、ストレッサーが多い状況になると、サポーティブな人間関係の中にいたとしても精神的健康は若干損なわれることになる。これまでの研究で、緩衝効果と直接効果のどちらも存在することが明らかになっており、知覚されたサポートを用いて測定すると緩衝効果が、ネットワークのような構造的指標で測定すると直接効果が支持されると結論づけられている（Cohen & Wills, 1985）。

3. ソーシャル・サポートの互恵性

　初期の研究では、ソーシャル・サポートを他者から受け取るものとして捉える研究が主流であった。しかし先述の通り、ソーシャル・サポートには、受領サポートだけでなく提供サポートも存在する。そこで、衡平理論（equity theory）にもとづいた受領サポートと提供サポートのバランス、すなわち互恵性に着目した研究が行われるようになった。その先駆けとなったのが、ルック（Rook, K. S.）による研究である。ルック（Rook, 1987）は、サポートが互恵的であれば心身の健康が促進されるが、受領サポートが提供サポートよりも少ない状態（過小利得知覚）は不公平感や怒りを引き起こし、受領サポートが提供サポートよりも

多い状態（過大利得知覚）は罪悪感や羞恥心を引き起こすという仮説を立て、高齢女性を対象にサポートの互恵性と孤独感、満足感との関連を検討している。その結果、ルック（Rook, 1987）の仮説通り、実行されたサポートが互恵的であるほど、孤独感が低く、満足感が高いことが明らかになったのである。同様に、バンクほか（Buunk et al., 1993）は、上司・部下関係における知覚されたサポートの互恵性と抑うつやイライラなどのネガティブ感情との関連を検討した結果、互恵的と知覚している者が最もネガティブ感情が低く、過小利得よりも過大利得と知覚している者のほうがネガティブ感情が低いことを明らかにした。また、相羽・太刀川・福岡・遠藤・白鳥・土井・松井・朝田（2013）は、サポート量と互恵性の両側面からソーシャル・サポートと自殺念慮との関連を検討し、サポート量が多いほど、またサポートが互恵的であるほど、自殺念慮のある人が少なかったことを明らかにしている。一方、過小利得・過大利得で生じる感情については、周・深田（1996）や福岡（1999）が、大学生らを対象にサポートの互恵性と負担感や負債感との関連を検討している。その結果、過小利得が負担感、過大利得が負債感を高めており、ルック（Rook, 1987）の仮説を支持する結果となった。こうした結果はその他の多くの研究でも支持されており、その頑健性が確かめられている（Fyrand, 2010）。

　このように、ソーシャル・サポートは心身の健康を促進・維持する機能をもっているが、サポートを一方的に受け取るだけでは、むしろ精神的健康には良くないことがわかる。日ごろから、サポートを受けたら相手にも返す「お互い様の心」が、相手だけでなく自分にとっても大切なのである。

第2節　社会的スキル

　初対面の誰とでもすぐに会話が弾む人もいれば、人見知りや引っ込み思案で、自分の感情や思考を上手に表出できない人もいる。こうした人づきあいの上手下手を技能と捉え、トレーニングを行うことで改善可能とする考えのもとに生まれた概念が、社会的スキル（social skill）である。つまり、社会的スキルとは、他者との関係や相互作用を巧みに行うために、練習して身につけた技能のことを指す（相川, 2000）。以下では、まず社会的スキルの概念について説明し、次に社会的スキルトレーニング（social skill training）について紹介する。

表 8-2-1　社会的スキルのリスト

ゴールドスタインほか（1980）	菊池・堀毛（1994）	相川（1995）
初歩的なスキル	基本となるスキル	自分自身をあらわにするスキル
高度なスキル	感情処理のスキル	報酬を与える聞き手になるスキル
感情処理のスキル	攻撃に代わるスキル	話し手を助けるように反応するスキル
攻撃に代わるスキル	ストレスを処理するスキル	内気に打ち克つスキル
ストレスを処理するスキル	計画のスキル	人間関係を選択するスキル
計画のスキル	援助のスキル	人間関係を深めるスキル
	異性とつきあうスキル	人間関係における主張性スキル
	年上・年下とつきあうスキル	怒りを管理するスキル
	集団行動のスキル	争いを避けて管理するスキル
	異文化接触のスキル	

1. 社会的スキルとは

　社会的スキルの研究は 1950 年代ごろに始まり、ウォルピ（Wolpe, 1982）の主張性（assertion）を中心とする精神医学・臨床心理学を背景としたアメリカ流の立場と、アーガイル（Argyle, 1967）に代表される社会心理学を背景としたイギリス流の立場の双方から、さまざまな研究が行われてきた。これらの研究では、主に対人関係全般に共通するスキルとして具体的にどんなスキルが必要なのかについて、多くの知見が提示されている。例えば、ゴールドスタインほか（Goldstein, Spratkin, Gershaw, & Klein, 1980）は、若者のための社会的スキルとして 50 のリストを 6 カテゴリー（表 8-2-1 左）に分類した。このゴールドスタインほかをもとに、菊池・堀毛（1994）は、100 のスキルリストを作成し、10 カテゴリー（表 8-2-1 中）に分類している。例えば、「基本となるスキル」は、「1. 聞く。2. 会話を始める。3. 会話を続ける。4. 質問する。5. 自己紹介をする。6. お礼をいう。7. 敬意を表す。8. あやまる。9. 納得させる。10. 終わりのサインを送る。」というスキルリストで構成されている。この他にも、相川（1995）は、ネルソン・ジョーンズ（Nelson-Jones, 1990）をもとに、一般成人に求められる社会的スキルとして表 8-2-1 右に示したような 9 つのスキルをあげている。

2. 社会的スキルトレーニング

　社会的スキルでは、対人関係に問題をもたらすスキルの欠如はトレーニングによって改善可能であると捉えられている。これまでに、アメリカ流の主張性ト

レーニングやイギリス流の社会的スキルトレーニング（以下、SST と略す）に加え、T グループとよばれるような体験学習をメインとしたトレーニング法も開発されている。

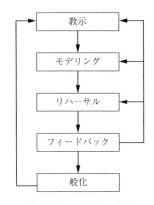

図 8-2-1　SST の手順
（相川, 2000 より作成）

　代表的な SST の手順は、図 8-2-1 のように構成されている。まず、教示ではトレーニング内容やどんなスキルを向上させようとしているかについて参加者に説明を行う。次に、モデリングでは、お手本となる反応を映像で見せたり実際にモデルがその場でやってみせたりして、参加者に観察させ、模倣させる。リハーサルでは、主にロールプレイを用いて教示やモデリングで提示した適切な反応を参加者に繰り返し練習させる。ロールプレイとは、具体的に設定された場面で参加者が役割を演じる手法である。リハーサルが行われたら、適切な反応に対しては褒めて強化し、不適切な反応に対しては修正を行うフィードバックを実施する。以上の教示からフィードバックまでは、参加者が適切な反応を獲得できるまで反復して行う。そして最後に、般化では、学んだスキルを日常生活でも応用的に実施するように促す。

　これまでの研究で、シャイネスや対人不安の高い人（Trower, 1995）や注意欠如・多動性障害（ADHD）などの発達障害をもつ児童や青年（De Boo & Prins, 2007）に対して、一定の効果があることが示されている。また、これまでの SST では対人関係全般に共通する基本的なスキルをトレーニングの中心としていたが、近年では、恋愛関係といった特定の関係に焦点を当てたトレーニング（相羽・松井, 2013）や、医療従事者や保育士などの対人援助職に特化したトレーニング（高山・谷本・笠井・森, 2012；加藤・安藤, 2015）も行われるようになってきている。

第 3 節　援助行動

　近年の日本は、阪神・淡路大震災（1995 年）や東日本大震災（2011 年）のように、多くの人命が失われる大規模な自然災害に見舞われている。しかし、こうした悲惨な自然災害の後には、被災地や被災者を支援するさまざまな活動が活発に

行われるようになってきた。災害発生後の被災地では、多くの人がボランティア活動に従事し、被災地外からは物資提供や募金が行われている。こうした被災地を支援するための活動は、形を変えながら長期間にわたって継続されている。

　しかしながら、私たちは被災地への支援といったやや特殊な援助だけではなく、普段の生活においても、ささやかな助け合いの中で生きている。例えば、電車の中でお年寄りに座席を譲るといった人助けを行うこともあれば、反対に誰かに道を教えてもらうといった手助けを受ける場合もあるだろう。社会心理学では、こうした他者を助ける行動を援助行動（helping behavior）と総称している。援助行動は、「外的な報酬や返礼を目的とせず、自発的に行われた、他者に利益をもたらす行動」と定義され（松井・浦, 1998）、1960年代より研究が行われている。

　本節では、まず援助行動研究が発展するきっかけとなったラタネとダーリー（Latané & Darley, 1970）の研究を紹介し、次に援助行動と共感との関連を検討したバトソン（Batson, 2011）の研究を紹介する。

1. ラタネとダーリーの実験

　援助行動の研究に重大な影響を与えた事件は、1964年3月13日のニューヨークで発生した。深夜に帰宅したキティ・ジェノビーズ嬢は、自宅付近の路上でナイフを持った暴漢に襲われた。悲鳴を聞いた近隣の住民が、窓から顔を出して声をあげたため、暴漢はいったんその場から立ち去った。しかし、その後に被害者を助ける住民がいなかったために、三度現場に戻った暴漢に襲われて命を落とした。マスコミは、38名の住民がこの事件の一部始終を目撃していたにもかかわらず、誰も凶行を止めようとせず、警察に通報する者さえいなかったことを批判した。また社会学者や臨床心理学者は、都会に住む人の冷淡さや道徳性の欠如が、援助を必要とする相手を助けないという事態を引き起こしたと考察した。

　社会心理学者のラタネとダーリーは、都会に住む人の冷淡さが悲劇の原因であるとの主張に疑問を抱き、援助が必要であるにもかかわらず援助が行われない原因を探るために数多くの実験を行っている（Latané & Darley, 1970）。

「傍観者と怪我人」の実験の手続き

　図8-3-1には、ラタネとダーリー（Latané & Darley, 1970）が行った「傍観者と怪我人」という実験の手続きを図示してある。この実験には120名の大学生が参加し、実験参加者は4つの群に分けられた。第Ⅰ群は実験参加者1名でテスト

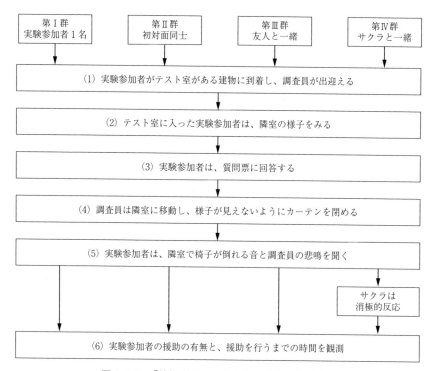

図 8-3-1　「傍観者と怪我人」実験の実施手続き
(Latané & Darley, 1970 の第 7 実験の手続き；原論文より作成)

に参加し、第Ⅱ群は初対面どうしの 2 名がテストに参加し、第Ⅲ群は友人どう
しの 2 名がテストに参加し、第Ⅳ群は実験実施者が仕込んだサクラの実験参加
者と一緒にテストに参加した。①実験参加者は、女性の調査員の案内でテスト室
に入り、②実験参加者はカーテンで仕切ることができる隣室に、テストのための
研究装置や書類が並んでいるのを見た。③調査員は、調査の目的が「市場調査」
であると告げ、家族構成などを尋ねる質問票への記入を求めた。④実験参加者が
質問票への記入を始めると、調査員は準備のために 10 分ほど席を外すと告げて
隣室に移動し、中の様子が見えないようにカーテンを閉めた。⑤隣室からは、調
査員が作業をしている音が聞こえ、椅子に乗って何かを取ろうとする音が聞こえ
た後に、椅子が倒れる大きな音と調査員の悲鳴が聞こえた。隣室から聞こえる音
は、事前に録音された音声が使われたが、ほとんどの実験参加者は隣室で実際に
起きた出来事だと信じ込んだ。

表 8-3-1　傍観者と怪我人実験の結果（援助率）

条件	第Ⅰ群 同席者なし	第Ⅱ群 初対面同士	第Ⅲ群 友人同士	第Ⅳ群 サクラと一緒
テスト室の人数	1名	2名	2名	2名
援助率	70%	40%	70%	7%

（Latané & Darley, 1970 の第 7 実験の手続き；原論文より作成）

この実験では、⑥調査員の悲鳴を聞いた実験参加者の、調査員を助ける行動（援助）の有無と、援助を行うまでの時間が観測された。隣室に調査員を助けに行く、廊下に出て助けを呼ぶ、カーテン越しに調査員に声をかけるといった行動が援助とみなされた。また、第Ⅳ群のサクラの実験協力者は、実験中に悲鳴が聞こえても消極的に振る舞うように事前に指示を受けていた。

「傍観者と怪我人」実験の結果

実験の結果、援助を行った実験参加者の割合を表 8-3-1 に示す。実験参加者が 1 名であった第Ⅰ群では 70% の人が援助を行ったが、実験参加者どうしが初対面であった第Ⅱ群の援助率は 40% であった。さらに、消極的に振る舞うサクラの実験参加者がいた第Ⅳ群の援助率はわずか 7% であった。

私たちは通常、周りに人が多くいたほうが助けてくれる可能性が高くなると考えている。ところがこの実験の結果は、こうした考えが間違っていることを示している。助けることができる人が 1 名の場合よりも、助けることができる人が複数の場合のほうが助けてもらえないのである。

傍観者効果

ラタネとダーリーは、この実験を含めて 12 種類の実験を行っているが、他の実験においても援助を必要とする場面に居合わせた人が多いほど援助が起こりにくいことが確認されている。ラタネとダーリーは、居合わせた人の数が援助を抑制する現象を傍観者効果（bystander effect）と命名している。この傍観者効果が生じる心理的要因としては、「社会的影響」「責任の分散」「聴衆抑制」の 3 つがあげられる。

社会的影響とは、援助を必要とする場面における他者の行動の影響を指す。図 8-3-1 の第Ⅳ群では、サクラの実験参加者が援助をしないという反応をとったために、実験参加者はサクラの実験参加者の反応を真似ることが適切な行動と判断する。居合わせた人全員が、援助をしないという行動を観察して真似し合うこと

によって誰も助けなくなるのである。

　責任の分散は、援助を必要とする場面での責任の感じ方を指す。第Ⅰ群のように、援助を必要とする場面に自分しかいない場合は、援助を行う責任が自分にあると感じる。しかし、その場面に他者がいる場合には、援助を行う責任はその場面にいる人数分に分散される。人数が増えることによって、自分が援助を行うという気持ちが高まらなくなり、結果的に誰も援助を行わなくなるのである。

　聴衆抑制は、他者からの評価に対する恐れや不安を指す。互いを知らない第Ⅱ群の援助率は、互いを知っている第Ⅲ群の援助率よりも低かった。互いを知らない状況では、自分よりも相手のほうがうまく援助を行うことができるかもしれないという不安や、自分の援助が失敗した場合に相手から批判されるかもしれないという恐れが生じる。他者の援助能力がわからないことや、他者からの評価に対する恐れから援助をしなくなるのである。

　ラタネとダーリーは、キティ・ジェノビーズ事件のように、多くの目撃者が居合わせた場面では、こうした要因が複合的に影響を及ぼして誰も援助をしないという事態が引き起こされたと考察している。その後、他の研究者によって傍観者効果を検証する実験が行われたが、こうした検証実験においても傍観者効果の発生が一貫して確認されている。

　ラタネとダーリーの傍観者効果に関する実験研究は、援助行動研究者の研究意欲を大いにかき立て、その後に援助行動に影響を及ぼす要因に関する数多くの研究が行われた。援助行動を行いやすい人の特徴に関する研究では、援助の必要性が明確な場面では男性よりも女性のほうが援助を行いやすいことや、年齢が低い人よりも年齢が高い人のほうが援助を行うことや、援助未経験者よりも援助経験者のほうが援助を行うことが報告されている（山本・俞・松井, 2015 など）。

2. 共感と援助

　援助行動に関する研究では、傍観者効果のように援助行動が生じる状況に関する研究だけではなく、どのような人が援助を行いやすいかという援助者の性格に関連する研究も行われている。援助行動と性格に関する研究では、共感が援助行動を促進する性格であることが繰り返し報告されている。

　共感は、「他者の立場や状態を理解することによって生じる代償的な情動反応」と定義され（Eisenberg & Fabes, 1991）、苦しんでいる人を見たときに、その人と

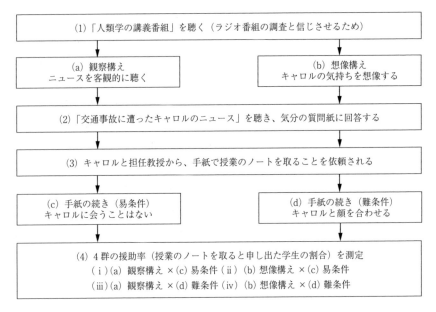

(1) 「人類学の講義番組」を聴く（ラジオ番組の調査と信じさせるため）

(a) 観察構え
ニュースを客観的に聴く

(b) 想像構え
キャロルの気持ちを想像する

(2) 「交通事故に遭ったキャロルのニュース」を聴き、気分の質問紙に回答する

(3) キャロルと担任教授から、手紙で授業のノートを取ることを依頼される

(c) 手紙の続き（易条件）
キャロルに会うことはない

(d) 手紙の続き（難条件）
キャロルと顔を合わせる

(4) 4群の援助率（授業のノートを取ると申し出た学生の割合）を測定
（ⅰ）(a) 観察構え ×(c) 易条件（ⅱ）(b) 想像構え ×(c) 易条件
（ⅲ）(a) 観察構え ×(d) 難条件（ⅳ）(b) 想像構え ×(d) 難条件

図 8-3-2 「共感‐利他仮説」を検証する実験の手続き
(Toi & Batson, 1982 の実験の手続き；原論文より作成)

同じように苦しい気持ちを感じるという思いやりの気持ちを指す。実験社会心理学者のバトソンは、30 年以上にわたって共感と援助行動との関連を検討する実験研究を行っている（Batson, 2011）。

共感と援助行動の実験

　トイとバトソン（Toi & Batson, 1982）は、共感と援助行動との関連を検討するために、「ラジオ番組の調査」という虚偽の名目で女子大学生 84 名を対象とした実験を行った。図 8-3-2 には、実験の手続きを示している。①実験参加者は、ラジオ番組の調査であることを信じさせるために、1 人ずつ「人類学の講義番組」を聴かされた。次に実験参加者は 2 群に分けられて、それぞれに異なる指示を受けた。次のラジオ番組を聴くときに、(a) 実験参加者の半数は「できるだけ客観的に情報を聴く」（観察構え）ように指示を受け、(b) 残りの半数は「登場人物がどのように感じているかを想像し、登場人物の立場になって聴く」（想像構え）ように指示を受けた。②指示を受けた実験参加者は、交通事故に遭って入院したキャロルという女子大学生のニュース番組を聴かされた。彼女は、交通事故で通学ができなくなり、通学できないあいだの講義ノートを取ってくれ

表 8-3-2「共感 - 利他仮説」を検証する実験の結果（援助率）

条件	（ⅰ）	（ⅱ）	（ⅲ）	（ⅳ）
	(a) 観察	(a) 観察	(b) 想像	(b) 想像
	(c) 易条件	(d) 難条件	(c) 易条件	(d) 難条件
援助率	33%	76%	71%	81%

（Toi & Batson, 1982 の実験の手続き；原論文より作成）

る学生を探しているという内容であった。実験参加者はこの番組を聴いた後に、現在の気分の状態に関する質問紙に回答を行った。③気分の質問紙への回答が終わった実験参加者は、キャロルとキャロルの担任教授からの手紙が渡され、手紙にはキャロルのために講義ノートを取ってほしいと書かれてあった。さらに手紙には異なる内容の続きがあり、一方には (c)「キャロルは在宅学習をするので、今後実験参加者と顔を合わせることはない」（易条件）と書かれており、もう一方には (d)「キャロルは翌週から大学に復帰するので、実験参加者と顔を合わせる」（難条件）と書かれていた。④ (a) 観察構えと (b) 想像構えのそれぞれの半数ずつが、易条件と難条件に割り当てられ、実験参加者がキャロルのために講義ノートを取るという申し出の有無（援助）が測定された。

　実験の結果、援助を行った実験参加者の割合を表 8-3-2 に示す。観察構えでは（ⅰ）易条件の援助率は 33% と著しく低く、（ⅱ）難条件の援助率は 76% と高かった。また想像構えでは、（ⅲ）易条件は 71% であり（ⅳ）難条件においても 81% と、いずれの場合も援助率は高かった。また表には示していないが、気分の質問紙への回答では、観察構えは想像構えよりもキャロルに対する共感が低かった。

共感 - 利他仮説

　バトソン（Batson, 2011）は、苦しい立場にある相手への共感が、援助行動を促進するという共感 - 利他仮説（Empathy-Altruism Hypothesis）を提唱している。バトソン（Batson, 2011）によると、人を助ける動機は利他的動機と利己的動機の 2 種類に大別される。利他的動機は、「人は自分の利益にならない場合であっても他者を助ける」という内容であり、利己的動機は、「人は、自分にとって利益になる場合に他者を助ける」という内容である。さらに利己的動機には、物理的あるいは心理的な利益を得るために他者を助けるという内容だけではなく、他者を助けないことによって生じる苦痛感を回避するといった内容も含まれる。

すなわち、苦しんでいる相手を見ることによって生じる自分自身の苦痛を解消したいという内容や、苦しんでいる相手を助けないことで生じる罪悪感を避けたいといった内容も、利己的動機には含まれるのである。

　バトソン（Batson, 2011）は、共感‐利他仮説にもとづいて、この実験結果を以下のように説明している。（ i ）観察構えの易条件では、キャロルに対する共感は高まっておらず、今後キャロルと顔を合わせることがないため、援助をしなくても気まずさを感じることはない。そのため、援助を行う人の割合は他の条件よりも低くなる。ところが、（ ii ）観察構えの難条件では、キャロルへの共感は高まっていないが、今後キャロルと顔を合わせることになるために、援助を断った場合には気まずさを感じることになる。そのため、自分自身が気まずさを感じることを避けたいという利己的動機にもとづいて援助が行われる。一方、想像構えでは（iii）易条件であっても（iv）難条件であっても、キャロルに対する共感の高まりからキャロルを助けたいという利他的動機が生じている。そのため、今後キャロルと顔を合わせるかどうかに関わりなく援助が行われるのである。

　援助行動に関する研究では、他者志向の共感が援助行動を促進することが一貫して報告されている。共感‐利他仮説に従えば、まず苦境にある相手に対して「かわいそう」や「気の毒だ」といった共感が高まり、次に「その人を助けたい」という利他的動機が生じて援助が行われると考えられる。

3. 援助行動研究の展開

　援助行動に関する研究は、傍観者効果の研究に代表される「援助が行われる状況に関する研究」や、共感‐利他仮説の研究に代表される「援助者の特徴に関する研究」が行われてきた。さらに、本節では詳しく紹介できなかったが、援助を受ける側である「被援助者の特徴に関する研究」や「被援助経験の影響に関する研究」なども行われている。被援助者の特徴に関する研究では、男性よりも女性が、若者よりも高齢者が援助されやすいことが報告されていることから（Bar-Tal, 1976 など）、援助が必要とみなされやすい人ほど援助を受けやすいと考えられる。また、被援助経験の影響に関する研究では、援助を受けた人の援助者への感謝の気持ちが援助者への返礼行動を促進することが報告されている（吉野・相川, 2017 など）。このことから、援助を受けた人は援助を一方的に受けるのではなく、援助者へのお返しという形の援助が促進されると考えられる。

　このように、これまでの援助行動研究では、援助行動を促進または抑制する要因の検討が中心であった。しかし近年では、協力行動や進化生物学の研究領域において、援助行動研究とも関連する知見が得られている。協力行動に関する実験研究では、集団内での協力を重視する人は、集団内での協力を行わない相手を罰する傾向をあわせもつことが実証されている（Fehr & Gächter, 2002 など）。こうした実験研究の結果から、集団内の協力の進化とともに、協力しない相手への罰も進化したという強い互恵性モデル（Strong reciprocity model）が提唱されている（Gintis, 2000 など）。人間以外にも社会的な集団を形成する生物は存在するが、国家のように集団内の成員を把握できないほどの巨大な集団を形成するのは人間だけである。こうした巨大な集団が形成されるためには、集団を維持・発展させるための協力行動が必要であり、協力行動を促進するためには協力行動を行わない成員を罰することが必要となる。前述した通り、これまでの援助行動研究は、援助を促進または抑制する要因について検討が行われてきたが、今後の研究では援助を行うことが、集団の維持や発展にどのような意味をもつのかといった観点からの検討も必要と考えられる。

第9章
対人コミュニケーション

「コミュニケーション」というと言葉のやりとりを思い浮かべる人が多いかもしれないが、コミュニケーションにおいてメッセージを運ぶものは言葉だけではない。私たちの思いは、言葉にとどまらず、眼差しや身振り手振りなどさまざまな形となって伝わる。また、私たちは、誰かの真意を知りたいときに、聞こえてくる言葉の内容に加え、声色や表情、ほんの小さな身体の動きなどにも一生懸命に注意を払って気持ちを読み取ろうともする。普通に話しているつもりだったのにイライラしていることを見透かされたり、楽しい話題に興じているはずの相手がなんとなく元気がなさそうに見えたりするのは、言葉以外のさまざまな手掛かりによって私たちの気持ちが表され、伝わっていることによる。

　言葉によらないメッセージの伝達は、ときに意識にのぼらないこともあり、思わぬすれ違いを生じさせたりもする。誰かの話を聞いていたのに、急に「全然聞いてない！」と言われてしまったら、それはきっと、あなたの姿勢や視線などが真剣に聞いていないように映っていたのであろう。また、ただ理由が知りたくて「どうしてそんなことしたの？」と尋ねたときに、「そんなに責めなくてもいいだろっ！」と怒られたら、それは尋ねたときの声の調子や態度が、「知りたい」気持ちを表すよりも、むしろ非難がましいものになっていたのかもしれない。

　他者に対して意図したことを的確に伝えることは意外と難しかったり、代わりに意図していないことが伝わってしまったりと、コミュニケーションには一筋縄ではいかないことが多くある。何がどのようなことを伝えるのか、どんなきっかけでコミュニケーションが意図通りに伝わらなくなるのかといったことに焦点を当てながら、本章では、人と人とのコミュニケーション、すなわち対人コミュニケーションについて、心理学の知見をもとに説明する。

第1節　対人コミュニケーションとは何か

　コミュニケーションという言葉は、普段の生活の中でもよく耳にするが、心理学では、人びとのあいだで情報やメッセージを伝えたり交換したりする過程（プロセス）を総称する用語として用いられている。情報やメッセージのやりとりは、テレビやラジオなどのマス・メディアを媒介して行われることもあれば、世間話や相談事のような2者間あるいは少人数の人びとのあいだで行われることもある。前者のようにマス・メディアを媒介して不特定多数に情報を送るコミュニケーションはマス・コミュニケーションとよばれ、後者のような個人のレベルで行われるコミュニケーションは対人コミュニケーションとよばれる。

1. 対人コミュニケーションのモデル

　コミュニケーションは、一般的に、情報の「送り手」、送り手からの情報が表現された「メッセージ」、メッセージの伝達通路あるいは伝達媒体である「チャネル」、情報の「受け手」から成り立つとされている。チャネルとは、例えば、電話であれば電話通信網、電子メールであればコンピュータネットワークといった送り手からのメッセージを受け手まで運ぶ通信経路のことである。こうしたコミュニケーションの基本的な枠組みとしては、シャノンとウィーバー（Shannon & Weaver, 1949）のモデルが著名である（図9-1-1）。図9-1-1は、送り手が伝えたいメッセージを伝達可能な信号に記号化し、伝達通路であるチャネルに載せた後、受け手が送られてきた信号を受信して解読し、メッセージを受け取る、という一連のコミュニケーションの過程を表している。身近な例をあげるとすれば、多くの人が使っている SNS（Social Networking Service）の1つである LINE でのや

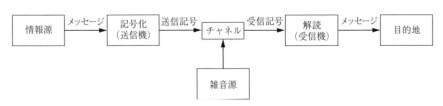

図9-1-1　シャノンとウィーバーのコミュニケーション・モデル
（Shannon & Weaver, 1949 より作成）

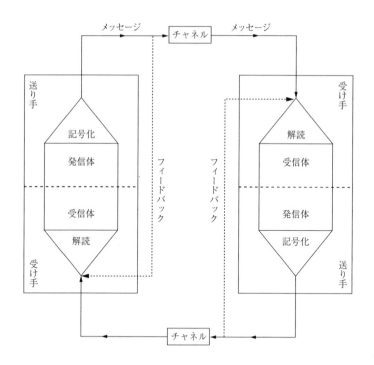

図 9-1-2　竹内のコミュニケーション・モデル（竹内, 1973）

りとりもこのモデルによく当てはまる。情報源である送り手が送信機（スマート
フォン）を用いてメッセージを文字にする。このメッセージは、送信信号（電気
信号）に変換され、チャネル（スマートフォンから接続されたインターネット）を
通って受け手のところに受信信号として送られ、受信機（スマートフォン）に
よって文字としてのメッセージに復元され、目的地（受信者）に届く。

　シャノンとウィーバー（Shannon & Weaver, 1949）のモデルを実際の対人コ
ミュニケーションと照らし合わせた場合、最も大きく異なる点は、彼らのモデル
では情報の流れ方が一方向的である点である。現実の対人コミュニケーションで
は、ある個人はメッセージの送り手であると同時に受け手でもあり、相互にメッ
セージのやりとりが行われている。こうした双方向的な情報のやりとりをふまえ
たコミュニケーションのモデルが竹内（1973）によって提出されている（図 9-1-
2）。このモデルの特徴は、メッセージの送り手が同時に受け手をも担っており、
頭の中で思い浮かべた伝えたい内容を音声や文字などに変換する「記号化」のプ

ロセスと、逆に相手から届いた音声や文字から情報内容を「解読」するプロセスとをコミュニケーションに関わる両者がもっている点にある。また、自分が発したメッセージを自分自身でも受け取ってモニターするフィードバックの回路が含まれている点も特徴の1つである。つまり、私たちは、普段相手に何かを伝えるときに、伝えたい内容を言葉やジェスチャーなどなんらかの形で相手に示すと同時に、自分が発した言葉が意図した通りの内容になっているかどうかを確認し、修正が必要であれば別の言葉を発したり、身振り手振りを駆使したりして、より正確に伝えようと試みる。また、相手がなんらかの言葉を発したときは、その言葉に加えて、身体の動きや表情なども見て、相手が伝えようとしているメッセージを読み取っている。この繰り返しによって、対人コミュニケーションは成り立っている。

2. 対人コミュニケーションのチャネル

　誰かになんらかのメッセージを伝えるとき、私たちはどのような形で伝えているのであろうか。真っ先に思いつく方法は、言葉にして伝えるということであろうし、たしかに言語は対人コミュニケーションの主要な側面である。しかし、対人コミュニケーションには言語以外にも多様な側面が含まれている。例えば、恋人に好意を伝える場合には、「好き」という言葉の他に、愛情のこもった眼差しで見つめたり、微笑みかけたり、優しく手を取ったり、とさまざまな手段がありうる。こうした行動を恋人が自分に向けて行ったとしたら、たとえ「好き」という言葉がともなわなかったとしても、十分に相手からの愛情を感じ取れるであろう。このように、私たちは、言語にかぎらずさまざまな形でメッセージのやりとりをしている。それでは、メッセージは具体的にどのような形で伝わるのであろうか。

　大坊（1998）は、メッセージを運ぶ多様なチャネルを整理し、対人コミュニケーションを分類している（図9-1-3）。上述の通り、チャネルとは、もともと送り手からのメッセージを受け手まで運ぶ伝達通路を指す言葉であるが、対人コミュニケーションの場合、送り手と受け手のあいだでメッセージを運ぶ役割を担うもの、すなわち言葉やジェスチャーなどもチャネルと捉えられる。対人コミュニケーション・チャネルには、言語の内容や意味に関わるものと、視線や表情や会話相手との距離（対人距離、着席位置）といった言語の内容と無関係なものと

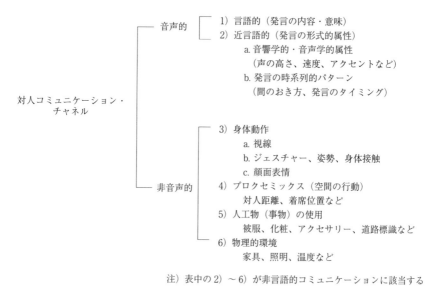

注）表中の2）～6）が非言語的コミュニケーションに該当する

図9-1-3　対人コミュニケーション・チャネルの分類（大坊, 1998）

がある。前者のチャネルを用いたコミュニケーションは言語的コミュニケーションとよばれ、後者のチャネルを用いたコミュニケーションは非言語的コミュニケーションとよばれている。この分類では、声の高さや抑揚のような発言に関わる音声の形式的属性（図9-1-3の近言語）も非言語的コミュニケーションに含まれる。

　コミュニケーションといえば「言葉によるもの」と思う人が多いかもしれないが、図9-1-3に示す通り、言葉以外にもメッセージを伝えるものは数多くある。次節では、普段意識されにくい言葉によらないコミュニケーション、すなわち非言語的コミュニケーションについて詳しくみていく。

第2節　非言語的コミュニケーション

　対人コミュニケーションには言語以外にもさまざまな側面があることを述べたが、誰かと関わるときには言葉を交わし合うことが圧倒的に多い。そのため、コミュニケーションにおいて非言語的な側面がどのように働いているのかについて理解しづらいかもしれない。そこで、非言語的コミュニケーションの働きについ

て考えるために、あなたの話を友だちが聞いている場面を想像してみよう。相手があなたを見つめ、身をのり出して頻繁にうなずきながら「そうだね、よくわかるよ」と言ったならば、あなたは、「本当によくわかってくれている」と安心するかもしれない。しかし、相手が同じように「そうだね、よくわかるよ」と言いながらも、視線をそらし、髪の毛を触ったり、貧乏揺すりをしていたならば、本当にしっかり聞いてくれているのかどうか疑わしく感じるのではないだろうか。

　このように言語的なメッセージがまったく同じ内容であっても、それにともなう表情や動作などの非言語的なメッセージによって、伝わる内容や受け手の印象は大きく変わることがある。特に、非言語的コミュニケーションは行為者自身に自覚されていなかったり、意図的な制御が難しかったりするため、表面的に取り繕いにくい。そのため、相手の言語的なメッセージと非言語的なメッセージとが食い違った場合、例えば、会話相手が「緊張してないよ」と言いつつ、声が震え、額に冷や汗を浮かべて強ばった表情をしているような場合には、私たちは非言語的コミュニケーションのほうが相手の本心を表していると考えやすい。

　図9-1-3で示したように、非言語的コミュニケーションにはさまざまな種類があるが、本節では近言語、視線、ジェスチャー、表情、プロクセミックス（空間の行動）を取り上げて、その働きについて説明する。

1. 近言語

　近言語（または準言語：paralanguage）とは、声の高さや大きさ、抑揚、沈黙、間のとり方など、発言から言語の意味や内容を除いた発話の形式的な性質を指す。私たちは、近言語を手掛かりとすることにより、円滑に他者と会話をすることができている。例えば、相手に何か尋ねたいときには、発言の末尾の抑揚を上げて疑問のメッセージであることを伝える。相手の発言の語尾が上がっていれば、「これは質問ですよ」と明言されなくとも疑問のメッセージであることを捉えられる。また、相手の発言を促したいときには、自分の発言の末尾のピッチ（声の高さ）を下げて沈黙を作り、自分の発言が終了したことを示す。会話中に「私の話は終わりましたよ」とわざわざ口に出して言うことはほとんどないが、スムーズに話し手の交代ができる。これは、近言語をはじめとする非言語的コミュニケーションの働きによる。

　また、吃音や言い誤り、同じ言葉の繰り返しなどの発話の乱れは緊張や動揺を

表すことが知られており（Mahl, 1956）、近言語は一般に発話者の感情状態を表すと考えられている。

2. 視線

　視線行動は、身体動作とよばれる非言語的コミュニケーションの一種である（図 9-1-3 参照）。視線行動の機能は、ケンドン（Kendon, 1967）によって 3 つに整理されている。第一は感情や態度の表出機能、第二は相手の関心を探る情報収集機能、第三は会話のリズムをとったり、話し手（メッセージの送り手）が交代するタイミングなどを見計らったりする会話の調整機能である。

　このうち、第一の感情や態度の表出機能は、相手に対する好意や関心を表現する機能であり、好意をもっている相手に対しては視線を向けることが多くなりやすい。初対面の男女と恋人どうしの視線行動を比較した研究では、恋人どうしのほうが見つめ合う時間が長いという結果が得られている（飯塚・橋本・飯塚, 2011）。また、恋人どうしの中でも、恋愛感情の強いカップルほど互いに見つめ合う時間が長いことが知られている（Rubin, 1973）。さらに、会話中に相手に視線を多く向けることによって、会話相手から好意的な評価が得られることも近年の研究では示されている（磯・木村, 2005）。つまり、視線には、自分の好意を表出する機能だけでなく、視線を向けた相手からの好意を引き出す機能もあるようである。

　ただし、競争的な状況でも相手に向けられる視線が多くなることがある（Exline, 1963）。これは、相手を威嚇したり、敵意の感情を示したりするために視線行動が増加するものと考えられている。このように、視線は好意と敵意という正反対の感情を示すことがあり、一見矛盾しているように思われるかもしれない。しかし、感情の方向性がポジティブかネガティブかにかかわらず、相手に対する感情や相手との関与が非常に強い場合に視線行動が多くなると考えれば、理解できるであろう。

3. ジェスチャー

　「身振り手振り」と言われるように、身体全体や手の動きもコミュニケーションにおいて情報を伝達する手段となる。エクマンとフリーセン（Ekman & Friesen, 1969）は身体の動作などの非言語的行動の機能を 5 つに分類している。

第一は「表象（emblems）」とよばれ、言葉の代わりとなるほどに明瞭な意味を受け手に伝達する動作である。例えば、人差し指と親指で丸を作って「OK」の合図としたり、親指を立てて「Good」や「いいね！」を表したりするジェスチャーが当てはまる。第二は「例示（illustrators）」であり、話している内容の例を動作で示し、言葉を補助するものである。「こんなに大きかった」と言いながら両手で大きさを示す動きが当てはまる。これにより、伝達される情報の正確さが増し、聞き手の理解度が上がるだけでなく、話し手の熱意を伝えたり、強調点を明示したりすることも可能となる。第三は、感情の表示（affect displays）であり、喜びを表現する際に飛び上がったり、手を高く上げたり、怒りを表現する際にこぶしを作るといった感情にともなった動作を指す。第四は「調整（regulators）」であり、会話のやりとりを調整する機能をもつ。うなずきや話し手の方向に顔や身体を向ける動作は、「これから話を聞くよ」、「きちんと聞きますよ」という合図となりうる。第五は「適応（adapter）」とよばれ、特段の情報伝達の意図はないが、自分の気持ちを落ち着かせるなど、そのときどきの場面に適応するためにとられていると考えられる動作を指す。例えば、頭をかいたり、自分の髪の毛を触ったり、爪をかんだりする動作が含まれる。一種の防衛反応であり、多くの場合無意識に行われており、一般的にはあまり行儀が良くないと捉えられる。

4. 表情

　表情には、私たちの感情がよく表れる。特に、驚き、恐怖、嫌悪、怒り、幸福、悲しみという6つの基本的感情と特定の表情との対応は、文化を超えた普遍性

表9-2-1　基本的感情に対応する表情の特徴

驚き	眉がつり上がり、目が大きく開かれる。あごが下がり口が開くが、唇には緊張や張りが見られない。
恐怖	眉がつり上がり、眉と目の間が狭くなる。額の中ほどに横じわができる。
嫌悪	上唇が上がり、鼻にしわが寄って、頬がひきつる。下まぶたが上に押し上げられる。
怒り	眉の間に縦じわができ、目は一点を凝視し、膨張したように見える。口は強く閉じられるか、四角ばった形に開けられる。
幸福	唇の上端が上がって後ろに引かれ、頬が上がり、口が開いて歯が見える。
悲しみ	唇の両端が下がり、視線も下がり気味になる。

（Ekman & Friesen, 1975 より作成）

が見出されており、それぞれの表情の特徴は表9-2-1のようにまとめられる（Ekman & Friesen, 1975）。表9-2-1のような顔の変化が、表情から感情を読み取るときの手掛かりとされ、国や文化にかかわらず、誰もがかなり正確に基本的感情を弁別することができる。

5. 空間の行動（プロクセミックス）

　プロクセミックスとは、個人の空間認知や空間利用などの空間行動から、対人関係や社会的関係を研究する学問領域であり、近接学と訳されている。空間行動には、他者と接するときに相手からどの程度離れた位置に身を置くかという対人距離のとり方や、電車の中や教室といった特定の空間の中で自分の位置を決める座席行動などが含まれる。こうした空間行動によって、私たちは自分の欲求や感情を調節したり、伝達したりしている。

　プロクセミックスの提唱者であるホール（Hall, 1966）は、私たちが他者と関わるときに、相手との関係性（恋人や友人といった関係の種類）や相互作用の内容に応じてどの程度の距離をとっているかを観察し、対人距離を4つに分類している（表9-2-2）。第一の密接距離は、相手と密着した状態の距離であり、恋人どうしや母親と赤ちゃんのような非常に親密な間柄における距離である。第二の個体距離は、個人的な会話に適した距離であり、友人など比較的親しい間柄における距離といえる。また、第三の社会距離は、会議など個人的ではない会話に適した距離であり、仕事上の関係における距離である。さらに、第四の公衆距離は、講義や講演、演説などの距離であり、この距離では個人的な関わりは意識されにく

表 9-2-2　対人距離の分類

名称		距離	特徴
①密接距離	近接相	15cm 以下	愛撫・格闘・慰め・保護の距離。
	遠方相	15 〜 45cm	手を握ったり、身体に触れたりできる距離。親密な間柄の距離。
②個体距離	近接相	45 〜 75cm	手足を伸ばせば相手に接触できる距離。
	遠方相	75 〜 120cm	個人的な関心を議論できる距離。
③社会距離	近接相	120 〜 210cm	フォーマルな会話、個人的でない用件の会話が行われる距離。
	遠方相	210 〜 360cm	互いに遮蔽できる距離。
④公衆距離	近接相	360 〜 750cm	相手に脅された場合、すぐに逃げられる距離。
	遠方相	750cm 以上	講演や演説に使われる距離。

（Hall, 1966 より作成）

い。表9-2-2からわかるように、私たちは相手との親しさの程度や関係性に応じて、最適な距離を使い分けているのである。なお、ホール（Hall, 1966）の研究知見は北米の人びとの観察にもとづく結果であり、日本人では距離の分類はほぼ類似しているが各段階の距離が若干長くなるといった、対人距離の文化差も示されている（西出, 1985）。

　他者との対人距離のとり方は、パーソナル・スペースとも関係している。人には、自分の身体を中心にして他者に対する心理的距離

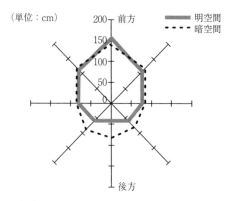

（単位：cm）

注）各方向から他者に接近されたときのパーソナル・スペースの距離。灰色の実線は明るい空間、黒色の破線は暗い空間の条件をそれぞれ示す。個人空間は前方に大きい卵形であり、周囲が暗いと前方が小さくなり、後方が大きくなる。

図9-2-1　パーソナル・スペースの形状
（田中, 1973）

を反映した境界があると考えられており、この目に見えない境界で囲まれた理論上の空間をパーソナル・スペースという。この空間に他者が侵入すると不快感が生じるため、私たちは回避や逃避といった防衛的反応によって再び自分にとって最適な他者との距離の確保を試みる。例えば、比較的空いている電車の中で、他にも多くの空席があるにもかかわらず見ず知らずの人があなたのすぐ隣に座ったとしたら、あまり気分が良くないであろうし、席を移動しようとするかもしれない。これはパーソナル・スペースが侵されたことに起因する反応なのである。パーソナル・スペースは、自分の身体を中心とした同心円状ではなく、身体の前方に大きく、後方には小さい左右対称の卵形をなしている（田中, 1973；図9-2-1）。さらに、パーソナル・スペースの大きさは、関わる相手との親密さだけでなく、個人の性格特性によっても異なることが知られている。内向的な人や親和欲求が低い人、不安傾向の強い人、権威主義的で自己評価が低い人は、パーソナル・スペースが大きい（渋谷, 1986）。

　上述したように、特定の空間の中で座席を選択する座席行動もプロクセミクスの研究対象の1つであり、同じ空間にいる他者との関係やその空間の利用目的によって影響を受ける。ソマー（Sommer, 1969）は、座席行動と空間の利用目的

表 9-2-3　座席の位置と空間の利用目的との関係

座席の位置関係	会話場面	協力場面	競争場面
90 度の位置	42%	19%	7%
隣どうしの位置	11%	51%	8%
対面の位置	46%	25%	41%
対角線上の両端の位置	1%	5%	20%

（Sommer, 1969 より作成）

との関係を調べるために、2 人で同じテーブルを囲みながら会話や協力、競争といった異なる行動を行う際に、それぞれどの位置に座るかを尋ねて集計した。ソマー（Sommer, 1969）の研究結果の一部を示した表 9-2-3 から、会話を行う場合には、テーブルの角を挟んだ 90 度の位置か対面の位置が多く選ばれ、協力して作業を行う場合には、隣どうしの位置が選ばれやすいことがわかる。また、競争する場合にも対面の位置が選ばれやすい。その一方で、対角線上の両端の位置はどの場面でも選ばれることが少ないことから、お互いになんらかの関係がある場合には適さない位置関係、すなわち、お互いに深く関わろうという意思がないことを示す位置と考えられる。

　空間の利用目的の他に座席行動に影響する要因としては、空間内のメンバーの地位関係があげられる。地位が高い者やリーダーは、テーブルの中央の席や長方形のテーブルの短辺にあたる席（いわゆる「上座」とよばれる席）につくことが多い。このように、座席の位置をみるだけで、その空間がどのような目的のために利用されているのか、あるいは、その空間にいる人びとがどんな関係であるのかがわかる。また、何気なく席についたようでも、実は自分の目的に合わせて座席を決めており、座った本人が空間をどのように捉えているかがわかるのである。

6. 実際のコミュニケーション

　実際のコミュニケーション過程では、上述した複数のチャネルを通してさまざまな情報が断続的にやりとりされ、それらにもとづき参加者が互いに影響を与え合いながらコミュニケーションがダイナミックに進行する。例えば、関西弁の人と話すとつられて関西訛りになってしまうというように、相手の方言や訛り、話すスピードや声の大きさなどの話し方に影響を受けて口調がうつってしまうことがある。逆に、大阪出身の人が東京でいつもより強い関西弁で話すなど、相手の話し方との違いがより大きくなるように自分自身の独自の話し方を強調しようとすることもある。コミュニケーション調節理論によれば、前者は「収束」、後者は「分離」とよばれる現象で、互いの関係性や地位・立場などに応じて生じ、結果として相手との社会的距離を近づけたり遠ざけたりする働きをもつ（Giles & Ogay, 2007）。こうした現象は、話し方だけでなく、姿勢や表情の同調および同期としてもみられ、私たちがコミュニケーションの最中に互いに影響を与え合いながら、状況に応じて適切な話し方や振る舞いになるよう刻々とコミュニケーションのあり方を変化させている一例といえる。

第3節　コミュニケーションの歪み

　ここまでは、コミュニケーション・モデルや非言語的行動の特徴から、どのようにメッセージが伝達されるのかを説明してきたが、現実には、想定通りにコミュニケーションが成立することばかりではない。コミュニケーションが行われる過程では、伝達される情報に歪みが生じ、意図した情報が伝わらなかったり、伝達された情報を正確に読み取れなかったりすることが起こりうる。本節では、どのようにコミュニケーションの歪みが生じるのかについて考える。

1. コミュニケーション・スキル

　私たちは、何かを伝えたいときにその内容を言葉やジェスチャーなどに置き換えて伝えようとする。また、相手が発した言葉やジェスチャーから、その意味や内容を読み取ろうとする。第1節で述べたコミュニケーションのモデル（図9-1-2）をもとに考えると、送り手がメッセージを「記号化」する過程と、受け手がメッセージを「解読」する過程が繰り返されるわけだが、これらの過程が原因と

表 9-3-1　基本スキル尺度（ENDE-2）

1. 自分の気持ちを正確に相手に伝える（記号化）
2. 相手の仕草から気持ちを読みとる（解読）
3. 自分の気持ちや感情をコントロールしながらつきあう（統制）
4. 会話をうまくすすめる（記号化）
5. 話をしている相手の気持ちのちょっとした変化を感じとる（解読）
6. 自分を抑えて相手に合わせる（統制）
7. 感情を素直にあらわす（記号化）
8. 言葉がなくても相手の言いたいことがなんとなくわかる（解読）
9. 気持ちを隠そうとしても表に現れる（統制）※
10. 身振りや手振りを上手く使って表現する（記号化）
11. 嘘をつかれても見破ることができる（解読）
12. 言わないつもりでいることをつい口に出す（統制）※
13. 自分の気持ちを表情や目に現す（記号化）
14. 相手が自分をどう思っているか読みとる（解読）
15. 相手の言うことが気に入らなくてもそれを態度に出さない（統制）

（評定方法）
いろいろな人との付き合いの中で、これらの行動を行っている程度を5段階で評定する。評定後、記号化、解読、統制のスキル別に評定値を加算して得点を算出する。
ただし、※印の項目（9番と12番）は逆転項目であるため、この項目にあたる行動をよく行っているほど得点が低くなるように評定する。

（堀毛, 1994a）

なり歪みが生じる場合がある。具体的には、メッセージの送り手側が、相手に伝えたい気持ちや考えを必ずしも的確に「記号化」できるとはかぎらず、表現された内容と伝えたかった内容とのあいだにズレが生じることがしばしば起こる。この場合、メッセージを発した瞬間にすでに歪みが生じていることになり、届いたメッセージを受け手側がいくら正確に「解読」したとしても、送り手が本当に伝えたかった内容は伝わらない結果となる。また、逆に送り手が正確に「記号化」をしていても、受け手が「解読」を誤れば、送り手の真意は伝わらない。コミュニケーションの歪みを小さくするためには、正確に表現をする送り手側の能力と正確に読み取る受け手側の能力の両者が必要となる。

　表9-3-1は、こうしたコミュニケーションに関わる能力（スキル）の個人差を測定するために作成された尺度である（堀毛, 1994a）。この尺度では、対人コミュニケーション全般を支える能力は、記号化スキル、解読スキル、統制スキルの3要素から成り立つと考えられている。記号化スキルは自分の意図や感情を相手に正確に伝えるスキル、解読スキルは相手の意図や感情を正確に読み取るスキ

ル、統制スキルは自分の感情や欲求をコントロールするスキルである。統制スキルは、過度の怒りや自分勝手な欲求など、直接的に表出されることが望ましくない内的な状態を、記号化スキルを用いて表出される前に適宜調整する役割を担っている（堀毛, 1994b）。これにより、コミュニケーションを不安定にさせる過度の感情や衝動などを適切にコントロールでき、記号化や解読の正確さが保持されうると考えられる。円滑なコミュニケーションのためには、これらのスキルが送り手と受け手の双方に備わっており、十分に機能していることが求められる。

2. メッセージの生成と理解を支える背景要因

環境・文化

メッセージの生成や表出および受け取りと理解の基盤となる要因が、送り手と受け手とのあいだで異なることによっても、コミュニケーションの歪みが生じる。具体的には、双方の知識や習慣、価値観、使用可能な言語およびその理解度などの違いによって、同じメッセージに対する捉え方が異なってしまうことがある。言語の熟達度や話題に関連する専門知識に差がある者どうしがコミュニケーションをする際には、同じ程度の知識をもっている者どうしがコミュニケーションをする場合と比べて、メッセージの記号化の仕方により一層の注意を払う必要がある。

さらに、メッセージの送り手と受け手のあいだに、生活している環境や文化の違いがある場合にはコミュニケーションの歪みが大きくなる。例えば、前節で説明した非言語的コミュニケーションにあたるジェスチャーには、文化によって意味が異なるものが多くある。人差し指と親指で丸を作るサインは、日本やアメリカでは「OK」を意味するが、中国やフランスでは「ゼロ」や「無価値」を、ミャンマーでは（手のひらが上を向くようにサインの向きを変えると日本でも）「お金」を意味する。他にも、親指を立てて「Good！」を表すジェスチャーは、Facebook の「いいね！」ボタンとしても使われており、世界共通のようにも思われがちだが、ヨーロッパの一部地域や中東、アフリカなどの国々では侮辱的な意味をもつサインとも捉えられる。ポジティブな意味を伝えようとした動作が、文化の違いによって、正反対の意味で理解されてしまうことがありうるのである（表 9-3-2）。

表9-3-2　国によって異なるジェスチャーの意味

ジェスチャー	意味					
	日本	中国	韓国	アメリカ	その他の国	
(手のひらのジェスチャー)	・OK、わかった よし、バッチリ ・お金	・ゼロ ・3	・お金 ・OK、よし	・OK、すばらしい、うまくいった、その通り ・尻の穴	〈インドネシア〉 ・何も得られない、何もない、ゼロ ・不成功	〈フィリピン〉 ・お金、お金が欲しい ・OK、よい結果
(親指のジェスチャー)	・男、彼、お父さん ・よし、OK、最高、うまくいった	・よし、よくやった、上手だ ・1等、No.1	・最高、No.1、1等 ・ボス、親父、部長、隊長	・OK (Tumbs up！) ・ヒッチハイク ・No.1、最高 ・くそくらえ (Up yours！)	〈ヨーロッパの一部地域（イタリアからバルカン半島）〉 ・性的侮辱を示すサイン	
(小指のジェスチャー)	・女、女の子、恋人、彼女	・つまらない、下手だ、よくない、壊れた ・小さい	・愛人、ガールフレンド、恋人、妾、妻 ・一番あと、劣っている	・めめしい男、弱虫 (sissy) ・賭けようか	〈タイ〉 ・友情、友だち、友だちになる、仲直り ・ビリ	〈インド〉 ・トイレに行きたい

(金山, 1983 より作成)

ステレオタイプ

　コミュニケーションの中で、その場にいない他者について「どのような人であるか」という印象などが話されることは多いが、そうした際に言及される内容は、コミュニケーションを行っている者がもっているステレオタイプの影響を強く受けることが明らかにされている。ラッシャーらの一連の研究では、実験参加者を2人1組にして、ある人物に関する情報を提示し、その人物に関して話し合わせるという実験が行われた。提示された情報には、ステレオタイプ（例えば、アルコール依存症患者）に一致する情報と一致しない情報とが混在していたが、実験参加者どうしで実際に話された内容を分析した結果、ステレオタイプに一致する情報のほうが言及されやすいことが見出された（Ruscher, 1998）。こうした結果から、ラッシャー（Ruscher, 2001）は、コミュニケーションを通じてステレオタイプに沿った印象が共有され、より強固になっていくと論じている。

　また、誰かの行動について見聞きしたことを話す際には、その内容がステレオタイプなどによる期待や先入観と一致しているか否かによっても表現のされ方が異なる。例えば、ある男性がお年寄りの荷物を代わりに持って運んでいるところを目にしたとき、その人に対して日ごろから好ましい印象をもっていたならば、「優しい」、「親切な人」、「紳士的」といった安定的で内的な特性としての解釈や

伝え方がなされるが、あまり好ましく思っていない相手であれば「荷物を持って
いた」、「手を貸していた」などの一時的な行為、すなわちその場かぎりの出来事
としての理解や伝え方にとどまる。この現象は、言語期待バイアス（linguistic
expectancy bias）とよばれ、期待に不一致な情報は具体化することで例外として
捉える一方で、期待に一致する情報を安定的な事柄として一般化し、期待や先入
観を維持するために生じていると考えられる。言語期待バイアスは、英語圏だけ
でなく、日本語やその他の多くの言語においても確認されている（Karasawa &
Maass, 2008）。

　すなわち、私たちは、誰かと話をする際に、見聞きした情報すべてを正確にあ
るいは均等にコミュニケーションの中で再現して話すわけではなく、思い込みや
期待、イメージなどの既有知識の影響を受けながら、先入観に沿った内容をより
多く、より強調するように話しているのである。にもかかわらず、自分たちの思
い込みや期待の方向にコミュニケーションが歪んでいることを私たちは意識して
いないことが多い。コミュニケーションの中で気づかぬうちに自分たちの思い込
みに一致した情報に焦点を当て、「やはり、そうだ」と自分たちがもともと抱い
ているイメージをより強めていってしまうのである。

3．コンテキストの理解

　コミュニケーションをスムーズに進めるためには、コンテキストが共有されて
いることも重要である。コンテキストとは、コミュニケーションが行われる場の
空間的、時間的、社会的要素をあわせもった概念であり、前後の文脈やその場の
状況や雰囲気などを意味する。コンテキストがある程度共有されていれば、実際
に交わされるメッセージがあいまいで簡単なものであっても、スムーズにコミュ
ニケーションは進み、正確に理解されうる。例えば、よく飲みに行く同僚どうし
が「今日、どう？」、「じゃあ、いつもの店で」と言葉を交わすだけで、仕事が終
わったら飲みに行く場所やだいたいの時間をお互いに了解できる。日本は、コ
ミュニケーションにおいてやりとりされる言葉そのものよりも、どのような状況
や雰囲気の中でコミュニケーションが行われるのかについてより強く注目した高
コンテキスト・コミュニケーションが行われやすい（Hall, 1976）。「行間を読む」、
「忖度する」といった表現は、高コンテキスト・コミュニケーションの特徴をよ
く表している。お互いに理解し合えるという前提でコミュニケーションがうまく

進む場合には、高コンテキスト・コミュニケーションは効率の良いコミュニケーションといえる。しかし、お互いがコンテキストを十分に共有していなければ、あいまいで婉曲な表現では誤解が生じてしまうため、コンテキストがどの程度共有されているかに留意する必要がある。

　また、高コンテキスト・コミュニケーションは人びとの同質性が比較的高い文化においてのみ適したコミュニケーションでもある。欧米の諸文化では、言葉やそれにともなう直接的なメッセージを重視し、明確かつ正確な言葉の使用によって誤解が起こることを最小限にしようとする低コンテキスト・コミュニケーションが定着している（Hall, 1976）。日本とは異なり、個人間に共通点が少なく、話さなければ理解し合えないという前提が存在するためである。こうした文化圏では、言いたいことを明確にせずに察し合おうとする行為は、コミュニケーション能力に欠けると捉えられる。したがって、コミュニケーションの相手が、コンテキストをどの程度重視するのかにも留意することが、円滑なコミュニケーションのために必要となる。

4. 円滑なコミュニケーションために

　このように、対人コミュニケーションには歪みが生じ、真意が伝わらなくなってしまうさまざまな落とし穴がある。コミュニケーションの歪みを少なくして、円滑にやりとりするためには、コミュニケーションがどのように成り立っているのかを理解するとともに、言葉や非言語的コミュニケーションを駆使して正確に伝えるスキルを身につけ、相手の立場になって積極的に聞き、コミュニケーションの過程で共通理解が成立しているかどうか適宜フィードバックを求める必要がある。また、送り手と受け手の双方が互いの知識や習慣、社会・文化的背景を考慮し合い、「伝えたつもり」、「わかったつもり」といったコミュニケーションに対する過信を極力減らしていくことが重要である。

第10章
ステレオタイプ・偏見・差別

　人びとは他者を認識する際に、その人物が属する集団やカテゴリーの情報を手掛かりにすることによって、人物の特性についてある程度のことが推測できる。ただし、このような理解の仕方では、人びとを個人として認識せず、集団の一員として画一的に認識することになるため、偏見や差別につながる危険性がある。例えばアメリカでは、銃の所持が明白でない黒人男性に対して白人警察官が発砲し、射殺するという事件がしばしば発生している。これは「黒人は攻撃的である」といった、黒人全体に対する先入観にもとづいて、白人警察官が当該の黒人男性を判断したために生じた事件であると考えられる。日本でも、性別や障害、国籍など、さまざまな集団およびカテゴリーにもとづく偏見や差別が蔓延している。男女雇用機会均等法、障害者差別解消法、ヘイトスピーチ解消法など、偏見や差別の解消に向けた法律や社会制度の整備が行われても、劇的な偏見の低減や差別の解消がみられているとは言いがたい現状がある。

　なぜ人は、特定の集団に対して偏見をもったり、差別行動をとったりするのであろうか。そして最悪の場合、攻撃という過激な行為にまで及んでしまう背景には、どのような心の働きが存在するのであろうか。本章では、偏見・差別の背後にある心理過程を明らかにした研究を概観し、最後に偏見・差別の解消に寄与する社会心理学的なアプローチについても言及する。

第1節　ステレオタイプの形成

　特定の集団に関する知覚者の知識、信念、期待を含む認知構造をステレオタイプ（stereotype）という（Hamilton & Trolier, 1986）。一般的にステレオタイプには集団に対する否定的な知識や信念だけでなく、「黒人は運動神経が良い」と

いった肯定的な内容も含まれている。「黒人は攻撃的だから嫌いである」のように、ステレオタイプに感情的な要素が加わったものを偏見（prejudice）とよぶことが多い。そして、集団に対する偏見にもとづいて、その集団のメンバーに対して不当な扱いをしたり、不利益をもたらしたり、実際の行動として表面化した場合にはそれを差別（discrimination）とよぶ。本節では、偏見や差別の種となるステレオタイプが、個人内の認知過程においてどのように形成されるのかを説明する代表的な研究を取り上げる。

1. カテゴリー化

　ステレオタイプが形成される原因の1つは、人びとをまとまり（カテゴリー）に分けて認識することにある。人の認知容量には限りがあるため、世の中に存在するすべての物や人を1つひとつ詳細に認識していくことは不可能である。人は、なんらかの共通した属性にもとづいて物や人をカテゴリーに分け、現実を単純化して認識していると考えられる。多様なカテゴリーの中でも、性別や年齢、国籍、人種、職業などの社会的な属性にもとづくまとまりは、社会的カテゴリーとよばれている。人を社会的カテゴリーに分類することによって、同一のカテゴリーに属する成員どうしの類似性と、異なるカテゴリーに属する成員との違いが、実際よりも過剰に認識される（Tajfel & Wilkes, 1963）。カテゴリー内の類似性が強調されることを同化効果（assimilation effect）といい、カテゴリー間の違いが強調されることを対比効果（contrast effect）という。カテゴリー内の類似性と、カテゴリー間の違いが実際以上に強調されることが、ステレオタイプ形成の基本的な原理の1つであると考えられる。

　また、認識対象となる社会的カテゴリーが、認知者自身が属する内集団と、その他の外集団として認識される場合には、外集団の成員どうしの類似性がさらに強調されることがある。これを外集団均質性効果（out-group homogeneity effect）という（Linville, Fischer, & Salovey, 1989）。

　外集団均質性効果が生じる原因については、いくつかの観点から説明されている。リンヴィルほか（Linville, Fischer, & Salovey, 1989）によると、外集団成員との接触頻度の低さや、外集団に対する知識の少なさが、外集団均質性効果の原因であるという。内集団の成員とは接触する機会が多く、それだけ多様な事例に出会う一方で、外集団の成員とは接触する機会が少なく、限られた機会で得た限

られた情報を外集団全体に過度に一般化するために外集団均質性効果が生じると考えられる。

　パークとジャッド（Park & Judd, 1990）は、内集団と外集団に対する情報の符号化と検索の違いに着目し、外集団均質性効果のメカニズムを説明した。情報の符号化とは、外界の情報を保持できるように変換して取り込むことであり、検索とは、保持情報を利用するために取り出す過程のことである。内集団の成員に対しては個人をより正確に理解しようという動機が働くため、いったん内集団の情報を符号化した後も情報を修正していくことで、結果的に多様性を認識しやすくなるという。一方で、外集団の成員に対しては個人を正確に理解しようという動機が働きにくく、最初に符号化した情報をそのまま集団の中心的な傾向の推測に用いてしまい、新しい情報も入手しようとしないため、多様性を認識することが難しくなると考えられる。情報の検索においても、内集団の成員に関しては、自己を基準として、極端な特徴をもつ成員を思い浮かべることができるのに対し、外集団の成員に関しては極端な事例を思い浮かべることが難しく、結果として均質的にしかみられなくなるという。

2. 錯誤相関

　カテゴリー化と並び、ステレオタイプ形成の代表的なメカニズムの1つであると考えられているのが、錯誤相関（illusory correlation）である。錯誤相関とは、実際には関連の弱いもしくはまったくない2つの事象のあいだに誤った関連を認識してしまうことである。例えば、ひきこもり経験のある人物が、傷害などの罪を犯したという事件報道があった場合、ひきこもりと傷害事件という2つの特異性から、その報道の視聴者は「ひきこもり経験のある人は危険である」という錯誤相関を認識する可能性が高い。この錯誤相関により、ひきこもり経験のある人びとに対するネガティブなステレオタイプが形成されてしまうと考えられる。

　ハミルトンとギフォード（Hamilton & Gifford, 1976）は、少数派の集団は社会的に目立ちやすく、少数派の集団成員が珍しい行動をした場合には、錯誤相関が生じやすくなることを実証した。彼らは、実験参加者に対し、AまたはBと名づけられた集団の成員がとった行動を全部で39文呈示した。39文のうち集団Aの成員による望ましい行動は18文、望ましくない行動は8文含まれていた。また、集団Bの成員による望ましい行動は9文であり、望ましくない行動は4文

であった。ここで重要になるのが、2種類の行動の比率である。集団Aにおいても集団Bにおいても、それぞれの成員がとった望ましい行動と望ましくない行動の比率は9対4であった。実験参加者は各文を注意深く読んだ後、集団Aの成員と、集団Bの成員の望ましい行動と、望ましくない行動の数を推定するよう指示された。その結果、実験参加者は、集団Bの成員による望ましくない行動の頻度を実際に呈示された数よりも過大に見積もっていることが明らかになった。すなわち、最初に呈示された集団Aと集団Bの望ましい行動と望ましくない行動の出現頻度は同じであったにもかかわらず、少数派の少数事例の頻度だけが実際よりも多く見積もられていたのである。これは、少数派の少数事例という二重の特異性が人の注意をひき、記憶として残りやすいために生じた結果であると考えられている。

第2節　文化的に共有されたステレオタイプと ステレオタイプの自動性・統制性

　第1節で述べたステレオタイプ形成のメカニズムによって、実際にどのような社会的カテゴリーに対して、どのようなステレオタイプが保持されているのであろうか。また、いったん形成され文化的に共有されたステレオタイプは個人内の認知においてどのように作用するのであろうか。

1. ステレオタイプ内容モデル

　さまざまな社会的カテゴリーに対するステレオタイプは、否定的なものに限定されているとはかぎらない。例えば、障害をもった人びとに対しては、「能力は低いけど、良い人たちである」とか、高偏差値の学校に通う人びとに対しては、「頭は良いけど、冷たそう」といったように、多くの社会的カテゴリーに対しては、肯定的なステレオタイプと否定的なステレオタイプの両方（両面価値的ステレオタイプ；ambivalent stereotype）が文化や社会の中で広く共有されている。

　ステレオタイプの両面価値的な特徴は、フィスクほか（Fiske, Cuddy, Glick, & Xu, 2002）が提唱したステレオタイプ内容モデル（stereotype content model）によって説明される。アメリカをはじめとした欧米の先進国や、日本や韓国などのアジアの先進国では、ステレオタイプ内容モデルにもとづいて、どのようなカテ

表 10-2-1　人柄次元と能力次元の組み合わせによる社会的カテゴリーと
各カテゴリーに対する感情の分類

		能力次元	
		低	高
人柄次元	温かい	対象：高齢者、障害者 感情：哀れみ、同情	対象：内集団 感情：賞賛、誇り
	冷たい	対象：生活保護受給者 感情：侮蔑、嫌悪	対象：金持ち、エリート 感情：羨望、嫉妬

（Fiske, Cuddy, Glick, & Xu, 2002 より作成）

ゴリーに対してどのようなステレオタイプが文化的に共有されているのかが明ら
かにされている（Cuddy, Fiske, Kwan et al., 2009）。このモデルにもとづくと、
「温かい - 冷たい」という人柄次元と、能力次元の高低の組み合わせによって、
社会的カテゴリーと各カテゴリーに付随するステレオタイプを分類することがで
きるという。社会的カテゴリーに対するステレオタイプがこの 2 つの次元に
よって分類できるのは、これらが対人認知における重要な判断次元になっている
ためである。人柄次元は、他者が味方か敵のどちらであるかという協力関係につ
いての判断次元に対応している。味方 - 敵の判断は、良好な対人関係を構築し、
適応的な社会生活を送るうえで、極めて重要である。また、能力次元は、社会経
済的な地位の判断次元に対応している。社会生活を送るうえで、資源をもった人
物の言うことに逆らうよりも、聞き入れておくほうが賢明な場合があることを考
えると、他者が意図したことを実行する力（社会経済的な資源）をもっているか
どうかという判断も、対人認知においては重要であることがわかるであろう。
　人柄次元と能力次元の高低の組み合わせによって分類される社会的カテゴリー
と、各対象への感情を表 10-2-1 に示す。4 種類の中で唯一肯定的な感情である賞
賛の対象になるのが、温かくて有能な集団である。自分が属する内集団や、内集
団と親密な関係にある集団がこれに当てはまる。この対極に位置する冷たくて能
力が低い集団に対しては、侮蔑的な感情が生起する。ホームレスや生活保護受給
者がこれに該当する。
　両面価値的ステレオタイプの対象になる集団には、「能力は低いが温かい」と
いう温情主義的偏見（paternalistic prejudice）の対象になるものと、「有能である
が冷たい」という羨望的偏見の対象になるものがある。障害者や高齢者が前者の
代表例であり、哀れみや同情の対象になることがある。一方、金持ちやエリート

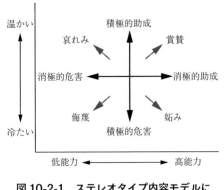

温かい

積極的助成

哀れみ

賞賛

消極的危害 ←——→ 消極的助成

侮蔑

妬み

冷たい

積極的危害

低能力 ←——→ 高能力

図 10-2-1　ステレオタイプ内容モデルに
対応した差別行動の分類
（Cuddy, Fiske, & Glick, 2007 より作成）

集団は羨望的偏見の対象となり、羨望の目を向けられたり、嫉妬心を抱かれたりする。

　ステレオタイプ内容モデルによって、各カテゴリーの成員に対してとられる典型的な差別行動も明らかにされている（Cuddy, Fiske, & Glick, 2007）。図 10-2-1 に示す通り、人柄次元については、積極的な意味での助成（facilitation）と危害（harm）のどちらが生起しやすいかが予測できる。また、能力次元については、消極的な意味での助成と危害の生起が予測できる。温かくて有能な集団には、積極的にも消極的にも助成が行われやすく、冷たくて能力が低い集団には積極的にも消極的にも危害が加えられる可能性が高い。両面価値的な集団においては、状況に応じて助成が行われる場合もあれば、危害が加えられる場合もある。例えば、障害者のような温情主義的偏見の対象となる集団には、同情や哀れみという感情から、積極的な助成が行われる場合もあるが、見て見ぬふりをするという消極的危害が生起する場合もある。そして、羨望的偏見の対象となる金持ちやエリート集団に対しては、逆らっても無駄であると判断されるような状況では、とりあえず言いなりになっておくという消極的助成が生起する一方、妬ましさから、積極的危害が加えられる場合もある。このように、ステレオタイプ内容モデルは、一見すると多様で複雑なステレオタイプやそれにともなう偏見や差別行動を、単純かつ総合的に理解する枠組みを示す重要なモデルである。

2. 分離モデル

　人は、成長にともない自分が所属する文化や社会に適した行動様式や知識を獲得し、それを内面化していく。その過程において、文化や社会の中で多くの人によって共有されているステレオタイプを学習していくが、ステレオタイプを知識として保持することによって生じる認知過程と、偏見や差別に関する信念にもとづいた認知過程は質的に異なっていると考えられる。デヴァイン（Devine, 1989）

は、これらの異なる認知過程を説明する分離モデル（dissociation model）を提唱した。分離モデルによると、いったんステレオタイプの獲得が行われると、その後はステレオタイプに関連するささいな情報に遭遇しただけで、それに関連するステレオタイプが頭の中で思い浮かびやすい状態になるという。これをステレオタイプの活性化（stereotype activation）といい、非意識的に生じる自動的な認知過程である。一方で、人は個人の信念により、意識的にステレオタイプの活性化を抑制したり、対人認知においてステレオタイプの適用を回避したりすることもできるという。このような意識的な認知過程を統制過程という。ステレオタイプの活性化や適用を抑制するためには、ステレオタイプを抑制することへの動機や、ステレオタイプが活性化していることへの自覚、その活性化を抑制するための十分な認知資源などが必要とされる。しかしながら、意識的にステレオタイプを抑制することが認知資源を枯渇させ、それによって抑制後のステレオタイプの活性化を促進してしまうという現象も確認されている（Macrae, Bodenhausen, Milne, & Jetten, 1994）。このように、ステレオタイプの意識的な抑制が逆説的な効果を引き起こしてしまう場合もある。

第3節　ステレオタイプの適用と維持

1. ステレオタイプ化

　ある個人に関する情報を処理する際に、その個人が所属する社会的カテゴリーのステレオタイプを適用することをステレオタイプ化（stereotyping）という。ステレオタイプ化は、個人の行為を解釈する場面において生じることがある。例えば、主婦が誰かをたたいた場合と、建設現場の作業員が誰かをたたいた場合では、後者のほうがより攻撃的であると判断されるという実験結果がある（Kunda & Sherman-Williams, 1993）。つまり、同じたたくという行為であっても、その行為をした人物が所属する社会的カテゴリーとそれに対するステレオタイプによって、行為に対する解釈が変化するのである。

　ステレオタイプが行為の解釈に与える影響は、一定の規則性をもって言語表現に反映されることが明らかになっている。これを検証したマースほか（Maass, Milesi, Zabbini, & Stahlberg, 1995）は、実験参加者に対し、ある集団の成員による行為（例：友人に部屋を貸す）を絵によって呈示した。その行為は、ある集団

表 10-3-1　言語カテゴリー・モデル

	言語カテゴリー	例	分類基準
	形容詞 （Adjective；ADJ）	手厚い	個人の特性を示し、行為の対象や状況、文脈に関する言及を必要としない。解釈の可能性が最も高い。
	状態動詞 （State verb；SV）	気にかける	主に行為者の心的・感情的な状態を示すもの。行動の始めと終わりが明確でない。
	解釈的行為動詞 （Interpretive action verb；IAV）	助ける	単一の行動であるが、解釈を含むもの。ポジティブ・ネガティブの評価的区別をともなうことが多い。
	記述的行為動詞 （Descriptive action verb；DAV）	部屋を貸す	単一の行動で、行動の物理的な特徴を表現するもの。行動の始めと終わりが明確である。ポジティブ・ネガティブの評価的な区別がない。

左側縦軸：言語的抽象度　高い／低い

（Semin & Fiedler, 1988 より作成）

のステレオタイプ（例：ホスピタリティ精神がある）には一致しており、別の集団のステレオタイプには不一致なものであった。そして、絵に描かれた人物の特徴を述べる文章を4つの選択肢から選ぶよう教示した。4つの選択肢は、人物の特性を抽象度によって4つのカテゴリーに分類した言語カテゴリー・モデル（linguistic category model；Semin & Fiedler, 1988）にもとづいて用意されたものであった（表 10-3-1）。分析の結果、描かれた行為が、行為者が属する集団のステレオタイプに一致している場合には、比較的抽象度の高い状態動詞（例：友人を気にかける）や形容詞（例：手厚い）が選択されやすいことが明らかになった。これに対し、同じ行為であってもそれが行為者の属する集団のステレオタイプに一致しない場合には、抽象度の低い解釈的行為動詞（例：友人を助ける）や記述的行為動詞（例：友人に部屋を貸す）が選択される傾向がみられた。すなわち、個人の行為を解釈する際に、ステレオタイプに一致する行為を観察した人は、ステレオタイプ化によって、行為を集団の安定的な特性として解釈し、特性を表す抽象的な表現で言語化するといえる。一方で、ステレオタイプに一致しない行為を観察した場合には、人はその行為を一時的でその場かぎりのものとして捉えるため、抽象度の低い動詞によって言語化すると考えられる。このように、ステレオタイプに一致した行為を抽象的な言語表現によって表し、ステレオタイプに一致しない行為を具体的な言語表現によって表す現象を言語期待バイアス（linguistic expectancy bias）という（Wigboldus, Semin, & Spears, 2000）。

2. 偏見・差別の受け手によるステレオタイプの維持

　ステレオタイプの活性化やステレオタイプ化は、他者を認識する側に生じている認知過程であり、これらの認知過程によってステレオタイプに関する知識が個人内で維持されていくと考えられる。また、ステレオタイプを知識としてもっている個人どうしがコミュニケーションをとることによって、ステレオタイプは個人間でも維持される（Wigboldus, Semin, & Spears, 2000）。しかし、個人間のコミュニケーションや相互作用を通したステレオタイプの維持は、認知者間でのみ生じているわけではない。認知者と偏見や差別の受け手との相互作用によっても、ステレオタイプが共有的に維持されることがある。

　それを表す現象の1つが、ステレオタイプ脅威（stereotype threat）である。ステレオタイプ脅威とは、自分が他者からステレオタイプ的にみられているのではないかという懸念や、ステレオタイプ通りに振る舞ってしまうのではないかという恐れのことである（Steele & Aronson, 1995）。人はステレオタイプ脅威によって本来の実力を十分に発揮できないことがある。例えば、黒人大学生は言語に関する問題に、「言語的な推論能力を診断するためのテスト」と言われて取り組む場合と、「言語課題に取り組む際の心理的要因を明らかにするためのもの」と言われて取り組む場合では、前者の条件での成績が低くなることが明らかにされている（Steele & Aronson, 1995）。つまり、黒人大学生は、言語的な推論能力を測定すると告げられると、「黒人は言語能力が低い」というステレオタイプを自分が確証してしまうのではないかという不安を感じてしまい、実力を発揮しにくくなると考えられる。

　スティールほか（Steele, Spencer, & Aronson, 2002）によると、課題の内容が集団の能力に関する否定的なステレオタイプに関連することであり（例：黒人の言語能力、女性の数学能力）、課題の難易度が高く、その課題には能力に関する診断力が備わっていると告げられると、ステレオタイプ脅威が生じやすいという。このような課題自体の性質や課題の呈示のされ方といった状況要因によって、偏見や差別の対象者は本来の実力を十分に発揮できないだけであるにもかかわらず、認知者はそれが行為者の実力であると認識してしまうために、結果として否定的なステレオタイプが共有的に維持されることになる。

第4節　差別の生起と解消

　人びとがステレオタイプにもとづいて他者を判断したとしても、それが言動や行動として表面化しなければ、さほど大きな問題にはならないかもしれない。しかし、実際にはステレオタイプにもとづいた差別は頻繁に行われている。「差別」と聞くと、外集団への攻撃や不当な扱いといった直接的な差別が思い浮かぶかもしれないが、内集団をひいきすることによって相対的に生じる外集団への差別もある。これらの差別行動の背景には、どのような心理過程が存在しているのであろうか。

1．内集団ひいき

　人は、自分が所属する集団（内集団）と、それ以外の集団（外集団）の存在に気づくと、内集団を好み、内集団にとって有利な判断や行動をするようになる。これを内集団ひいき（in-group favoritism）という。

　タジフェルほか（Tajfel, Billig, Bundy, & Flament, 1971）は、非常にささいな基準によって分けられた集団であっても、内集団ひいきが生じることを実証した（最小条件集団実験；minimal group paradigm）。彼らが行った実験は大きく分けて2つの手続きによって構成されていた。まず、実験参加者にいくつかの抽象画を対にして呈示し、どちらの絵が好きかを答えるよう求めた。その回答パターンから、2名の抽象画家のうちいずれを好む傾向があるかについて、実験者は実験参加者に、偽のフィードバックを与えた。続いて、報酬分配に関する判断を求めた。このとき、先ほどの絵に対する選好課題で参加者が2つのグループに分けられたことを伝え、参加者自身と同じ傾向をもつメンバー（内集団）のうち1人と、参加者とは異なる傾向をもつメンバー（外集団）のうち1人に報酬を分配するならば、どのように分配するかについて判断を求めた。このとき、実験者は、あらかじめ用意したいくつかの報酬分配表を実験参加者に呈示し、上下の数字の組み合わせの中から1つを選択するよう求めた。図10-4-1の（a）と（b）いずれの分配表も、左にいくほど外集団に比べて内集団の利益が大きくなり（差異最大化）、右にいくほど内外集団の合計の利益が大きくなる（共同利益最大化）よう設計されていた。（a）の分配表は左にいくほど内集団にとっての利益が大きくなるよう

(a)

内集団 No.74	23	22	21	20	19	18	17	16	15	14	13	12	11
外集団 No.44	5	7	9	11	13	15	17	19	21	23	25	27	29

差異最大化
内集団利益最大化 ←――――――――――――――→ 共同利益最大化

(b)

内集団 No.74	7	8	9	10	11	12	13	14	15	16	17	18	19
外集団 No.44	1	3	5	7	9	11	13	15	17	19	21	23	25

差異最大化 ←――――――――――――――→ 共同利益最大化
内集団利益最大化

注）No. は、各集団成員に割り振られた任意の番号を表す。実験参加者は、各分配表の上下の数字の組み合わせの中から１つを選択した。楕円で囲まれた組み合わせは、各分配表で実験参加者が選択した典型的な組み合わせである。

図 10-4-1　最小条件集団実験で参加者に呈示された分配表と参加者の典型的な回答例
(Tajfel, Billig, Bundy, & Flament, 1971 より作成)

設計されていたが（内集団利益最大化）、（b）では右にいくほど内集団の利益が大きくなるよう設計されていた。分析の結果、（a）の分配表では、外集団よりも内集団に多くの報酬が配分される選択肢（例：内集団に 19、外集団に 13）を選ぶ参加者が多いことが明らかになった。（b）の分配表では、単純に内集団に多くの利益を与えたいのであれば、表の右側の選択肢を選べばよいはずであった。しかし、実際には、外集団よりも内集団の報酬が多くなる真ん中より左側の選択肢（例：内集団に 11、外集団に 9）を選ぶ参加者が多かった。すなわち、内集団に与えられる絶対的な利益の多さを犠牲にしてでも、内集団と外集団の差を維持しようとする傾向が確認されたのである。

　この実験において、2 つに分けられた集団のメンバーは、内集団の成員どうしでコミュニケーションをとったり、互いに協力して行動したりするような機会は与えられていなかった。また、各参加者がどのような選択を行ったのかは他の参加者に伝えられるわけではなく、参加者は、報酬分配をする相手の集団成員性とその人物に与えられた任意のナンバーを呈示されたのみで、具体的にどの人物に報酬分配するかもわからなかった。それにもかかわらず、外集団よりも内集団にとって有利な報酬分配を選ぶ傾向がみられたのは、なぜであろうか。

　タジフェル（Tajfel, 1978）は、社会的アイデンティティ（social identity）という概念によって、内集団ひいきの背景にある心の働きを説明した。社会的アイデンティティは、「集団のメンバーであることに対応した自己概念の一部」と定義

される。社会的アイデンティティには、個人がある集団に属しているという知識や、それによって生じる感情や価値観などが含まれていると考えられる。人は自己だけでなく、自己が所属する集団に関しても、肯定的なアイデンティティを獲得するよう動機づけられているとタジフェル（Tajfel, 1978）は考えた。肯定的なアイデンティティの獲得に必要となるのが、外集団との比較である。これは、人が自己と他者との比較を通して自分の意見や能力の妥当性を評価するという社会的比較理論（Festinger, 1954）にもとづいた考えである。外集団と内集団との社会的な比較を通して、人は内集団の地位や価値を相対的に理解しようとするという。タジフェルほか（Tajfel, Billig, Bundy, & Flament, 1971）の最小条件集団実験において、人びとが内集団にとって優位になるような外集団との差異を維持しようとしたのも、外集団と内集団を比較し、内集団の価値を高め、肯定的な社会的アイデンティティを獲得しようとしたためであると考えられる。

　ただし、人びとはさまざまな社会的カテゴリーに属しており、そのすべてのカテゴリーあるいは集団に対して肯定的な社会的アイデンティティを常に維持しようとするわけではない。この点については、社会的アイデンティティ理論から発展的に誕生した自己カテゴリー化理論（self-categorization theory）による説明が可能である（Turner, Hogg, Oakes, Reicher, & Wetherell, 1987）。自己カテゴリー化理論にもとづくと、人は、内集団成員との類似性と外集団成員との差異が最大化したときに、自己を集団の一員とみなし、社会的アイデンティティを強く認識するという。社会的アイデンティティの認識の程度は連続的に変化するものであり、それに応じて肯定的な社会的アイデンティティを維持しようとする動機や、その結果としての内集団ひいきの程度も変わると考えられる。

2. 外集団差別

　社会的カテゴリーまたは集団への同一視の仕方やその程度は、内集団ひいきだけでなく、外集団への差別的な感情の生起にも影響を与えると考えられている。この影響関係は、マッキーほか（Mackie, Maitner, & Smith, 2016）による集団間情動理論（intergroup emotion theory）で説明されている。集団間情動理論は、自己カテゴリー化理論と、感情の認知的評価理論（Roseman & Smith, 2001 参照）を統合した理論である。前者は本章ですでに説明した通りである。後者は、ある状況で生起する感情の質が、状況についての認知的評価によって決まることを示

す理論である。マッキーほか（Mackie, Maitner, & Smith, 2016）は、これらの理論にもとづき、人が内集団に対する同一視の仕方やその程度に応じて、集団間関係についての評価を行い、集団成員として内集団や外集団への感情を主観的に経験するという心理過程の存在を指摘した。

　マッキーほか（Mackie, Maitner, & Smith, 2016）は、集団成員として経験する集団間情動が、内集団や外集団に対する行動の生起につながるとも考えている。例えば、2001 年 9 月 11 日に起きたアメリカ同時多発テロ事件の後、アメリカ国民が軍事行動に対する強い支持を示したのは、彼らが自己をアメリカ人として認識し、テロリストに対して怒りを感じたためであると考えられる（Huddy & Feldman, 2011）。このように、外集団に対する差別行動の源泉は、内集団への同一視とそれにともなう認知的な評価にもとづく集団間情動にあると考えられる。

3. 集団間葛藤の解消

　集団どうしが、資金や土地といった現実的な資源を争ったり、価値観や行動規範といった抽象的な概念について対立したりする状態を集団間葛藤という。学校の教室内でのグループどうしの対立といった小さなものから、民族どうしの紛争といった大規模なものまで、現実世界にはさまざまな集団間葛藤が存在する。内集団ひいきや外集団差別は集団間葛藤の現れであるといえる。集団間葛藤は、どのようにすれば解消できるのであろうか。集団間葛藤の解消方法を提唱することは、社会心理学における重要な研究課題の 1 つである。先行研究によって提唱されたさまざまな集団間葛藤の解消方法のうち、本章では、集団間接触と、カテゴリー化の変容による偏見の低減を取り上げる。

　集団間の接触によって集団間葛藤の火種となる偏見を低減しようとする考え方を接触仮説（contact hypothesis）という。オルポート（Allport, 1954）は、接触によって偏見を低減するためにはいくつかの条件が整っている必要があると主張した。後続の研究によって、以下の 4 つの条件が特に重要であることがわかってきた（Brown, 2010）。第一は、集団間接触が、法や慣習、規範などによって支援されていること、第二は接触が集団間の関係を発展させるのに十分な頻度、期間、密度の濃さを有していること、第三は、集団どうしの地位が対等であること、そして最後は集団どうしが共通の目標をもち、協同することである。

　しかし、集団間の接触によって常に偏見が低減するとはかぎらない。集団間の

接触が悪い雰囲気になってしまうと、かえって対立や葛藤を強めてしまう場合もある（Barlow, Paolini, Pedersen et al., 2012）。また、接触の機会をもつこと自体が難しい場合があることを考えると、集団間接触による偏見の低減は現実的な方法とは言いがたい。

　集団間の直接的な接触機会を設けるのにかかる時間的なコストや労力および失敗のリスクなどを回避する方法として、拡張接触（extended contact）や想像接触（imagined contact）がある。拡張接触とは、内集団成員を介した外集団成員との接触のことで、内集団成員が、外集団成員と良好な関係を築いているということを知るだけでも、外集団に対する偏見が低減する（Wright, Aron, McLaughlin-Volpe, & Ropp, 1997）。また想像接触とは、文字通り、想像による外集団との接触のことである（Crisp & Turner, 2009）。外集団との良好な接触を想像することで、外集団成員への好意的な感情が生まれ、外集団成員に対する不安が低減することにより、外集団への否定的な態度が改善されるという。拡張接触や想像接触を利用すれば、ほとんど接触機会のない外集団に対する偏見の低減も期待することができる。

　集団間接触は、内集団と外集団というカテゴリーの存在が前提になって行われるものであるが、そのカテゴリーについての認識をなくしたり、変容させたりすることによって偏見を低減できる可能性も示唆されている。例えば、ブリューワーとミラー（Brewer & Miller, 1984）は、自己や他者を集団の一員としてではなく、一個人として捉える脱カテゴリー化（decategorization）によって、集団間の葛藤が低減できると主張している。また、ガートナーとドヴィディオ（Gartner & Dovidio, 2000）は、内集団と外集団を新しいカテゴリーによって1つの集団として再カテゴリー化することによる葛藤の低減を提唱している（共通内集団アイデンティティ・モデル；common ingroup identity model）。新しいカテゴリーによって集団を1つのものとしてみなしたとしても、もともともっていたカテゴリーに関するアイデンティティがなくなったり、脅かされたりするわけではないため、うまく集団間葛藤を低減できる可能性がある。

　集団間接触やカテゴリー化の変容による偏見の低減や、第2節で言及した意識的なステレオタイプの抑制など、社会心理学の方法論にもとづく実証研究により、偏見・差別の低減方法を示唆する理論が提唱されてきた。しかしながら、これらの理論が実際の社会において、有効に適用され、実践されているかというと、

十分とはいえない現状がある。理論を実際の偏見・差別の低減や解消に活かすために具体的な取り組みや制度を考案する必要がある（浅井, 2018）。日本では法務省人権擁護局が、女性や子ども、高齢者、障害者などを中心に、これらの社会的カテゴリーに属する人びとの人権擁護についての啓発活動を行っている。このような政府レベルでの取り組みだけでなく、学校教育など、身近なところでも、社会心理学の研究によって得られた知見が取り入れられ、偏見・差別の解消へとつながる活動が行われれば、少しずつ社会が平和な方向へ変化していくかもしれない。

第11章
集団の中の個人

　この章では「集団」の心理について取り上げる。集団とはある程度の相互作用のある個人の集まりのことである（Cartwright & Zander, 1968）。最小構成人数は2名であるが、その範囲は何百人といった大集団にものぼる。「ある程度」と相互作用に関する定義があいまいなのは、構成人数が多くなるほど、個々人間の直接のコミュニケーションは難しくなることを反映している。日本国民全体もそれぞれが互いの顔を知っているわけではないが、1つの集団の範囲に分類することができる。

　なぜ個人ではなく集団の心理について知る必要があるのか。それは人は他者といるときや、集団の一員となるときには、1人でいるときとは違う行動をとってしまうためである。私たちは1人ひとり異なる性格を備えたオリジナリティをもつ存在である。しかしながら集団ではその個性を捨て、その状況特有の振る舞いを示すのである。本章では、まず他者の存在が課題遂行にもたらす影響について紹介する。

第1節　他者の存在とパフォーマンス

1．社会的促進

　先日カフェで、隣に座った高校生がこのようなことを言っていた。「家で1人では勉強する気がしない。塾の自習室、図書館みたいに誰かが隣にいるところでないと勉強のやる気がでない」このような経験は読者にも心あたりがあるはずだ。課題遂行中に、周囲の他者の存在がパフォーマンスを高めることを社会的促進（social facilitation）という。この「他者」は同じ作業をせず、単なる観察者であっても促進効果をもつ。もちろん、同じ作業をする他者であってもよい。前者

課題の性質	陽性反応	課題への影響
簡単	遂行水準は高い、成功する	社会的促進
困難	遂行水準は低い、失敗する	社会的抑制

図 11-1-1　ザイアンスの動因理論による予測 (Zajonc, 1965)

の観察者による課題促進は観察者効果、後者による課題促進は共作業効果とよばれる。社会的促進はトリプレット（Triplett, 1898）が自転車レースの速度記録から見出した。選手が最高速度を出すのは他の選手と競争しているときであり、それに比べて最低速度は単独で漕いでいるときであったことに由来する。次にトリプレット（Triplett, 1898）は、実験室で子どもに釣りのリールをできるだけ早く巻き取る課題を、単独あるいは他の子どももいる状況で取り組ませるという、実験室で統制された状況下で検討を行った。その結果、他の子どもがいる状況のほうが、より早くリールを巻き取ることができることが明らかとなった。これらから、社会的促進は頑健性の高い現象であることが裏づけられたのである。

　しかしながら、研究当初は課題によっては社会的促進が生じないケースもみられた。例えば、記憶課題や計算課題といった知的要素の強い課題である。これはどういうことであろうか。当時の研究者たちは頭を悩ませたが、この問題を解決したのがザイアンス（Zajonc, 1965）である。ザイアンス（Zajonc, 1965）は、この他者の存在の一見矛盾する影響には、課題の優性反応（dominant response）が関係することを明らかにした（図 11-1-1）。優性反応とは、最も起こりやすい反応のことである。ザイアンス（Zajonc, 1965）の理論によれば、他者の存在は覚醒水準を高め、その課題における優性反応を引き起こす。つまり、簡単でよく習熟した課題のときには、成功が優性反応のため、課題は促進される。一方で、課題が複雑であったり未習熟状態では、本来単独で行っても優れたパフォーマンスを発揮するのは難しいものである。この場合には、他者の存在は課題の遂行を抑制させることとなる。このように他者の存在がパフォーマンスを抑制することを社会的抑制（social inhibition）という。

2.　社会的手抜き

　社会的促進・抑制は、他者の存在が個人のパフォーマンスに与える影響である

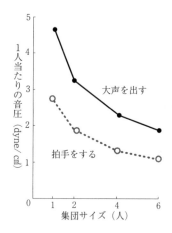

**図 11-1-2　社会的手抜きと
集団サイズ**
(Latané, Williams, & Harkins, 1979)

が、他者も集団の一員としてともに同じ作業に取り組み、かつ集団全体でアウトプットが評価される状況ではまったく別の現象が起こる。社会的手抜き（social loafing）とは、集団で作業に取り組む際に単独で作業する状況よりも集団で作業する状況において、モチベーションやパフォーマンスが低下する傾向である。日常生活で社会的手抜きが生じやすい場面としては、綱引きや合唱、チームで取り組む課題などがその例である。社会的手抜きの最も代表的な実験はラタネほか(Latané, Williams, & Harkins, 1979)によって行われている。実験参加者が5秒間、1人で大声を出す、または拍手をする条件と、2〜6名の集団で大声を出す集団条件とが比較された。実験の結果、個人で行うよりも集団条件では声量や拍手の強さが減少し、さらに集団サイズが大きくなるほど減少することが実証された（図11-1-2）。集団サイズが大きくなると、個人評価に対する懸念はますます低下し、誰が手を抜いたかも判別しづらくなる。その結果、集団全体のアウトプットに対する責任の分散が大きくなり、社会的手抜きがより生起しやすくなるのである。社会的手抜きの原因には大きく分けて協調ロスとモチベーションロスがある。協調ロスとは、お互いの息の合った協力が必要な課題の場合に、タイミングが合わずパフォーマンスが低下してしまうことを指す。綱引きでそれぞれが最大限の力を発揮したとしても、同時に綱を引くことができなければチーム全体として大きな力は生まれない。このような原因によるパフォーマンスの低下が協調ロスとよばれる。

　モチベーションロスとは、集団におけるやる気自体の低下を指す。集団で同じ課題に取り組むときには、誰がどのくらいのパフォーマンスを上げたかお互いにわからないと、たとえ自分が努力をしなくても、他のメンバーの努力にただ乗りすることが可能になる。誰がどれだけの貢献をしたがかわからなければ、自分が怠けていても非難されることはない。このように個人評価に対する懸念がないと、モチベーションが低下するのである。社会的手抜きは、凝集性の高い集団では生じにくく、そして集団目標を設定すれば防ぐことができる（Karau & Williams,

1993)。

　また、他のメンバーが社会的手抜きをすることにより、自分の努力量にただ乗りされることを懸念し、それを回避するために、自身の努力量も控える現象をサッカー効果という（Kerr, 1983）。社会的手抜きは無意識であることが多い。実際に社会的手抜きを実験中に行った参加者に、実験後自身の集団作業時の努力量を評価してもらっても、個人単独で作業した場合と変わらなかったと回答することが大半である。これに対し、サッカー効果については、他の集団メンバーに自分の努力量を搾取されるのは嫌だ、という明確で意識的な動機にもとづいて生じるところに特徴がある。

3. 集団とモチベーションゲイン

　これまで集団作業におけるモチベーションロスについて説明した。しかし、いかなる状況でも集団作業は個人のやる気を阻害するのではない。集団全体でアウトプットが評価され、1 つの課題に取り組む際に、より動機づけが高まる現象にはどのようなものがあるであろう。メンバーの誰か 1 人でも手を抜けば達成できないような課題では、自分が他のメンバーよりも課題能力が低いときに、単独状況よりも集団状況で通常以上のパフォーマンスが発揮される。これをケーラー効果という（Hertel, Kerr, & Messé, 2000）。例えば、重くて長い鉄の棒を、自分よりも力がありそうな人と持ち上げる課題などが該当する。このような場合には、自分が他のメンバーに迷惑をかけないようにしようという心理が働くのである。また、集団内で能力の低いメンバーがいる場合に、それを補おうと高い努力量を示すことを社会的補償効果という（Williams & Karau, 1991）。社会的補償は、取り組む課題が自己評価に大きく関わるような重要な課題であるときに特に生じやすい。頭脳に自信のある人であれば、綱引きのような身体課題よりもブレインストーミングのような知的課題で社会的補償が生じやすくなる。逆に、力自慢の人では身体的課題で生じやすくなるのである。

　さらに、カーとウォルトン（Carr & Walton, 2014）は、ともに目標に向かう集団メンバーとのつながりは、課題達成動機を高めることを実証している。彼らの実験では、実験参加者に難易度の高いパズルを行ってもらった。参加者数名は個別のブースに通され、どれくらいの時間課題を続けるかは参加者自身が決めることができた。その際、それぞれ 1 人で行う単独条件、他の参加者もおり、それぞ

表 11-1-1　カーとウォルトンの実験結果

	課題遂行時間
単独条件	11 分 18 秒
他者存在条件	9 分 53 秒
経験共有条件	10 分 48 秒
心理的集団条件	17 分 37 秒

注) 25 分を超えると課題は実験者によって終了を告げられる。

(Carr & Walton, 2014)

れが異なる別のパズルに取り組んでいると教示される他者存在条件、他の参加者も同じパズルに取り組んでいると教示される経験共有条件、他の参加者も同じパズルに取り組み、さらに途中で他の参加者とパズルのコツを書いたメモをやりとりができる心理的集団条件の 4 条件が比較された（心理的集団条件では、実際には実験者が容易したメモカードが渡された。内容は他の参加者の進捗度などの動機づけに関わるものは記されていない）。パズルにどれだけ長い時間取り組んだかが調べられ、その結果、心理的集団条件において、参加者はより長くパズルに取り組み、課題をより楽しんでいたことが明らかとなった（表11-1-1）。集団で同じ課題に取り組む他のメンバーとのコミュニケーションが、たとえささいなものであっても、メンバーの存在を感じさせ、困難な課題に取り組むためのやる気を高めるのである。

第 2 節　集団の意思決定

　三人寄れば文殊の知恵ということわざがある。個人の知恵の総和として集団を捉えるならば、より良い決断ができそうなものだ。集団でなんらかの問題解決のために話し合いをするとき、1 人の場合よりも、正しい答えを導くことは容易いのであろうか。実際にはことわざ通りにはならないようである。集団の意思決定研究は、第二次世界大戦など政局での意思決定場面から始まり、後に実験室による検討も行われるようになった。本節では集団浅慮と集団極性化について解説する。

1．集団浅慮

　凝集性の高い集団では、より良い意思決定を目指した意見よりも、他の集団メンバーに配慮した意見を述べやすくなる。集団浅慮（group think）とは、凝集性の高い集団において、一致した合意形成を求める社会的圧力により生じる、誤った考えや意思決定のことを指す。集団浅慮について、ジャニス（Janis, 1972；1982）は実際の政府による意思決定の事例（ピッグス湾事件、ジョンソン政権下でのベトナム戦争への介入の決定、真珠湾攻撃）を用いてその原因を分析している。

それによれば、集団浅慮に陥りやすい条件として、集団凝集性の高さに加え、集団が排他的で孤立していること、意思決定の材料となる情報を精査する手段の欠如、合意形成にともなうストレス、支配的なリーダーの存在があるという。特に支配的なリーダーがその集団を統率する場合に、個々のメンバーから出される意見が軽視され、リーダーを尊重したかたよった意見のみ採用されがちになる。

　集団浅慮の兆候としては、情報の吟味を十分に行わないこと、代替案を考慮しないこと、この集団は有能で正しい意思決定ができるとの過度の感覚に陥ること、また個人の心理内での自己検閲がある。自己検閲とは、リーダーへの配慮や集団での合意形成を急ぐあまりに、各メンバーがみずから自分の意見を控える傾向のことを指す。問題解決よりも集団内の人間関係を目標とすることにより、集団浅慮は生じるといえる。集団浅慮を防ぐ方法としてジャニス（Janis, 1972；1982）は、リーダーがときに集団討議の場を離れて活発な議論を促進させること、そして批判的で冷静な意見を述べる他者を外部から招き入れること、メンバーの中であえて批判的意見を述べる役割の人物を設けることをあげている。

2. 集団極性化

　集団とは複数の個人の集まりであるため、全員の意見を平均することでより中庸な結論が導かれそうなイメージがある。しかし、集団では個人の意見の平均よりも、むしろより極端な方向へ決定がなされる傾向がある。集団意思決定場面では、個人によってなされる決断よりもより極端な決定が下されやすく、これを集団極性化（group polarization）という。集団浅慮の研究と異なり、集団極性化の研究は、実験室という統制された状況で個人の意見の変化について検討している点に着目したい。モスコビッチとザヴァローニ（Moscovici & Zavalloni, 1969）の実験では、フランス人学生が人物評価を依頼された。評価対象は、フランス元大統領シャルルドゴール（フランス人にとっては好印象）とアメリカ人（フランス人にとって印象が良くないことが多い）についてであった。実験参加者は、初めに個人単独で印象評価をし、その次に集団討議を行い、最後にまた単独で印象評価を行った。実験の結果、集団討議後では、シャルルドゴールへの印象評価は、よりポジティブなものに、アメリカ人の評価はよりネガティブなものになっていたのである。

　集団極性化が初めて見出されたのは、集団意思決定の場でのリスキーシフトで

あった。集団で意思決定をする際には、個人で判断するよりも、より危険な、成功する確率の低い決定になりやすい傾向があり、これをリスキーシフト（risky shift）という。言い換えれば、人は個人で判断するときよりも、集団で話し合って判断するときに、よりハイリスクな選択を行いやすいということである。研究初期には、戦時中の意思決定について取り上げられることが多く、このリスキーシフトが先に明らかとなった。しかし後に、集団ではより保守的な選択、コーシャスシフト（cautious shift）も生じることが示されたのである。これはどういうことであろうか。議題となる意思決定に対し個々人がもつ意見として、元来リスキーな選択肢が選ばれる可能性の高い内容の場合、集団討議を通してよりリスキーな決定に帰着する。逆に、当初から個人がもつ意見としてコーシャスな選択肢が選ばれやすい内容の場合には、集団討議を経てよりコーシャスな方向へと結論がシフトするのである。集団極性化は、集団の意思決定の場で出された集団全体としての結論だけでなく、集団討議後の個々人の態度についても当てはまる。つまり集団討議の前後では、個人それぞれの意見自体も極端な方向に変化するのである。

集団極性化を引き起こす原因には説得的議論と社会的比較過程がある（Myers & Lamm, 1976）。集団討議の際には、他のメンバーによってさまざまな意見が話される。そのとき、最初に自分が保持していた意見を支持する他メンバーからの説明に、より着目しやすい。このように集団討議の場で、新たな説得的な論拠について知り、賛同するうちに、もとに抱いていたよりも、結果的により極端な方向に意見が変化することになるのである。すなわち、同じ態度をもつ人で集団が構成されていると、さらにより極端な方向へ意見が変化することになる。このようなプロセスが説得的議論からの説明である。また、社会的比較も原因となる。人は他者と自分を比べることで、自分の正しさを判断するものである。そしてこれといった比較対象がないときには、自分の意見は一般的な人びとよりも優れているはずだと信じる傾向がある。集団意思決定において、個々人の意見を出し合う場面になったときには、自分より強く、極端な主張に出会うことになる。他のメンバーと自分の意見を比較した結果、より自分を集団内で目立たせるために、さらに極端な意見を示すようになる。このようなプロセスが社会比較過程による説明である。特に、集団凝集性（メンバーどうしの親密度や結束などに基づく集団の求心力）が高く、そして他のメンバーからの印象評価が重要となる場合や、そ

の集団成員にとって社会的アイデンティティの源泉となっているとき、この社会的比較過程は強まる。ホッグほか（Hogg, Turner, & Davidson, 1990）は、自己カテゴリー理論の観点から、集団極性化は、集団規範への同調の結果であると主張している。例えばアメリカの政治的議論における民主党対共和党のように明確な対立集団が存在するときには、より外集団との差を明確化するためにリスキーシフトもしくはコーシャスシフトが生じることになる。また、小集団討議の場でなくとも、より大きな集団において極性化プロセスが生じることもある。近年であれば、インターネット上の意見を参照することによっても集団極性化は生じる。スピアーズほか（Spears, Lea, & Lee, 1990）によれば、インターネットでのチャットのように互いの顔が直接見えず、かつ集団アイデンティティが顕在化する状況では、より極性化が生じるという。同じ意見をもったメンバーとコミュニケーションをする機会が多ければ、より自分の態度を強化することになる。このように集団極性化プロセスから、人種間偏見や、政治的意見の二極化が生じると考えることができるのである（Iyengar & Westwood, 2014；Myers & Lamm, 1976）。

第3節　リーダーシップ

　リーダーは、集団を率いる役割をもつ。一国の首相や企業のトップ、クラブ活動の部長、学級委員長など、日常生活における各集団に、リーダーは存在する。リーダーに選ばれるのはどういった特徴をもつ人物であろうか。リーダーシップ（leadership）に関する研究が芽生えてから今日まで、多くの研究がなされているが、大別すると、課題・目標達成志向と人間関係志向という集団の役割に合った特徴により選ばれることが多いようである。集団はなんらかの課題のために存在する。企業の運営や、サークル活動などである。それと同時に、集団内にはリーダーだけでなくメンバーもいることから、人間関係の維持も集団にとっては重要となるのである。課題志向的なリーダーとしては、その集団の中心となる専門技術をもつ人物（Anderson & Kilduff, 2009）があげられる。人間関係志向的な観点からいえば、外向的で、社会的スキルが高い人物がリーダーに選ばれやすい（Judge, Bono, Ilies, & Gerhardt, 2002）。

　三隅（1966）は、この集団の課題達成（performance）と集団維持（maintenance）という2大機能に着目し、集団で効果的なリーダーシップスタイルを類型化し

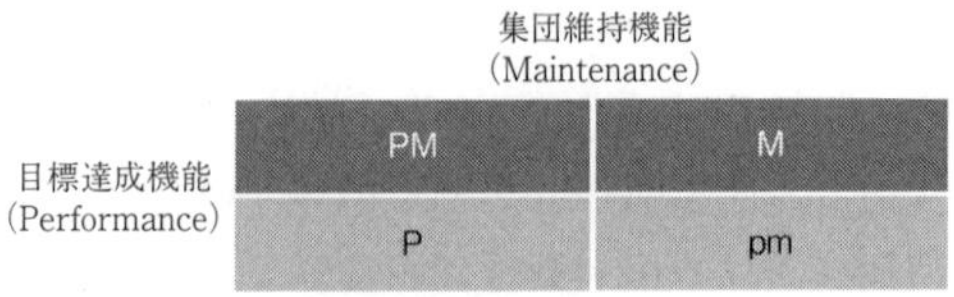

集団維持機能
(Maintenance)

	集団維持機能 (Maintenance)	
目標達成機能 (Performance)	PM	M
	P	pm

図 11-3-1　PM 理論によるリーダーシップの4 類型 (三隅, 1966 より作成)

ている（図 11-3-1）。前者は仕事への指示や命令といった課題遂行そのものに関わる行動を指し、後者は部下への配慮や信頼といった人間関係に関わる行動を含む。それぞれの行動をどの程度発揮できているかによって、PM、P、M、pm 型の 4 つにリーダーシップ行動を分類しており、P 機能も M 機能も果たしている PM 型が集団にとって良い効果をもつことを示している。

1. リーダーシップと権力

　リーダーは、その集団において権力をもつ。権力によりリーダーは集団の資源を自分の意思で利用したり、その資源配分の決定権をもつため、他のメンバーよりも自由な振る舞いをすることになる。リーダーは集団にとって必要な存在であるものの、集団浅慮の一原因となることとしてあげられているように、その権力から誤った行動をしてしまうこともある。接近・抑制理論（approach/inhibition theory；Keltner, Gruenfeld, & Anderson, 2003）は、権力の存在が、行動や意思決定にどのように影響するのかを説明している。この理論によれば、リーダーがより資源に対して接近できるポジションにいることが、権力の有無による心理的影響を決定するという。権力をもつ人は、ポジティブな感情を抱きやすく、積極的な行動をし、より他者から自分がどう見られているのか、その評価に疎くなり、より自分自身の欲求充足や目標達成に従った行動、いわゆる自己目標に接近する行動をとりやすくなる。一方で、地位が低く権力をもたない人はネガティブな感情を抱きやすく、他者からの評価に敏感であり、リーダー含む他者の行動が自分に大きな影響を及ぼすと考える。そのために意思決定にも慎重になりやすく、行動も抑制されがちである。アンダーソンとバーダフル（Anderson & Berdahl, 2002）の実験では、実験参加者に高い地位と低い地位を割り振り、他の実験参加者への好意を評価させ、あわせて相手からの自分自身への好意を推測させた。その結果、地位の低い役割を割り当てられた実験参加者は、ともに実験に参加した相手からの好意を、実際よりも低く予想した。その一方で、リーダーに割り当てられた実験参加者は相手からの好意を正確に見積もることができることが明らか

となっている。このように権力の差がもたらす影響は、パワーハラスメントやセクシャルハラスメントが、なぜ組織において生じるのかを分析する際にも役立つ。接近・抑制理論によれば、権力をもち地位の高い人は自己目的を表現・追求しやすい傾向にあるのに対し、地位の低い立場の人は拒否などの積極的な意思表示をしづらいという。

2. リーダーシップの暗黙理論

　集団にはリーダーの他にメンバーが存在する。リーダーシップ研究において、メンバーのことをフォロワー（follower）という。暗黙のリーダーシップ理論（implicit leadership theory；Load, 1985）とは、リーダーシップに対して認知的側面からアプローチした理論である。フォロワーは、「リーダーとはこういうものだ」という認知的枠組みをもち、その観点からリーダーを評価する。そのため、その認知的枠組みと実際のリーダーの行動のズレにもとづいて、リーダーへの評価は変化する。オファーマンほか（Offermann, Kennedy, & Wirtz, 1994）は暗黙のリーダーシップ理論の要素として、感受性、献身、カリスマ性、魅力、知性、強さ、圧制、男らしさの 8 つをあげている。これらの要素は、人がリーダーに対して抱く認知的枠組みであって、必ずしもこれらの要素が強いことが、良いリーダーであることは意味しないことに注意したい。これらの要素はエピトロパキとマーティン（Epitropaki & Martin, 2004）によって、後に、感受性、知性、献身、強さ、圧制、男らしさの 6 要素にまとめられた。感受性、知性、献身、強さは、集団にポジティブな効果をもたらすプロトタイプ（代表例）であり、圧制と男らしさはネガティブな影響を及ぼすアンチプロトタイプとの上位概念に分類される。このうち、これらのプロトタイプは、回答者の性別やその他の属性に関連がないことも示されている。つまり人びとが抱くリーダーシップのイメージは安定したものといえよう。リーダーがフォロワーのもつ暗黙のリーダーシップ理論に一致しているとき、フォロワーはリーダーがくだす決定をより受け入れやすくなる。近年のリーダーシップ研究では、リーダーとフォロワーの相互作用を考慮したものが重視されている。エピトロパキとマーティン（Epitropaki & Martin, 2005）は企業の中間管理職と社員の 2 者関係の相互作用に着目し、暗黙理論の実際の企業での影響を調査している。彼らは、リーダーはパフォーマンスベースでフォロワーを評価するものの、フォロワーがリーダーを評価するときで

は、暗黙理論の影響が強いと述べている。そしてフォロワーがもつプロトタイプと、上司であるリーダーが実際に備えている資質との乖離が小さいほど、リーダーとの関係が良好であることを明らかにしている。

3. 革新的リーダーシップ

　バーンズ（Burns, 1978）によって提唱されたのが革新的リーダーシップ（transformational leadership）である。革新的リーダーシップでは、リーダーは集団内のモラルやフォロワーのモチベーションを高める存在とされる。この概念は、リーダーとフォロワーの関係を、フォロワーに即時の自己利益をもたらすギブアンドテイクと捉える取引型リーダーシップ（transactional leadership）と対をなしている。革新的リーダーシップの概念が生まれた背景には、第2次産業から第3次産業社会への変化にともなう、組織の上下関係のあり方の変化がある。第2次産業が中心の社会では、フォロワーを一方的に統率する存在のリーダーが集団・組織に良い影響をもたらした。これに対して、第3次産業を中心とした社会に移行した近年では、フォロワーも含めたリーダーシップのあり方が重視されるようになり、革新的リーダーシップ研究が増加したのである。革新的リーダーシップでは、フォロワーの自律と挑戦に重きが置かれる。フォロワーの自己実現や達成への関心、成熟を促進する要素として、①理想を通した影響（カリスマ性）、②鼓舞、③知的刺激、④個々人への配慮があげられている。リーダーは、フォロワーにビジョンを示し、その重要性、そしてどのように到達可能かを説明し、高いパフォーマンス基準を設定する。これによりフォロワーは課題遂行の意味を見出し、ビジョン実現に向けて動機づけられる（①②）。そしてフォロワーが革新的で創造性を発揮するのを助け、新たな学習を促し、これにより良い課題遂行へのアイデアを生み出すことができる（③）。リーダーは、フォロワー1人ひとりに注意を払い、成長に必要なものを見極め、コーチやメンターとなり、傾聴の姿勢を示し、サポートするのである（④）。その結果、フォロワーは自己実現を目指すようになり、課題への動機づけも高まる。革新的リーダーシップのもとでは、フォロワーどうしもお互いに成長を助け合う行動がみられ、効果的な集団活動が促進される。バスほか（Bass, Avolio, & Atwater, 1996）の調査によれば、女性よりも男性のほうが革新的リーダーシップの要素を示す傾向がみられている。

第4節　大集団の中の個人

　大集団ではときに暴動や反社会的行動がみられる。2012年、エジプトで国内サッカーリーグチームのアル・マスリとアル・アハリの対戦試合後、勝利したアル・マスリのサポーターがピッチに乱入、アル・アハリの選手やサポーターを襲撃し、74名が死亡するに至った。この事例のように、日常生活ではそれぞれ良心をもった人間であるのに、人は大きな集団にいるときには理性を失いがちである。第1節において、集団作業状況では、個人作業状況とは異なった行動が生じることについて解説した。さらにもっと大きな集団の一員となる状況では、集団の影響力は増すことになる。ルボン（LeBon, 1895）は、大集団状況では自己と他者との境界線があいまいになり、あたかも集団全体で1つの心が形成されているようだとし、これを集団心と表現している。

1. 没個性化

　私たちは個々人が独立したアイデンティティをもっているにもかかわらず、大集団の一員となったときには、ユニークな一個人としての感覚を失う傾向がある。大集団や群集の中で経験される、自己制御の衰えによるアイデンティティの喪失を没個性化（deindividuation）という。自分自身がどこの誰であるかが周囲の人びとに認識されているときには、人は理性をもち、自分の言動に責任をもつ。しかし、大集団の一員として存在するとき、自己の感覚は薄れてしまい、それにともなって自分自身の言動に対しての責任感も失うことになる。その結果、普段ではみられないような攻撃性や、非倫理的な言動が生じやすくなるのである。

　ジンバルドー（Zimbardo, 1969）の没個性化モデルでは、没個性化の先行となる条件として、匿名性、責任の分散、他者による増幅効果、過度の刺激をあげている。没個性化の心理状態としては、①自己観察や自己評価の感覚が薄れる、②他者による評価を気にしなくなる、③恥や罪の意識、恐怖といった内的感覚が薄れる、がある。総じて、自己の心の内面を見つめる感覚が低下し、他者を含めた周囲の環境へ注意が向きやすくなる。何が良いのか悪いのかといった倫理観も薄れ、誰かが破壊的な行動を始めれば、容易に周囲の人びとも同様の行動をしやすくなる。通常であれば自制心が働いて抑圧されるはずの行動も、集団の中では発

現しやすく、大集団の中で人は衝動的で感情的になり、冷静さを失い、非社会的に変貌する。ジンバルドー（Zimbardo, 1969）は、集団では日常生活で抑圧されている側面が出現しやすいため、祭りやイベントなどがそれらを表出させ解消する機会として機能していると説明している。

ジンバルドー（Zimbardo, 1969）の没個性化モデルに異義を唱える立場もある。その主な理由としては、没個性化状況が実験室で再現しにくく、実証データに乏しいためである。没個性化の社会的アイデンティティモデル（Reicher, Spears, & Postmes, 1995）では、自己は個人単位のカテゴリーだけで規定されるのではなく、没個性化状況では集団アイデンティティが顕在化されることを指摘している。特に暴動のように人が入り乱れている状況では、各自が冷静な判断ができず、何が正しい行動であるかがあいまいになる。そのことから、周囲の他者の行動を参照し、他者の模倣をする、つまり同調行動が生じやすくなる。社会的アイデンティティモデルによれば、大集団状況では、即時に発生した誰かの非社会的行動が、その集団の新たな規範となるため、没個性化は非社会的行動を生じさせると説明される。

2. 没個性化と反社会的行動

ディーナーほか（Diener, Fraser, Beaman, & Kelem, 1976）によって、ハロウィンの日に子どもを対象に行われた実験では、匿名性と反社会的行動との関連が明らかにされている。日本でもすでに知られてきているように、ハロウィンでは、子どもが近所の家を訪問し、「トリックオアトリート」と言ってお菓子をもらう習慣がある。対象となった27件の家では、玄関ドアの内側に、1.5mの長さのテーブルが置いてあり、テーブルの一方の端には、たくさんのキャンディーが大きなボウルいっぱいに入れられて置かれていた。各家では子どもが家に来ると、歓迎したうえで「あなた（あなたたちはみんな）キャンディーを1つだけ持って行っていいわよ。1つだけね」と告げた。その後、家人は「他の部屋で仕事をしに戻らなければならないから」といって、玄関から去り姿を消す。そして家人がいないあいだに、実験の観察者はそのボウルがよく見える範囲にあるのぞき穴付きの装飾用の幕の後ろに隠れており、子どもたちの振る舞いを観察した。観察項目は、①訪問してきた子どもの人数、②それぞれの子どもがいくつキャンディーを取っていったか、であった。このとき、誰の名前も尋ねない匿名条件と、1人

ひとりの名前を尋ねる非匿名条件、それから訪問してきた子どもが1人で来たか（単独条件）、複数人で来たか（集団条件）によって、（1つだけと言われたにもかかわらず）2個以上のキャンディーを持っていったかが記録された。すると、2個以上

表11-4-1　2個以上のキャンディーを持っていった子どもの割合

	個人単独	集団
非匿名	7.5%	20.8%
匿名	21.4%	57.2%

(Diener, Fraser, Beaman, & Kelem, 1976
より作成)

のキャンディーを持っていった子どもの割合は、名前が尋ねられない非匿名条件において、子どもが単独で来た場合には7.5%であったのに対し、集団で来た場合には20.8%であった（表11-4-1）。そして匿名条件の場合には、単独条件では21.4%なのに対し、集団条件では57.2%の子どもが家人の言いつけを無視して2個以上のキャンディーを持っていくという結果となった。さらに、「もし1人1個ずつというのが守られていないことが後でわかったら、一番小さな子どもの責任にするわね」という、後で言いつけに従わなかったと判明しても責任は問われず非難もされない条件を付け加えると、非匿名条件の場合10.5%に対して、匿名条件では全体の80%の子どもが言いつけられたより多くのキャンディーを持っていったのである。この実験は、自分が誰であるかが周囲の人から判別されない匿名状況において、さらに責任が自分には及ばないとき、いかにルールが破られ、反社会的な行動をしやすくなるかについて明確に示している。

3. 自己意識と没個性化

　没個性化が集団における自己意識の低下により生じるならば、正反対の状況、つまり自己意識が高まるときには、没個性化状況とは真逆の影響をもたらすと考えられる（第4章参照）。自己意識理論（self-awareness theory）によれば、人が自己の内的状況に注意を向けるとき、自己評価への懸念が高まり、自己の内的価値や基準に沿った言動をするという（Duval & Wicklund, 1972）。自己意識が低い状況では、高い状況よりも社会的ルールを守らなくなり、非社会的行動を示しやすくなる（Diener & Wallbom, 1976）。

　集団における没個性化とは対照的に、日常生活においては、自己をとても意識した状態にある。ギロビッチほかの研究では、どれほど普段私たちは自己に注意を向けているのか、そして他者からも注意を向けられていると感じているのかをよく示している（Gilovich, Medvec, & Savitsky, 2000）。彼らの実験では、6名の

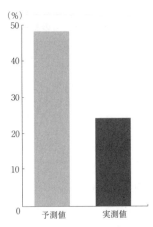

図 11-4-1　予測値と実測値
(Gilovich, Medvec, & Savitsky, 2000)

参加者に先に実験室で待つよう依頼したうえで、うち1名の参加者には、実験室に入る前に、着るのが恥ずかしいほどの、有名俳優の顔が大きくプリントされたTシャツを着るように依頼した。そしてそのTシャツを着た参加者には、実験後に他の参加者たちのうち何%が、どの程度そのTシャツを覚えていたかを推測して回答してもらった。さらに、実際に他の参加者がどの程度Tシャツについて記憶していたかを調べた。その結果、実際にはTシャツを覚えていた他の参加者は約25%であったのに対し、Tシャツを着ていた参加者当人の予測は、約50%と倍の回答をしていたのである（図11-4-1）。このように、他者からの自分自身の行動や外見への注目を実際よりも過大視する傾向をスポットライト効果（spotlight effect）という。人は通常どれだけ他者の目線を意識しているのかについて、スポットライト効果はよく示している。

●COLUMN 6●　集団と進化

　本章で紹介した集団特有の現象は、多様な生物の中にもみられ、人とその他の生物との進化的つながりを感じさせる興味深い分野である。例えば、ザイアンスによる実験では、ゴキブリに迷路課題を行わせるとき、単独よりも他のゴキブリとともに課題を行うほうが早くゴールにたどり着くことを示した。さらに観察者効果もみられ、他のゴキブリが同じ課題をせず、透明ケースに入れられ隣接しているだけでも社会的促進は引き起こされたのである。
　また、魚類も人と類似した行動を示すことがある。岡本（2016）では、ゼブラフィッシュのオスどうしを同じ水槽に入れると闘争すること、そして一度勝者が決まると、闘争した2匹が同じ水槽にいるあいだは、その勝者と敗者の関係性は固定されることを明らかにしている。一度勝者となったゼブラフィッシュは新たな戦いにも勝ちやすく、一度敗者となってしまったゼブラフィッシュは再び負ける傾向にあるという。これら一連の流れは、あたかも

ヒトが集団内で影響力をもつリーダーとフォロワーに分岐していくプロセス
と類似してみえる。ローレンツ（Lorenz, K.）によれば、闘争行動は、集団で
より強い個体（いわゆるリーダー）を選抜するのに役立つこと、そしてそれは
外部の敵からの攻撃を防御するのに役立ち、集団全体としての生存可能性を
高めているという。このような生存への適応性が、多くの生物に共通した集
団行動をもたらしたと考えられる。

　さらに興味深いことに、近年では集団こそが人特有の脳構造をもたらした
との説がある。人は他の動物に比べて、大脳新皮質を含む大きな脳を備えて
おり、約 200 万年前から 10 万年前までに脳が拡大したとされているが、そ
れは集団サイズの増加に対応しているという。このように、集団で生活し、
社会的生活を余儀なくされたことが、現在のヒトの脳の進化を支えたとの主
張がなされている（Zimmer & Emlen, 2013）。

第12章
メディアの中の個人

　世界は、4人の騎士によって作り変えられた――その名は、"GAFA（ガーファ；Galloway, 2017)"。Google、Apple、Facebook、Amazon の台頭により、今日のインターネット世界は大きく変容した。また、インターネットを利用する私たちの生活も、これまでにないスピードで変遷してきている。そうした中で、私たちの心理はどのように変容しているのであろうか。インターネットというメディアの中で私たちが受ける影響については、1990 年代のインターネット普及当初から現在に至るまで、さまざまな研究が蓄積されてきた。本章では、それらの研究について、"G""A""F""A"の順に紹介する。

第1節　Genuinity――本当の自己の表出

　インターネットが、これまでにないメディアとして着目されたのは、その匿名性（Anonymity）による部分が大きい。こうした匿名的な状況下では、「本当の自己」についてありのままに表現しようとする行動、すなわち自己開示（Self-Disclosure）が増加することが実験的に示されてきた。

　その1つとして、ジョインソン（Joinson, 2001）の実験があげられる。まず第1実験では、参加者は2名で1組となり、ジレンマをともなうテーマ（核戦争が起こったとき、世界中から5人だけを選んで入れることのできるシェルターに、あなたは誰を入れるべきだと思うか。ただし、自分自身、家族、友人は除外する）について議論するように求められた。このとき参加者は、次のいずれかの条件に割り振られている。対面で直接話し合うという Face to Face（FTF）条件、もしくは、コンピュータ上のチャットのみを介して議論するという Computer Mediated Communication（CMC）条件である。

それぞれの条件の中で話された内容を比較した結果（表12-1-1）、キーボードを入力する必要があるCMC条件よりも、そのまま会話することができるFTF条件のほうがより多くの会話がなされてい

表12-1-1　ジョインソンの第1実験の結果

	FTF条件	CMC条件
話された単語量	464.70語	350.65語
自分の個人的な情報を開示した回数	0.70回 （SD＝0.82）	3.10回 （SD＝2.41）

（Joinson, 2001より作成）

た。その一方で、CMC条件においては、より多くの自己開示（議論のテーマとは関係なく、自分の年齢を告げるなど）が生じていたのである。

　続く第2実験でも、参加者は2名で1組となり、先ほどのテーマについて議論するように教示された。しかし第1実験とは異なり、テキスト情報だけがやりとりされる匿名条件と、ビデオ会議システムによりお互いのリアルタイムでの姿が映し出される非匿名条件が設定されている。

　両条件のあいだで会話内容の比較を行った結果、交わされた会話の量に大きな差はなかった（全体の平均として、25.67個のメッセージおよび371.05語が交わされていた）。ただ、自己開示量には差がみられ、お互いの映像を交わす非匿名条件では0.63回（SD＝0.92）であったのに対し、テキストのみを交わす匿名条件では3.05回（SD＝2.49）の自己開示がなされていた。すなわち、第1、第2実験の両方とも、匿名性が保たれているほど、自己開示が多くなることを示す結果が得られたのである。

　また、同様の研究として、バージほかの実験があげられる（Bargh, McKenna, & Fitzsimons, 2002）。"Can you see the real me？"と題されたこの研究では、まさにその名の通り、「本当の自分」が電子メディア上で表現されている可能性が示されている。まず第1実験では、参加者に対し、「日常の社会生活における自分」に当てはまると思われる性格特性と、自分の中でも「誰にも見せていない部分の自分」に関する性格特性についてリストアップするよう求めた。つまり、日常生活での普段の自己（actual self）と、普段は見せない本当の自己（true self）について調べたのである。

　その後、参加者は、インターネット上のチャットか、もしくは対面状況のいずれかで、他の実験参加者と一緒に会話するように指示された。さらに終了後は、Me/Not-me課題に取り組むよう求められた。これは、コンピュータ画面上に瞬時に表示される単語に対して、自分に当てはまるものである思ったときには"Yes"

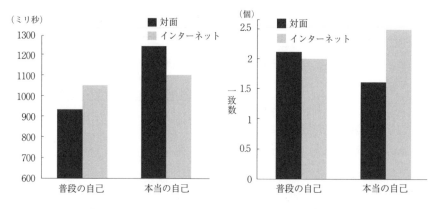

図 12-1-1 「普段の自己」もしくは
「本当の自己」に関する単語が表示された
ときの反応時間
（Bargh, McKenna, & Fitzsimons, 2002）

図 12-1-2 「普段の自己」もしくは
「本当の自己」における本人の記述―コ
ミュニケーション相手の記述間の一致数
（Bargh, McKenna, & Fitzsimons, 2002）

のキーを、そうではないときには"No"のキーを押すという課題である。課題の
中で特定の単語が表示された際にキーを押すまでの反応時間が短いほど、その単
語の意味や概念が、個人の思考ネットワークの中でより活性化された状態にある
ことを意味している。なお、この研究における Me/Not-me 課題では、さまざまな
単語が表示されるように設定されていたが、それらに加え、参加者自身が事前に
あげた普段の自己と本当の自己に関する単語も表示されるようになっていた。

　実験の結果、普段の自己に関する単語が表示されたときの反応時間が短くなっ
ていたのは、対面で会話をした後であった。これに対し、本当の自己に関する単
語への反応時間が短くなっていたのは、インターネットで会話をした後であるこ
とが明らかとなった（図 12-1-1；またこの結果は、会話を行った時間の長さによって
左右されていなかった）。つまり、インターネット上で会話を行うことによって、
その後、本人の思考の中で、本当の自己がより活性化されることが示されたので
ある。

　さらにバージほか（Bargh, McKenna, & Fitzsimons, 2002）の第3実験では、先
に示した第1実験と同じように、事前に普段の自己と本当の自己に関する単語を
リストアップさせたうえで、インターネット上のチャットか、もしくは対面状況
のいずれかで、他の実験参加者と会話するように求めた。そして最後に、「あな
たと会話していた相手は、どのような人物だと思いますか」という質問に回答す

表 12-1-2　バックらの結果

	本当の自己		理想の自己	
	閲覧者の評定との相関係数	偏相関係数（理想の自己スコアを統制）	閲覧者の評定との相関係数	偏相関係数（本当の自己スコアを統制）
外向性	.39***	.32***	.13	.01
協調性	.22**	.20*	.16	.08
誠実性	.27**	.26**	.05	-.02
神経症傾向	.13	.13	.12	.11
開放性	.41***	.37***	.24**	.11

注）数値はいずれも、複数の閲覧者による各評定を平均した値と、本当の自己もしくは理想の自己との間の相関係数である（***p<.001, **p<.01, *p<.05）。

（Back et al., 2010 より作成）

るように指示したのである。

　このような手続きは、各参加者が回答した普段の自己像もしくは本当の自己像と、会話の相手から評価された人物像がどのようなものであるかを調べるためのものであった。そして、両者がどの程度一致しているかどうかを検討することこそが目的であった（図 12-1-2）。その結果、本当の自己に関しては、インターネットで会話をした条件のほうが一致しやすいことが示された。すなわち、インターネットを介したコミュニケーションでは、第 1 実験のように本当の自己が思考の中で活性化されやすくなるばかりか、会話をした相手にも本当の自己の姿が表現され、実際に伝わっていたのだといえる。

　また近年では、匿名的な状況にかぎらず、インターネット上においては本当の自己の姿が表現されていることも示されている。バックほか（Back et al., 2010）は、アメリカおよびドイツのソーシャルネットワーキングサイト（Social Networking Site；SNS、論文中では Online Social Network Site；OSN）のユーザーを対象に、まず、「自分自身がどのような人物であるか」という点について自己評定を求めるとともに、当人をよく知る周囲の人びとにも同様に「この人はどのような人物であるか」という点について測定した。これらを組み合わせ、各ユーザーの「本当の自己」がどのようなものであるかをまず捉えた。同時にユーザーには「あなたが理想とする、"なりたい"と思う自分の姿」についても測定した。なお測定の際には、外向性・協調性・誠実性・神経症傾向・開放性という 5 つの側面から測定する Big Five という尺度を用いている。

　そのうえで、上記とは別の参加者数名にも協力を求め、各ユーザーのプロ

フィールページなどを閲覧した状態で「このユーザーは、どのような人物であるか」について同じ尺度を用いて測定するという手続きを行った。こうすることで、①各ユーザーの本当の自己、②各ユーザーが理想とする自己、③各ユーザーが閲覧者からどのような人物であると判断されたか、という3つのスコアを得たのである。そして、3者間の関係を検討した結果（表12-1-2）、①と③のあいだでは神経症傾向以外の特性において有意な正の相関がみられた一方で、②と③のあいだの相関はほとんどの特性において有意でなく、相関係数の値も小さいことが示された。匿名性が低く、さらにはポジティブな面や理想的な面のみが発信されやすいと考えられているSNS上でも、実は本当の自己の姿がいつの間にか表現されていると同時に、その閲覧者からも、「各ユーザーが本当はどのような人物であるか」について、ある程度正確に判断されているのだといえる。

第2節　Aggression——攻撃的言動の発生

　上記のように、CMCおよびインターネット上では、本当の自己の姿が表出されやすくなるだけでなく、攻撃的な言動が増えるという考え方も、電子メディアの普及当初から着目されてきた。実際に起きた事例や事件などを振り返ってみても、インターネット上に蔓延する誹謗中傷のみならず、差別的発言、ネットいじめ、ネット炎上など、枚挙に暇がない。まるで、数多くの攻撃的で逸脱的な言動がネット上にあふれているように思われる。

　電子メディアにおける攻撃性の発露については古くからさまざまな議論がなされてきているが、その1つとしてスプロールとキースラー（Sproull & Kiesler, 1986）の研究があげられる。スプロールとキースラーは、相手と直接コミュニケーションすることのない電子メディアにおいては、社会的文脈を知るための手掛かり（social context cues）が乏しいことに着目し、図12-2-1のようなモデルを提唱し、電子メディア上のコミュニケーションの特徴について説明を試みた。このモデルによれば、自分や相手がどこにいて、どのような地位にあり、どのような状況にあり、どのような属性であるかということを知るための手掛かりは、本来であればコミュニケーションの送り手にも受け手にも大きな影響を与えるとされる。またそれゆえにコミュニケーション時の焦点や目標などを規定し、それに応じた情報発信がなされるようになると想定している。しかし、特に電子メ

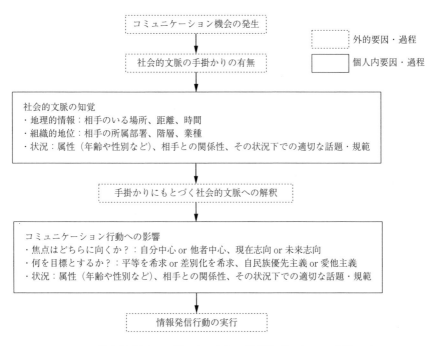

図 12-2-1　社会的文脈の手掛かりの有無が情報行動に与える影響モデル
（Sproull & Kiesler, 1986 より作成）

ディア上など社会的文脈を知るための手掛かりが乏しい状況下では、自分中心で
逸脱的な行動が促進されるようになることや、より極端で衝動的・差別的なコ
ミュニケーション行動が増加しやすくなると主張している。

　またスプロールとキースラー（Sproull & Kiesler, 1986）は、アメリカの大組織
に勤務する従業員を対象として、電子メールでのやりとりについて分析している。
その結果から、メール上では社会的手掛かりが伝達されにくいこと、そして、そ
れゆえにメール利用者は他者よりも自分に関心を寄せやすくなり（特にコミュニ
ケーションの開始時と終了時）、対面場面に比べより無責任に振る舞いやすくなる
ことを示した。なお、こうした観点からインターネット上の逸脱的行動の発生を
説明するアプローチは、「社会的文脈手掛かり減少モデル（Reduced Social
Context Cues model）」と総称される。

　このアプローチにもとづいて、電子メディア上のコミュニケーション行動が逸
脱的なものへと変容することを実験的に示した研究もある。シーガルほか

表 12-2-1　シーガルらの実験の結果

	FTF 条件	非匿名 CMC 条件	匿名 CMC 条件
総発言数	14.24 (SD=13.96)	8.39 (SD=6.14)	10.50 (SD=5.99)
逸脱的な発言の数	0.00 (SD=0.00)	0.12 (SD=0.28)	0.43 (SD = 0.56)

注）いずれの数値も、集団ごとにおける平均を表す。

(Siegel et al., 1986 より作成)

(Siegel, Dubrovsky, Kiesler, & McGuire, 1986) は、参加者に 3 名ずつでの集団討議を行わせるという実験の中で、対面で討議する条件（FTF 条件）、互いの名前を知った状態でコンピュータを介して討議する条件（非匿名 CMC 条件）、互いの名前も知らないままコンピュータを介して討議する条件（匿名 CMC 条件）を設けて、討議の中でどの程度逸脱的な言動がみられるかについて検討した。その結果、討議相手に向けた悪口や侮辱が FTF 条件ではみられなかったのに対し、匿名 CMC 条件においては有意に多く発言されていたのである（表 12-2-1）。

特に近年では、インターネット上で各個人が表出した攻撃的言動が、不特定多数にも波及しながら拡大し、収拾がつかないほどの騒動へと進展していくという現象にも関心が寄せられている。たった 1 人がつぶやいた意見が、同じ意見や考えをもつ人びととの中で共有され、さらにその意見への賛同者を増やしていくことで大きな流れを生み出す現象を、サンスティーン (Sunstein, 2001) は滝の流れにたとえて "cyber cascade" と評した。これに対し日本では、種火があっという間に燃え広がり、収拾のつかないほどの大火事となっていく様子になぞらえて、「ネット炎上」と表現されることが多い。

こうしたネット炎上に関して、1 万 9,992 名を対象とした大規模なウェブ調査が行われている（田中・山口, 2016）。この研究では、ネット炎上に対する認知度や参加の有無についての回答が分析されているが、「炎上について、聞いたことがない」という回答は7.09% にとどまり、大多数が「聞いたことはあるが、見たことはない」と回答していた（71.35%）。したがってネット炎上に関する問題は、当該の現象を実際に見たことがない人びとにも、深刻な社会問題として広く認識されつつあることがうかがわれる。しかし、炎上していた話題に「1 度書き込んだことがある」もしくは「2 度以上書き込んだことがある」と回答した者は、あわせて1.52% にすぎないことも報告されている（なお、ウェブ調査であることの

表 12-2-2　ネット炎上への参加を促す要因

	限界効果	オッズ比	p
個人属性			
性別（男性＝1、女性＝0として計算）	0.0066	0.43	0.05
年齢	-0.0190	-1.24	0.00
子どもの有無（有＝1、無＝0）	0.0080	0.52	0.01
年収（個人）	0.0006	0.04	0.08
年収（世帯）	0.0033	0.22	0.09
ラジオの利用時間	0.0022	0.14	0.00
ソーシャルメディアの利用時間	0.0019	0.12	0.01
一般的掲示板の利用（有＝1、無＝0）	0.0130	0.85	0.00
個人的もしくは商用の掲示板の利用（有＝1、無＝0）	0.0086	0.56	0.01
心理的要因			
ネット上で無礼な言い方をされていやな思いをしたことがある	0.0052	0.34	0.06
ネット上でならば非難しあってもよいと思う	0.0163	1.06	0.00

（田中・山口, 2016 より作成）

バイアスを考慮した場合、その値はさらに低くなることも推定されている）。

　この結果にもとづけば、炎上とは、ごくわずかの人びとに限定される小規模な問題にすぎないようにも思われる。しかし、田中・山口（2016）における、炎上への参加を規定する要因について分析した結果（表 12-2-2）からは、「ネット上で無礼な言い方をされていやな思いをした」または「ネット上ならば非難しあってもよい」という意識をもつ者ほど、炎上に参加しやすいことも明らかにされている。つまり、ネット上で誹謗中傷を向けられ、いやな思いをした人は、そうした経験を踏まえて誹謗中傷を行わないようになるのではなく、むしろ積極的に行うようになるのである。いわばネット上では「誹謗中傷の連鎖」が生じているといえよう。さらにそうした連鎖は、先述の「ネット上でならば非難しあってもよい」という信念によってさらに広がっていく可能性もある。その意味で、ネット炎上への現在の参加者は少ないとしても、その数は今後さらに増大していく危険性もあるといえよう。実際、日本のネット炎上の件数は 2011 年ごろを境として爆発的に増加し、その後も高い水準にあることも報告されている（山口, 2015）。

　しかしこれまでの CMC 研究からは、匿名的状況であれば常に人びとが攻撃的・逸脱的になったり、集団に同調したりするわけではないことも主張されてきた。その中でも有名なのは、ライヒャーほか（Reicher, Spears, & Postmes, 1995）

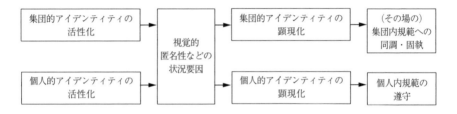

図12-2-2　脱個人化作用の社会的アイデンティティモデル（SIDE モデル）
(Spears, Lea, & Postmes, 2007 より作成)

およびスピアーズほか（Spears, Lea, & Postmes, 2007）による、脱個人化作用の
社会的アイデンティティモデル（Social Identity model of Deindividuation Effect；
SIDE モデル）である（図12-2-2）。このモデルでは、インターネットの匿名性そ
のものが人びとの逸脱的な行動を生み出すわけではなく、インターネット上で人
がどう振る舞うかは、利用者において集団的アイデンティティもしくは個人的ア
イデンティティのどちらが活性化されているかが重要であるとされる。言い換え
れば、使う側の意識のあり方によって、インターネットによってもたらされる変
化は、逸脱的な方向にも規範的な方向にもどちらにもなりうるということである。

第3節　Fascination──インターネット上ゆえの魅力

　これまでにみてきた攻撃性に関する議論とは逆に、インターネットでのやりと
りを介して相手に好意や親密感を抱いたり、ときには恋愛関係へと発展したりす
ることも、少なからずみられる現象である。姿も見えない相手に好意を抱く心理
とは、どのようなものであろうか。

　姿が見えない「からこそ」、インターネット上では相手との親密な関係が築け
ることに着目した研究として、ワルサー（Walther, 1995）の実験があげられる。
社会的文脈手掛かり現象アプローチにもとづいて、電子メディア上のコミュニ
ケーションのネガティブな側面に焦点を当ててきたこれまでの研究に対抗する形
で行われたこの実験では、たとえ手掛かりに乏しい電子メディア上であっても、
時間をかけて交流し多くのメッセージを交わすことで、対面状況と変わらないコ
ミュニケーションが可能になるはずだという仮説（Walther, 1992）のもとで実施
された。

表 12-3-1　CMC と FTF でのコミュニケーションの時間的変化

		Time 1	Time 2	Time 3
好意・近接性	CMC	3.51 (SD=0.58)	3.70 (SD=0.54)	3.43 (SD=0.67)
	FTF	3.37 (SD=0.66)	3.34 (SD=0.67)	3.20 (SD=0.62)
類似性・深さ	CMC	3.18 (SD=0.68)	3.33 (SD=0.52)	3.13 (SD=0.65)
	FTF	2.97 (SD=0.55)	2.99 (SD=0.50)	2.87 (SD=0.46)
課題・社会志向性	CMC	3.73 (SD=0.65)	3.90 (SD=0.50)	3.60 (SD=0.66)
	FTF	3.50 (SD=0.83)	3.17 (SD=0.71)	3.29 (SD=0.97)

注）いずれの数値も、各集団の議論の記録・様子を閲覧した評定者による評定値の平均を示す。

(Walther, 1995 より作成)

　参加者には、3名1組の集団の中で、対面もしくはコンピュータを介しての議論に加わるように求めた。議論は5週間の期間をかけて3回行われたが、毎回の議論の様子は記録されており、この様子を閲覧した別の評定者が、コミュニケーションの様子がどのようなものであるかを評定するという手続きをとっている。3回のコミュニケーションの様子を分析した結果（表12-3-1）、コンピュータを介して議論に参加していた人びとのほうが、対面場面で議論していた人びとよりも、3回ともより好意的で、より社会的であると評価されていた。つまり、電子メディア上の匿名的な集団であっても、逸脱的・攻撃的なやりとりが生じるばかりではなく、コミュニケーションの開始から終了まで終始一貫して、社交的なやりとりがなされる可能性もあることが示されたのである。

　このように、匿名的な状況下であるにもかかわらず、しかも交流開始時点からずっと、姿も見えない相手のことをポジティブに評価できていたという結果を踏まえ、ワルサー（Walther, 1995）は当初に提唱していた仮説を修正した。そして、新たな理論として「ハイパー・パーソナル・コミュニケーション理論（Hyper Personal Communication；Walther, 1996)」を提唱したのである。この理論では、次の4つの要因に着目し、対面状況よりも、匿名的な電子メディア上のほうが、相手との関係がより深く親密になりやすいことを説明している（図12-3-1）。

　第一の要因は「受け手側の手掛かりの過大視」である。CMC 上では、わずかな非言語的手掛かりや社会的文脈の手掛かりが得られないため、コミュニケー

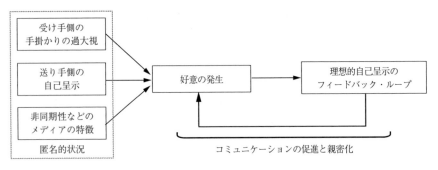

図 12-3-1　ハイパー・パーソナル・コミュニケーション理論
（Walther, 1996 より作成）

ションの受け手は、伝わってきたわずかな手掛かりを過度に重視してしまう。同時に、集団の一員としてコミュニケーションに参加する場合は、先述の SIDE モデルのように、自分自身を「一緒にコミュニケーションをしている集団の一員」として意識する傾向が強まりやすい状態にもある。わずかな手掛かりを過剰に重視するとともに、連帯的・集団的な意識が生まれることで、やがて、自分と相手との共通点となりそうな手掛かりを特に重視するようになり、相手との類似性を強く認識するようになる。その結果、相手への好意も高まりやすくなると論じている。

　第二の要因は、「送り手側の自己呈示のしやすさ」である。非言語的手掛かりや社会的文脈の手掛かりがともなわないインターネット上では、それらに注意を割くことなく、自分の好きなように自分のことをアピールできる。このように電子メディア上では効果的に自己呈示を行うことが可能になるため、メッセージの送り手は、相手に好意的な印象を与えやすくなる。

　第三の要因は、「メディアの特徴」にあるとされる。リアルタイムにコミュニケーションが進行する対面状況とは異なり、特にメールのような非同期的なメディア上であれば、同時進行する他者の発言に邪魔されずに、自分の言いたいことを効果的に伝えるために十分な時間をかけ、じっくりと「編集」することができる。それゆえに、メディアを介したコミュニケーションのほうがより好意が高まりやすい。

　最後の第四の要因は、「フィードバック・ループ」と名づけられたものである。これまでの要因により、コミュニケーション相手への好意が高まった結果、好き

になった相手に対し自分をより良く見せようとし、送り手が発信するコミュニケーションの内容にはより理想的な自己呈示が含まれていくようになる。さらにその結果、コミュニケーションの受け手はまた相手への好意を強め、同じく理想的な自己呈示を行うようになる。こうして相互に理想的な自己呈示が行われ、それによってまたお互いの好意が高まり、さらに理想的な自己呈示へとつながっていく……という循環的過程が生まれると主張している。

　ワルサーはその後も、CMC 上でコミュニケーションをする際に、相手の顔写真が表示される条件とされない条件を設定した実験を実施している。そして、長期的なコミュニケーションの際には、顔写真が表示されない条件のほうが、より相手を魅力的かつ好意的に認知していたという結果も示しており（Walther, Slovacek, & Tidwell, 2001）、この理論を裏づけている。

第 4 節　Alienation──現実生活における孤立化

　インターネットが普及するにつれて、インターネット上でみられる心理面や行動面の変化のみならず、現実生活における行動への影響についても関心が寄せられるようになった。

　その中でも大きなインパクトを与え、広く注目された研究がある。"インターネット上で見つけたのは、悲しみと孤独の世界（Harmon, 1998）"という見出しとともにニューヨーク・タイムズ紙上で紹介された、クラウトほかの"インターネット・パラドックス"研究（Kraut, Patterson, Lundmark, Kiesler, Mukopadhyay, & Scherlis, 1998）である。この研究では、ペンシルバニア州の 93 世帯の 256 名にインターネットへの接続が可能な環境を提供し、2 年間にわたる 3 回の追跡調査を行った。第 1 回目の調査は、参加者がインターネットを利用し始める前に行い、現実生活における社会的交流（家族とのコミュニケーション量や、近隣地域での社会的ネットワークの大きさ、遠方の人びととの社会的ネットワークなど）および精神的健康（抑うつ、孤独感など）の状態について尋ねている。続く第 2 回目の調査は、インターネット環境の利用中に行い、インターネットへの接続時間やメールの送受信数などの観点から、各利用者のインターネットの利用量を確認した。さらに第 3 回の調査は、期間終了前に実施しており、再度、現実生活における社会的交流や精神的健康の状態を測定している。このようにしてクラウトほか

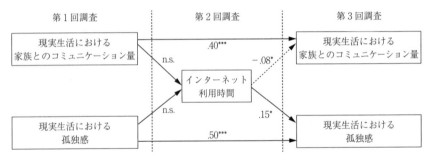

注）数値は影響力の大きさを示す。***p<.001, *p<.05

図 12-4-1　インターネット・パラドックス研究の結果（Kraut et al, 1998 より作成）

（Kraut et al., 1998）は、インターネット利用が、人びとの社会行動にどのような影響を及ぼすのかを調べようとした。

　その結果、図12-4-1のように、インターネットの利用量が多いほど、家族とのコミュニケーション量などが減少し、孤独感や抑うつも増大していくことが示されたのである。しかし参加者は、主として電子メールの送受信などのように他者とのコミュニケーションのためにインターネットを利用していたことが確認されている。これらの結果を総合しクラウトほか（Kraut et al., 1998）は、"人と人をつなぐ"役割を果たすはずのインターネットが、むしろ人びとの結びつきを希薄化していたという、パラドックス的な状況が生じていることを示したのである。

　さらに近年のSNSを対象とした調査からも似たような結果が示されている。ステアーズほか（Steers, Wickham, & Acitelli, 2014）は、代表的なSNSであるフェイスブックの利用者を対象に調査を実施した。そして、SNSの利用時間が多くなるほど、他ユーザーとの社会的比較を行うようになるとともに、抑うつが高まってしまうことを示している。この研究をさらに発展させ、ストロングほか（Stronge, Osborne, West-Newman et al., 2015）は、"Facebook Feedback Hypothesis"という仮説を提唱している。これは、「積極的にFacebook上で投稿を行わない者ほど（行えない者ほど）、他ユーザーが発信するポジティブな投稿内容を受動的に目にし続けることで、自分をよりネガティブに捉え、社会的な拒絶を感じやすい」というものである。そして大規模調査の結果から、Facebook利用者のうち、外向性が低く積極的に自分から情報発信を行っていないと考えられる者ほど、社会の中での所属感を低く感じていることを明らかにし、仮説を支

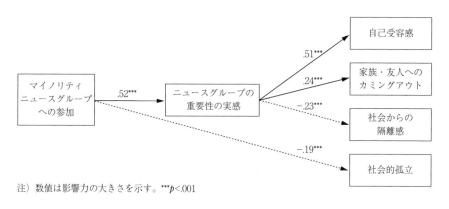

注）数値は影響力の大きさを示す。***p<.001

図12-4-2　マッケナとバージの研究の結果（McKenna & Bargh, 1998 より作成）

持する根拠としている。

　このようにみていくとインターネットとは、利用すればするほど社会からの孤立をもたらすものであるかのように思われる。しかし過去の研究からは、必ずしもそうではないことも多々示されてきた。この立場における代表的な研究として、マッケナとバージ（McKenna & Bargh, 1998）があげられる。この研究は、マイノリティとしての悩み（例えば、肥満、脳性麻痺、同性愛、薬物依存など）について話し合うインターネット上のニュースグループへの参加者を対象に調査を実施している。その結果はポジティブなものであり、匿名的なコミュニケーション状況下でも、利用者は相互にポジティブな返信を交わし合っていることが示されている。さらにそのようなやりとりは、その場に集う互いのことを大事に思う気持ちを高め、最終的には自分のマイノリティ・アイデンティティの受容や周囲へのカミングアウト行動を促すことも明らかにされている。そして、現実生活の中で抱いていた社会からの孤立感を低減させることを示している（図12-4-2）。

　それでは結局のところ、インターネットとは良いものなのか、それとも悪いものなのであろうか。この問いに応えうる研究として、先述のクラウトほかが行った追試調査があげられる（Kraut, Kiesler, Boneva, Cummings, Helgeson, & Crawford, 2002）。インターネット・パラドックス研究を再検討することを目的として行われたこの調査から、クラウトほか（Kraut et al., 2002）は、インターネット利用の影響は単純にネガティブなものばかりではないことを明らかにしている。具体的には、現実生活において、多くのサポートを得ている者や外向性の高い者には、

インターネット利用は家族・友人との関わりの促進や孤独感の低下などのポジティブな影響をもたらす。その一方で、サポートに乏しい者や内向性の高い者には、インターネット利用はネガティブな影響をもたらす、という結果を示したのである。

　この結果は、インターネットや電子メディアという技術それ自体が、人びとの心理や行動に対し、ポジティブまたはネガティブに影響するという考え方（技術決定論）では不十分であることを意味する。そうではなく、その技術をどのような人びとがどのように利用していくかによって、技術が生み出す影響や価値は異なるという考え方（社会決定論）が必要であることを示唆している。こうした可能性は国内の研究からも示されており、インターネット利用が現実生活における社会的交流に及ぼす影響は、利用者がインターネット上でどのような行動をとっていたかによって大きく異なることも示されている（藤・吉田, 2009；2010）。これまでの各節を振り返ってみても、匿名性さえあれば本当の自己の表出が導かれるわけでもなく、常に人びとが攻撃的になるわけでもない。またメディアを介して他者と親密化するプロセスにも、メディアの技術的特徴のみならず、それを利用する人びとの意識や心理が密接に関連している。

　その意味で私たちは、メディアの「中」の個人としてただ影響を受けるだけの存在では決してない。私たちはメディアの「外」からメディアを捉え直し、その行く末を方向づける存在にもなりうるといえよう。GAFA によって作り変えられてしまったこの社会の中で、ただ右往左往させられるのか、それとも再度世界を作り変えていけるのか。未来はまさに私たちの手にかかっている。

第13章
文化と個人

第1節　文化とは

　たとえばあなたが乗った船が海で突風に巻き込まれて座礁し、あなたは見知らぬ二九人の乗客とともに無人島にたどり着いたとしよう。そのとき、あなたならどうするだろうか。あなたやほかの乗客たちが世界のさまざまな場所から来ていたとしたら、共通の言語をもたず習慣も異なることになる。まず、簡単な共通語を編み出し、ともに行動し、協力し、統率を図る共通のルールを作らなければならない。若者と年長者、男性と女性との間で、役割分担が必要となるだろう。対立が生じるだろうが、なんとかして収めなければならない。カップルが結婚するかどうかを決めるときに責任を負うのは誰なのか。病気になる人、亡くなる人、生まれてくる子どもの世話は誰がするのか。

　この例のポイントは、文化から逃れられる集団はないということである。明文化しようがしまいが、共通のルールを作ることは、集団が生きのびるための前提条件である。たまたまひとまとまりになった三〇人の開拓者の集団は、新たな文化を作ることになる。その文化の特徴は偶然に大きく左右される。それは既存の価値観、とりわけメンバーのなかでも有力な人びとの価値観を継承することになる。しかし、いったん文化が定着し、子どもたちが生まれてくるようになれば、その集団における文化も再生産されるようになる。（ホフステードほか, 2013；p. 9)

　ここに書かれてある通り、複数の人間がまとまって生きていくかぎり、文化から逃れることは誰にもできない。文化とは何も国ごとの違いを指すのではない。同じ日本国内でも、社会的因習や対人関係ルールなどが北日本と南日本、東日本

と西日本では異なることがあるし、同じことが農村部と都市部、異なる世代間、異なる大学間、同じ大学内でも部活や学部によって異なることは大いにある。そう考えると、現代では自分と異なる文化をもつ人と接することなしに一生を終えることはほぼ不可能である。

　そのような現代社会に生きる私たちは、自分の文化や価値観のみから物を考えていたのでは、視野が狭くなり日常生活でさまざまな問題にぶつかるであろう。そして他の文化はもちろん自分の文化をも本当の意味で理解することはできない。本章ではこの「文化」について、さまざまな角度から紹介していこう。

1. 文化とは

　文化の定義は、人類学や心理学の研究者の数だけあるといわれているが、おおむね次のようになるであろう。「各集団が自らの生存のために作り上げてきたシステムで、態度、価値観、心情、規範、行動などに関連している。また次世代へと伝えられていき、比較的変化しにくいものであるが、時代とともに変化する可能性もある」（マツモト, 2001）。つまり文化とは、本章の最初にあげた例のように、集団の生存のために、集団に属する人びとで徐々に作り上げた、考え方や社会的因習（対人関係のルールや社会的な制度）の総体ということになる。

2. 心理学における文化研究の歴史

　文化については主に文化人類学の領域で研究が行われてきた。人間の考え方や行動が地域によって異なることは、18世紀にヨーロッパ諸国が植民地政策（軍事的・商業的目的）のために未開地域の調査研究を行ったことから明らかになった（鈴木, 2006）。その後、第二次世界大戦中にアメリカの戦争情報局は、敵対国の情報を集めるために人類学者を使って敵対国の人びとの考え方や行動を研究させた。戦後は、それらの研究をきっかけとして学術的な方面から人間の心理や行動が文化によって異なることが明らかにされてきた（鈴木, 2006）。アメリカの文化人類学者ベネディクトの『菊と刀』（2005）はその代表的なものである。

　他方、心理学では1970年ごろまでさほど文化に焦点が当てられてこなかった。心理学の目的は、人間の心理や行動の、一般的・普遍的なルール（あらゆる文化や人にとって真理であるということ）を科学的な手法を用いて理解することであったため、文化による違いにはさほど興味がもたれず、人類共通の普遍性を追求す

べく、主に欧米の国々において研究が行われ発展してきた。そのため現代の心理学の教科書（日本の教科書も含む）には、人間の心理や行動についての基本的な研究として、欧米で行われた研究が多く紹介されている。これらの研究は当然ながら、欧米の研究参加者を対象にして行われたものであるため、ここで明らかになっている「人間行動の一般ルール」は、調査対象である欧米の大学生においては正しいが、世界の万人に当てはまる、つまり「一般化」ができるのかという点は検討してみなければわからない（マツモト, 2001）。

　1960 ～ 80 年にかけて、アメリカで公民権運動が盛んになるにつれて、アフリカ系アメリカ人、移民、女性など、アメリカ国内での人種・文化的多様性に焦点が当てられるようになった。心理学においても、比較文化的アプローチの重要性が認識され始め、その結果、人間の心理も行動も、国や地域によって異なることが明らかになってきた。そのため、人間の心理や行動の一般法則は、もはや文化という枠組み抜きには考えづらくなっており、北米でも多くの社会心理学の教科書や専門書には文化の章が設けられている。

　ところで、心理学の中で文化を扱うアプローチには 2 種類ある。第一は、ある文化という大きな枠組みの中に多数の人が存在し、その文化の考え方や社会的因習の内容が人びとの心理や行動に影響を与える、とする考え方で比較文化心理学という。この考え方では、国や地域によって異なる文化が存在することを前提にして、それぞれの文化に属する人間行動の違いを実験や調査によって比較・検討する。

　第二は、文化心理学（cultural psychology）である。これは比較的新しい分野であり、人の中に文化が存在する、と考える。この領域では、人は日常生活の経験からどのような意味（記号）を自分の考えに取り入れるかを主体的に選択して生きていると考えており、人の心の中にある記号の総体を文化とよぶ。つまり文化は個人の心に属しており、国が違っても、同じ意味を共有している人びとは同じ文化に属し、同じ心理的特徴を有すると考えて、その基本原理の発見を目指している（ヴァルシナー, 2013）。例えば、国にかかわらず農業地域では非農業地域に比べて（本人が農業に従事しているかは関係なく）、地域コミュニティでの集団活動が多くなり、結果として「他者からの評価を気にする」などの相互依存性が醸成されることを指摘した研究などがある（Uchida, Takemura, Fukushima et al., 2019）。

第2節 文化の分類

1. トリアンディスの個人主義 - 集団主義の分類

　トリアンディス（Triandis, 1988；2002）は、文化人類学などの研究から紹介された世界のさまざまな文化の違いを、個人主義と集団主義の次元に収束できるとした。そして、個人主義と集団主義を以下のように定義した（トリアンディス，2002）。

　個人主義とは、人びとの結びつきが緩やかな社会的パターンである。個人主義文化の中では、人びとは自分は集団から独立しているとみなし、主に自分の好みや要求に動機づけられて行動し、他者の目標よりも自分自身の目標を優先させ、他者と関係をもつ際にはまずその利点・欠点を合理的に判断することが重要と考える。程度の違いはあるがフランス、アメリカ、イギリス、ドイツは個人主義的な国とされている。

　他方、集団主義は人びとの結びつきが親密である社会的パターンである。集団主義文化の中では、人びとは自分を1つ以上の集団の一員とみなし、主に集団の規範や集団から課された義務に動機づけられて行動する。また自分自身の目標よりも集団の目標を優先させ、集団においてメンバーの団結を重視する。程度の違いはあるがブラジル、インド、ロシア、日本は、集団主義的な国とされる。

　そして、哲学、社会学、人類学、心理学などさまざまな領域の研究をレビューし、ある人が所属する文化が個人主義か集団主義かによって、その人の個人的生活（家族からのサポート、幸福感、パーソナリティ）、自己と対人関係（自己評価、援助行動、社会的手抜き）、集団間関係（コミュニケーション、偏見や差別）が異なることを示した（トリアンディス，2002）。例えば、集団主義文化に住む人は集団で働いているときに自己効力感が高くなるが、個人主義文化に住む人は1人で働いている時に自己効力感が高くなる。また相談事があるときに、集団主義文化では親戚や上司など仲の良い第三者のところに行くが、個人主義文化では専門的なセラピストやカウンセラーに助言を求める、などである。

2. ホフステードの価値5次元分類

　ホフステード（Hofstede, 1995）は、多国籍企業 IBM の世界53か国の社員に対し、1967年と1973年に大規模な価値観調査を行った。そして回答者総数11

表 13-2-1　ホフステードの 5 次元についての順位・国・各次元スコア
（上下位 10 か国と東アジア）

	権力格差指標			個人主義指標			男性性指標			不確実性の回避指標			長期志向指標	
1	マレーシア	104	1	アメリカ	91	1	スロバキア	110	1	ギリシア	112	1	韓国	100
1	スロバキア	104	2	オーストラリア	90	2	日本	95	2	ポルトガル	104	2	台湾	93
3	グアテマラ	95	3	イギリス	89	3	ハンガリー	88	3	グアテマラ	101	3	日本	88
3	パナマ	95	4	カナダ	80	4	オーストリア	79	4	ウルグアイ	100	4	中国	87
5	フィリピン	94	4	ハンガリー	80	5	ベネズエラ	73	5	ベルギー	97	5	ウクライナ	86
6	ロシア	93	4	オランダ	80	6	スイス	72	6	マルタ	96	6	ドイツ	83
	… (中略)			… (中略)			… (中略)			… (中略)			… (中略)	
12	中国	80	35	日本	46	11	中国	66	11	日本	92	28	香港	61
27	香港	68	55	香港	25	25	香港	57	23	韓国	85			
41	韓国	60	58	中国	20	43	台湾	45	39	台湾	69			
43	台湾	58	65	韓国	18	59	韓国	39						
49	日本	54	66	台湾	17									
	… (中略)						… (中略)			… (中略)			… (中略)	
72	スイス	26	72	コロンビア	13	72	デンマーク	16	72	香港	29	87	ナイジェリア	13
73	ニュージーランド	22	73	ベネズエラ	12	73	オランダ	14	73	スウェーデン	29	87	トリニダード・トバゴ	13
74	デンマーク	18	74	パナマ	11	74	ラトビア	9	74	デンマーク	23	91	エジプト	7
75	イスラエル	13	75	エクアドル	8	75	ノルウェー	8	75	ジャマイカ	13	92	ガーナ	4
76	オーストリア	11	76	グアテマラ	6	76	スウェーデン	5	76	シンガポール	8	93	プエルトリコ	0

注）なお長期志向指標については世界価値観調査より作成されているので調査国数が異なっている。

（ホフステード・ホフステード・ミンコフ，2010 より作成）

万 7,000 人にも及ぶ膨大な調査データをもとに、以下のような文化の 5 次元を見出した。以下はその要約である。表 13-2-1 は、2002 年までに行われた 6 つの追調査の結果を合わせた研究（ホフステードほか，2013）の各国の得点である。

(1) 権力格差：権威の関係など、社会的不平等の大きさ。例えば、権力格差の大きい国では、社会階層の頂点にいる人がもつ権力は、底辺にいる人の権力とは大きく異なっており、成員となる人びとに（底辺の人びとにも）その不平等性が受け入れられている。逆に権力格差の小さい国では階層自体がそれほど厳格でなく、成員となる人びとは不平等性を受容する度合いが低い。会社などの組織では、部下は上司とは比較的対等であるとされる。

(2) 個人主義 - 集団主義：個人と個人の結びつきの強さ。個人主義社会では、個人は自分や家族などの近親者について気にかけ、個人の利害は集団の利害よりも優先される。他方、集団主義社会においては、人びとは凝集性の高い内集団に所属し、その内集団の利害が個人の利害よりも優先されることが多い。概念としてはトリアンディスの個人主義 - 集団主義の次元と類似している。

(3) 男性性 - 女性性：仕事に関連する達成を重視する程度。男性性の高い社会で

は、達成、勇敢な行動、自己主張性、物質的な成功が重視される。また男性
は仕事、女性は家庭という明確な性役割がある。女性性の高い社会では良い
人間関係や良好な住環境などが重視される。表13-2-1からもわかる通り、
日本は非常に男性性の高い文化である。ホフステードほか（1995）によると、
科学技術の発展により古くからある仕事（第1次産業や第2次産業、例えば農
業や漁業、製造業など）の多くは機械化が進み、機械化できない新しい仕事
（第3次産業、例えば新製品の企画・開発など創造的な仕事、娯楽・相談・支援・
学習など人間関係を本質とする仕事）に変わっていく。これらの仕事では、仕
事をする人の性別とは関わりなく、男性性とともに女性性の高さも必要にな
るので、国の経済が発展するほど女性性の高い社会へ移行していくとされる。

(4) 不確実性の回避：人生の不確実な出来事やあいまいな状況に対して感じる不
安のレベル。不確実性の回避が高い社会では、経験のないことが起こる可能
性や変化に不安を感じ、極力避けようとする。不確実性の回避が高い社会で
は、規則を変えたり、転職をする人は少なく、不確実性の回避が低い社会で
は、一度決めたことを変えることをいとわない。不確実性の回避が高い社会
では教師が正解をすべて知っていることが期待され、学生は教師の学問的な
見解に異論を唱えない傾向がある。逆に不確実性の回避が低い社会では、
「私にはわからない」という教師を受け入れ、学問的な見解の相違は、研究
の刺激につながると考えられている。表13-2-1より、日本は11位で不確実
性の回避性は高いほうである。リストの後半には、イギリス（68位）、アメ
リカ（64位）、カナダ（62位）、ニュージーランド（60位）、オーストラリア
（57位）など、イギリス連邦諸国およびイギリスからの移民で成り立ってい
る国々が多い。これらの国々では将来の進路が決まっていないことや、引っ
越し・転職・新しいビジネスパートナーと仕事をすること・離婚などの変化
をいとわない傾向がある。

(5) 長期志向−短期志向：一般的な価値観として、長期志向の社会では、結果が
出るのに時間がかかっても努力し続けるべきだと考えられ、短期志向の社会
では、早く結果を出すことが期待される。またビジネス面では、長期志向の
社会では仕事に関して重要なのは、学習、誠実、順応性、説明責任と自律で
あるが、短期志向の社会では、自由、権利、業績と独立心である。表13-2-1
より、日本を含む東アジアの国々は長期志向の得点が高いことがわかる。

　もちろん、これらの次元上の得点は国別で異なるだけでなく、1つの国の内部でも地方や職種などによって大きく異なるであろう。つまり、ここで紹介された特徴は、ある社会の中で「人びとが示しやすい反応」なのであって、ある国のすべての人が同じ反応をするわけではない。よって、この結果のみをもってこの国の人は○○だ、と一言的に判断することはできないので、気をつけなければならない（本章6.も参照）。

3. 文化的自己観

　マーカスと北山（Markus & Kitayama, 1991）は「文化的自己観」という概念を提唱した。マーカスと北山（Markus & Kitayama, 1991）は、さまざまな領域でみられる文化差は「人びとが所属するさまざまな文化によって自己観が異なる」ことから生じると説明している。なお、「自己観」という言葉は「自分とはどのような存在であるか」という狭い意味で用いられているわけではなく、より「人間とはこういうものだ」という人間についての一般の人びとの理解を指しているため、「人間観」という言葉を用いたほうがしっくりとくるかもしれない（増田・山岸, 2010）。本書ではマーカスと北山（Markus & Kitayama, 1991）にならって「自己観」という用語を用いるが、適宜「人間観」と読み替えたほうが理解しやすいだろう。

　マーカスと北山（Markus & Kitayama, 1991）は、北米などの欧米文化においては「相互独立的」な自己観が優勢であり、そこでは人びとは自分自身や他者のことを「能力や性格など、自身がもつ特徴によって把握する」と説明している。他方、日本を含む東洋文化においては、「相互協調的」な自己観が優勢であり、そこでは人びとは自分自身や他者のことを「他者と自分との関係性の良さや、集団の中で自分がもつ役割の重要性などで把握する」と説明している。

　図13-2-1aは相互独立的自己観を模式的に図に示したものであるが、この図にあるように、相互独立的自己観が優勢な文化では、自己（および人間一般のイメージ）は、他者や周りの物事とは区別され、切り離されたものである。そして、そのような文化や社会で適応していくためには「自分自身の中に望ましい特徴を見出し、それらを外に表現し、現実のものとしていくこと」が重要である。つまり、このような文化においては、人は「自分がいかに有能であるか、望ましい特徴をもつか」を積極的にアピールするほうが、他者に好かれ、その社会でうまく

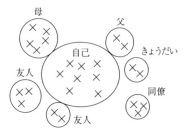

(a) 相互独立的自己観

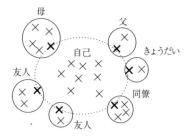

(b) 相互協調的自己観

注）図中の○は、人の心理的な自己・他者の境界を表わし、× は能力や性格などさまざまな特徴を表わす。自己と他者が重なる箇所にある × は、他者との関係性の中にある特徴であり（例：友人の前ではひょうきんであるが父親の前ではまじめで無口である）、自己の中にある × は、他者とは関係がなく、常時知覚される自分の特徴のことである。

図 13-2-1　2 種類の文化的自己観
(Markus & Kitayama, 1991 より作成)

適応して生きていけることになる。

　それに対して図 13-2-1b に示したような相互協調的自己観が優勢な文化においては、自己（および人間一般のイメージ）の境界線は他者との境界線と重なり合った、関係志向的なものである。そのような社会で適応していくためには「意味ある社会的関係を見出し、自分自身をその中の重要な一部分として認識し、また周りの人にそう認識されること」が重要である。つまり、このような文化においては、人は「周囲の人たちと良い人間関係を築いていくこと」が非常に重要であり、自分や他者についてアピールする場合は「その人がどれだけ良い人間関係に恵まれていて、周囲の人といかにうまくやっているか」をアピールすることが、その社会でうまく適応していくことにつながる。こういったアピールは就職活動場面などでもよく使われるであろう。

　このように、自己観（人間観）はそれぞれの人が育つ文化によって異なると考えられている。

4．測定法

　ここまで紹介した個人主義 - 集団主義や文化的自己観には文化レベルでの軸（例：アメリカは個人主義文化の国であるが、日本は集団主義文化の国である）と、個人レベルでの軸（例：アメリカにも日本にも、個人主義的な度合いが高い人と低い人が、集団主義的な度合いが高い人と低い人がいる）があり、ここまでは主に前者の

表 13-2-2　集団主義尺度（改訂版）の項目例

1*	自分の友人集団のために自分の利益を犠牲にすることはない
7	自分の友人集団の決定を尊重する
10	友人集団の仲間と意見の不一致を生じないようにする
11*	自分の友人集団でも、間違っていると思ったら、それをとがめる
14*	友人集団の仲間に支持されなくても、自分の意見を変えない

注）*印は逆転項目。全14項目、「5．非常によくあてはまる」～「1．全くあてはまらない」の5件
法で、理論的中央値は42。平均値はアメリカの大学生43.10、韓国の大学生46.18、日本の大学生
43.62。

（Yamaguchi, Kuhlman, Sugimori, 1995 より作成）

文化レベルでの軸についての理論を紹介してきた。

　しかし集団主義 - 個人主義の個人差側面に注目する研究者も多く、ここでは主
立った個人差測定尺度を紹介する。

　集団主義尺度は山口ほか（Yamaguchi, 1994；Yamaguchi, Kuhlman, & Sugimori,
1995）によって開発された。目的は「個人的自己と集団的自己が対立したときに
どちらが優先される傾向にあるか」と定義した「個人レベルの集団主義」の高さ
を測定することであった。代表的な項目を表13-2-2に記載する。研究の結果、
韓国人大学生は日本人大学生やアメリカ人大学生よりも集団主義が高く、アメリ
カ人大学生の中でもアジア系はヨーロッパ系よりも集団主義が高いことが示され
ている。なお集団主義 - 個人主義尺度は他にも多くの研究者が作成しているので、
興味がある人は調べてみるとよい。

　マーカスと北山（Markus & Kitayama, 1991）の概念にもとづいた相互独立的自
己観・相互協調的自己観尺度には、高田ほか（1996）の相互独立的 - 相互協調的
自己観尺度（改訂版）と木内（1995）の相互独立・相互協調的自己観尺度がある
（表13-2-3、4）。先に述べた通り、マーカスと北山（Markus & Kitayama, 1991）
の概念は、その文化を構成する人びとの「人間観」全体を考えたもので、個々の
人びとの相互独立性・相互協調性の個人差を考えたものではないが、高田ほか
（1996）も木内（1995）も1人の個人の中に相互独立的自己観と相互協調的自己観
という2つの側面が存在し、どちらが相対的に強いかによって個人の行動が決
定されるというモデルを立てて、それら2側面を測定する尺度を作成している。
ただし高田ほか（1996）の尺度は相互独立性・相互協調性を2つの独立した個人
内の側面（次元）だとして両側面を測定するものであるのに対し、木内（1995）
の尺度は相互独立性と相互協調性を1次元として、どちらが相対的に優先される

表 13-2-3　相互独立的－相互協調的自己観尺度（改訂版）の項目例

相互独立性因子
5* 自分でいいと思うのならば、他の人が自分の考えを何と思おうと気にしない
7* 自分の周りの人が異なった考えを持っていても、自分の信じるところを守り通す
17* 自分の意見をいつもはっきり言う

相互協調性因子
2* 人が自分をどう思っているかを気にする
14* 自分がどう感じるかは、自分が一緒にいる人や、自分のいる状況によって決まる
18* 人と意見が対立したとき、相手の意見を受け入れることが多い

注）「7. ぴったりあてはまる」〜「1. 全くあてはまらない」の7件法。

(高田・大本・清家, 1996 より作成)

表 13-2-4　の相互独立・相互協調的自己観尺度の項目例

下記にＡとＢの二つの文があります。どちらが、あなたの現実の姿に近いですか？　ＡとＢは必ずしも、正反対のことがらを表しているとは限りませんから、両方当てはまることも、両方当てはまらないこともあるかもしれませんが、あなたに、よりぴったりとすると思うものを選んで、該当する文字に○をつけてください。

1	A	まわりの人の意見に合わせる
	B	自分の意見を主張する
2*	A	個性を発揮する
	B	協調性を尊重する
3	A	まわりの人の期待にそうように、自分の考え方を合わせることが多い
	B	自分の考え方は、まわりの人に批判されても、簡単には変わらないことが多い

注）*は逆転項目。全16項目ある。選択肢は「A. Aにぴったりとあてはまる」「a. どちらかといえばA」「b. どちらかといえばB」「B. Bにぴったりとあてはまる」の4件法。A=4点、a=3点、b=2点、B=1点と採点し（逆転項目は逆）、単純加算する。得点が高いほど相互協調性が高いことを意味する。1項目あたりの大学生の平均値は男性：2.41, 女性：2.57、社会人の平均値は男性：2.37, 女性：2.64。

(木内, 1995 より作成)

かを測定しており、得点は高いほど「相互協調的自己観」の強さを意味する。

5.　個人主義・集団主義という分類への批判

　トリアンディスもホフステードも、個人主義－集団主義の軸を重要な文化分類軸の1つとしている。しかしよく言われる「アメリカ人や西欧の人は個人主義的」「日本人は集団主義的」だという認識については批判もある。

　山岸（2002）は、上記の認識は幻想であると主張している。山岸（2002）は、自身やその他複数の研究者が行ったさまざまな日米比較研究の結果、日本人が集団行動をとる理由は、日本には「集団の利益になる行動を取るべきだという社会規範」があり、「それに従っているかという相互の監視と、従わなかった場合の制裁

のシステムがしっかりと確立されている」からなのであって、「日本人が心から集団に属することを好み、集団全体の利益を重視している」からではないと主張している。つまり、日本人が集団主義的であるようにみえるのは「社会規範に従わないとひどい目にあう」という「環境」の影響が大きいわけで、さまざまな圧力のせいで集団主義的な行動をとっているにすぎないという。

高野（2008）も、戦後に出版された多数の日本文化論を詳細に検討し、さらに心理学、言語学、教育学、経済学などの分野での実証的な研究、またホフステードの測定項目も検討した上で「日本人＝集団主義」説が実証的には支持されていないと指摘している。山岸も高野も、日本人は「純粋に集団のことを最優先にした心」をもっておらず、「日本人は集団主義だ」という理解は幻想であるとしている。

6. ステレオタイプ視することの危険性とそのメカニズム

文化研究とステレオタイプ

このように、文化はさまざまな研究者によってさまざまな次元に分けられ理論化されてきた。このように世界をいくつかの軸で分類することは、世界各国の文化についての理解を促進させることにつながった一方、高野（2008）が指摘する通り、国々を過度にステレオタイプ的にみることにつながっているという主張もある。つまり、複数の文化をある軸で分類して「Xという国はA文化に属するので人びとはみんなAという考え方をするのだ」というように考えてしまった場合、それは「ステレオタイプ」（固定観念）を構築してしまっていることになる。

ステレオタイプは集団内の個々人の特徴を無視して、1人ひとりに過度に均一化した固定観念を当てはめてしまうことが問題である。ステレオタイプにはなんらかの真実もあるであろうが、その集団のメンバー全体が同じ価値観を共有していることはありえないため、1人ひとりについて考えるとほとんどの場合、間違っていると考えたほうが良い（マツモト, 2001）。

ステレオタイプを維持してしまうメカニズム

山岸（2002）や高野（2008）では、「日本人＝集団主義」説が戦後から現在に至るまで強固に保持されている理由には、下記のような思考バイアスが働いているとしている。例えば、他者の行動を観察したときに、実際には環境の影響（例：社会規範を守らなかった場合の制裁の大きさ）が強いにもかかわらず、その行動をとった人の心が純粋に現れたものだ、と過度に解釈してしまうことはよく起

こる。このような思考の誤りを、「基本的帰属の誤り」とよぶ（第3章参照）。さらに、一度「日本人は集団主義的である」や「血液型がA型の人はまじめである」という仮説を頭の中にもつと、人は「仮説と合致するような例を積極的に探し、多数ある合致しない例は無視してしまうため、結果としてその仮説が支持されたと誤った認識をもってしまう」傾向がある。この誤った認識を「確証バイアス」とよぶ（第3章参照）。

ステレオタイプ的に他者をみることの危険性

人間は他者を「自分と似た人」「自分と似ていない人」もしくは「ウチ」と「ソト」に分ける傾向がある。これらを「内集団」と「外集団」というが、人は内集団はポジティブにみて（内集団ひいき）、外集団は警戒したりネガティブにみる傾向がある。さらにいったん外集団を「〇〇人＝△△」という文化ステレオタイプでみてしまうと、私たちは文化の違いを誇張して感じ、異なる文化をもった相手を自分たちとは「本質的に異なる」相手として認識し、憎しみを容易に感じてしまう（高野，2008）。そのため、文化ステレオタイプによって文化の違いを短絡的また過度に強調することは、大きな危険を内包しているといえる。

しかし、比較文化心理学や社会心理学で自民族中心主義やステレオタイプなどの概念を学ぶことにより、自文化を相対的に考えられるようになる。このように心理学を文化の視点から学ぶことで、自分とは異なる文化出身の人びとに対してネガティブな感情を抱きづらくすることもできる。以下に紹介する比較文化研究を読む際にも、この点について十分に理解したうえで読み進めてほしい。

第3節　自己認知の文化差

比較文化心理学の研究では、ここで紹介する自己認知をはじめ、パーソナリティ、対人関係、動機づけ、知覚、思考、言語、感情、など、さまざまな側面において文化による違いを示してきた。ここでは主に自己認知が文化によって異なるという研究を紹介しよう。

1. 自己に関する動機

人には「自分はこうありたい」という動機が多くある。その中でも、社会心理学では特に、(1) 自分に関する能力について「現実を正確に知りたい」と思う自

己査定動機、(2) 自分について自分がもっている知識（例えば、自分の長所は人を思いやれる点だ、など）を「他者からも確認したい」と思う自己確証動機、(3)「自分について良い情報を得たい」と思う自己高揚動機、(4)「自分の能力を向上させたい」と思う自己向上動機の 4 種類がよく知られている（Baumeister, 1998；Sedikides & Strube, 1997）。さらに近年では、(5)「人と良い人間関係を築き、他者から認められたい」という所属欲求を含めた 5 種類が主要な動機とされている。もちろん最初の 4 つのように個人的に望ましい心理的状態を得ることも重要であるが、同時に、良い人間関係に所属し他者からの承認を得ることは、他者からの援助を引き出すことにもつながり、結果的に適応的であるとされる（Leary, Raimi, Jongman-Sereno, & Diebels, 2015）。

2. 自己高揚（self-enhancement）

　上記 5 種類の動機の中で、文化による比較が最もよく行われているのは、自己高揚動機である。自己高揚動機は、自己を好ましいものとして捉えたいという動機である。自己高揚動機が作用すると、人は自分自身を高く評価したり、自尊心を高めるような情報には積極的に接触し、その情報を受け入れるが、低めるような情報は受け入れないことが、さまざまな研究で明らかになっている。本節では、自己高揚研究をさまざまな側面から紹介し、自己高揚の文化差について考えてみる。

自己高揚における文化差

　自己を肯定的（ポジティブという）に評価する方法には多くの種類がある。そのいくつかを下記で紹介していこう。表 13-3-1 に定義をまとめてある。

　(1) 平均以上効果

　平均以上効果とは「あなたの〇〇の能力は、同性・同年齢の平均的な他者と比べてどの程度だと思いますか」という質問を受けた場合、多くの人が自分を例えば「上から 30% ぐらい」というように上位（平均以上）に答えるという現象である。論理的には平均以上の人は 50% しか存在しえないのに、このような現象が存在することは自己高揚欲求の表れであると考えられる。

　平均以上効果を示した研究に、高校生 100 万人を対象にした調査結果がある。この調査では、70% の高校生が自分のリーダーシップ能力を平均以上だと答え、また友人とうまくやっていく能力に関しては、全員が平均以上の評価でかつ 25% が自分は上位 1% に入ると答えている（Dunning, Meyerowitz, & Holzberg,

表 13-3-1　自己高揚の種類と定義

(1) 平均以上効果　自分の能力を同性・同年齢の平均的な他者と比べて上位（平均以上）だと考える現象	

(2) ポジティブ幻想（Taylor & Brown, 1988；Weinstein, 1980）	
①非現実的に ポジティブな自己観	さまざまな性格特性について、自分にはポジティブな特性は当てはまるが、ネガティブな特性は当てはまらないと認識する傾向。また自分は良い／優れた人間だという情報が優先的に記憶されること。
②コントロール幻想	周囲の環境や出来事に対し、自分が現実で考えられる以上のコントロールをもつと認識すること。
③非現実的楽観視	自分の将来をバラ色に描き、良いことはたくさん起こり悪いことは起こりにくいと思うこと。

1989 より引用）。他の調査では、ビジネスマネージャーの 90% が自分の業績を他のマネージャーより優れていると答え（Myers, 1993）、大学教授の 94% が自分の業績は平均以上だと答える（Cross, 1977）など、平均以上効果は年代層を問わず存在することが明らかになっている。

　この効果は北米では頑健に示されるが、日本を含めた東洋では、回答者にとって重要性の高い側面において表出されるといわれている（Brown & Kobayashi, 2002；伊藤, 1999；Sedikides, Gaertner, & Toguchi, 2003）。例えば伊藤（1999）は、優しさ、信頼感、まじめさ、明るさ、誠実さなどの特性では、半分以上の日本人大学生が自己を平均以上のレベルだと認識していることを明らかにしている（逆に、平均以下だと評定された特性は、スタイルや容貌の側面であった）。

　(2) ポジティブ幻想

　表 13-3-1 に示す通り、ポジティブ幻想には 3 種類があるが、そのうち①非現実的にポジティブな自己観についてブラウン（Brown, 1993）は「運動神経が良い、魅力的な、有能な、親切な」などのポジティブな特性と「無能な、不誠実な、魅力のない」などのネガティブな特性を多数用意し、大学生を対象に、自分自身にそれらの特性がどの程度当てはまるかを回答させた。すると多くの回答者は、自分にはポジティブな特性が当てはまり、ネガティブな特性は当てはまらない、と回答していた。また、この傾向は自尊心が高い者に顕著であった。

　比較文化の観点からは、ブラウンと小林（Brown & Kobayashi, 2002）が、日本と北米の大学生を対象に同様の研究を行い、北米人は重要性の高低にかかわらず自己を他者よりも高く評価するが、日本人は重要性の高い特性のみについて、自己を他者よりも高く評価することを明らかにした。また日本人は自分自身の高揚よりも、「親密な他者や配偶者と自分との関係性は、他の人たちの親密な関係

表 13-3-2　カナダ人と日本人の非現実的楽観視と、
2017 ～ 18 年の日本人大学生の非現実的楽観視

出来事	Heine & Lehman（1995）の結果			2017-18 年 日本人大学生（N=351）
	カナダ	日本	文化差	
●相対測度：「○○大学の他の同性の学生と比べて、以下の出来事があなたに起こる確率はどれぐらいだと思いますか」（−3 〜 3）				
ポジティブな出来事	0.77**	0.01	カ＞日 **	0.18**
ネガティブな出来事	1.32**	0.84**	カ＞日 **	1.23**
■絶対測度：各々の出来事が①「自分自身」や②「同じ大学の同性の学生」（他者）に起こる可能性（0 〜 100%）				
a. ポジティブな出来事				
a1. 自分に起こる%	67.60	47.07	カ＞日 **	58.90
a2. 他者に起こる%	52.81	43.46	カ＞日 **	61.74
a3. %の差（自分－他者）	14.79**	3.61	カ＞日 **	-2.84*
b. ネガティブな出来事				
b1. 自分に起こる%	18.06	20.68	n.s.	16.59
b2. 他者に起こる%	25.29	20.39	カ＞日 *	24.77
b3. %の差（自分－他者）	-7.23*	0.29	カ＞日 *	-8.19**

注）グレーのセルの「*」は、その数値自体が楽観視であるかどうか（0 との比較）を統計的に検討した結果。「文化差」欄の「カ＞日」や「*」は、カナダと日本の文化差が有意であることを示す（すべて *p<.01，**p<.001）。
　●相対測度は「−3：平均よりかなり低い」「−2：平均より低い」「−1：平均より少し低い」「0：○○大学の同性の他の学生と比べて平均的」「1：平均より少し高い」「2：平均より高い」「3：平均よりかなり高い」の7件法で回答を求めたもの。ネガティブな出来事の値はプラスに変更してあるので、出来事のポジティブ・ネガティブにかかわらず値が大きいほど非現実的楽観視が高いことを示す。
　■絶対測度は a3 が正に大きく、b3 が負に大きいほど非現実的楽観視が高いことを示す。

（Heine & Lehman, 1995 を改変）

性よりも、より良い望ましいものである」とする関係性高揚を行う傾向があることも示されている（遠藤, 1997；Endo, Heine, & Lehman, 2000）。

　非現実的楽観視の存在を、北米人を対象に最初に示したのはワインスタイン（Weinstein, 1980）であったが、テイラーとブラウン（Taylor & Brown, 1988）はこの傾向が高い人ほど精神的健康が高いことを示して注目を集めた。さらにハイネとリーマン（Heine & Lehman, 1995）は、この傾向に文化差があることを示した。彼らは非現実的楽観視のポジティブ・ネガティブな出来事リスト（例：ポジティブな出来事は「大学卒業後、満足する仕事につける」「いつかマイホームをもつ」、ネガティブな出来事は「いつかアルコール中毒になる」「将来、自殺を試みる」など）を用い、日本人とカナダ人の非現実的楽観視を比較している。その際、相対測度と絶対測度の2種類があった。それぞれの測定法と数値の意味は表 13-3-2 の通

りである。

　表中、グレーのセルに有意差を示す記号（*）がついていると、自分の将来を非現実的に楽観視したことを示すが、カナダ人は、相対測度（●）でも絶対測度（■）でも、a. ポジティブな出来事は他者よりも自分に起こりやすいと認識する非現実的楽観視を示していることがわかる。他方、日本人は、相対測度でのb. ネガティブな出来事のみ自分には起こりにくいと判断しているが、それ以外の指標では非現実的楽観視を示していない。カナダ人と日本人の比較では、ネガティブな出来事が「自分に起こる％」以外、有意差がある。ただし最右列の2017〜18年の日本人大学生（筆者の授業受講者）のデータを見てほしい。ハイネとリーマン（Heine & Lehman, 1995）の研究から20年が経った現在の日本人大学生は、かなり自己をポジティブ視している。ただし、絶対測度のポジティブな出来事の％の差が−2.84とマイナスなのは、逆に「良い出来事は他者のほうに起こりやすい」と思っていることを示すため、自分よりも同じ大学の他の学生の将来のほうを楽観視しているようである。

　（3）レビュー研究の結果

　多数の研究をまとめて検討したレビュー研究の結果では、西洋人に比べてアジア人、特に日韓中などの東アジア人は自己高揚の動機づけが低いことが示されている。例えば自己高揚について検討した89の研究レビューでは、自己高揚の大きさ（効果量）は西洋人で $d=.86$、西洋に住むアジア人は $d=.33$、アジアに住む東アジア人は $d=−.02$ であり、日本を含む東アジアでは自己高揚がほとんどみられない（Heine & Hamamura, 2007）。そして自己高揚の代わりに、日本人には失敗した後には努力する、といった自己向上の動機づけが高いことも示されている（Hamamura & Heine, 2008；Heine, Kitayama, Lehman et al., 2001）。

　（4）自己高揚に影響を与える要因：評価懸念

　このような文化差がなぜ存在するのかについて、1つの回答となりうるのが評価懸念である。日本では自分が大きな成功を収めても、自己についてあからさまに自慢や自己高揚を行うことは、かえってそれを聞いた他者からの反感を買う恐れがあり、あまり行われない。つまり「自分は成功者だ」という自己呈示を行うことのリスクが北米に比べて大きいのかもしれない。このように「こう振る舞ったらみんなからどう思われるだろうか」と意識することを評価懸念という。村本と山口（2003）はこの点に注目し、人は自分自身の成功や、自分の家族の成功について他者に語る

とき、「謙遜して控えめに話す」か「謙遜せずありのままに喜びを表す」かを4件法で尋ねた。

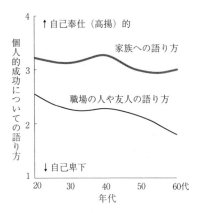

図 13-3-1　個人的成功についての語り方
（村本・山口, 2003 をもとに改変）

その結果、人は自分の成功について「家族」に話すときには、「職場の人や友人」に話すときよりも、謙遜せず自己高揚的に話すことがわかった（図 13-3-1）。また、この傾向は性別や年代を超えて一貫していた。また自分のことを卑下的に話す傾向は、年代が上がるにつれて強くなっていた。つまり、20歳代から60歳代と年代が上がるにつれて、自己を謙遜し、卑下的に話すことになる。若年になるにつれて、「謙遜の規範」が緩んできているようである。

他に評価懸念を下げる方法として、パソコンの反応時間を用いて自己評価を測定する潜在連合テスト（Implicit Association Test（IAT）；Greenwald, McGhee, & Schwarz, 1998）がある。この方法では何を測定されているのかが回答者にわかりづらいため、評価懸念が下がり、アメリカ、日本、中国の自己評価の文化差が消失したという研究もある（Yamaguchi, Greenwald, Banaji et al., 2007；Kobayashi & Greenwald, 2003）。

3.　自尊心

内閣府（2014）の「子ども・若者白書」では、日本の若者が自分自身をどう捉えているかについて、日本を含めた7か国の比較を行っている。図 13-3-2 はその結果の一部を示したものである。図から、日本の若者は他国の若者に比べて、現在の自分の満足度が低いことがわかる。

日本とアメリカにおける経年変化

日本での自尊心得点の時代による変遷を検討した小塩ほか（2014）は、1980年から2013年までに日本国内の心理学雑誌に掲載された研究の中で、ローゼンバーグの自尊心尺度が使用された研究を集めてメタ分析をした。その結果、図 13-3-3 に示す通り、自尊心の平均値は、中高生、大学生、成人と年齢が上昇するにつれて高くなること、またどの年代であっても、調査年が最近になるにつれて、その

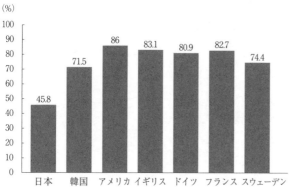

(%)

注）「私は、自分自身に満足している」に「そう思う」「どちらかと
いえばそう思う」と回答した者の割合。

図13-3-2 「自分自身に満足している」の7か国比較
（内閣府, 2014）

平均値が下がっていた。次に示す北米の研究と比較すると、年齢によって上昇している点は共通しているが、時代とともに下降している点は大きく異なっている。

アメリカでの自尊心得点の時代による変遷を検討した研究としては、1968年から1994年と1988年から2008年に発表された研究データをまとめたメタ分析研究がある（それぞれ、Twenge & Campbell, 2001；Gentile, Twenge, & Campbell, 2010）。その結果、中学生、高校生、大学生のいずれにおいても、自尊心得点が年々上昇している（図13-3-4）。特に2008年には、大学生で自尊心尺度において40点（満点）の回答をした者は18%にものぼり、35点以上の回答をした者は全体の51%もいたことから、アメリカ国内では自尊心得点に天井効果が存在する可能性も指摘されている。

さらにアメリカ国内で自尊心の人種比較を行った研究では、アフリカ系アメリカ人が最も高く、次いでヨーロッパ系、ヒスパニック系、アジア系という順番であったことから、アジアの国の人たちにとって、自尊心の回答は低くなる傾向があるのかもしれない（Twenge, 2004）。

自尊心が高いことは良いことか

自尊心が高い人と低い人では、どちらが社会に適応しやすいのであろうか。多数の先行研究により、一般的には、自尊心や自己評価が高い人は社会に適応しやすいことが明らかになっている。例えば自尊心が高い人は低い人よりも、他者との関係が良好であり、周囲の他者から受けるソーシャルサポートが多く、ストレスレベルが低い、などである。またテイラーとブラウン（Taylor & Brown, 1988；1994）は、自分自身についてポジティブな評価をすることが、幸福感などの精神的健康の指標と関連していることを明らかにした。

これらの研究からは、自尊心は高いほうが良いという結論になりそうである。

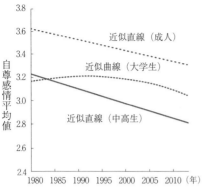

注）自尊心は日本では5件法で測定されること
　　が多いため、小塩ほか（2014）では5件法
　　以外で測定された研究を5件法に換算した
　　数値が用いられている。

**図 13-3-3　1980〜2010 年の年齢段階
ごとの自尊感情の平均値および近似線**
（小塩ほか, 2014 を改変）

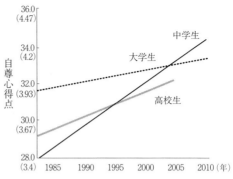

注）自尊心は北米では4件法で測定されることが多く、
　　この図もそのデータに基づいている。図13-3-3との
　　比較のため、小塩ほか（2014）の換算式に当てはめ
　　た数値を、y軸の数値の下のカッコ内に記載した。
　　いかにアメリカの数値が高いかがわかる。

**図 13-3-4　アメリカにおける
1985〜2010 年の年齢段階ごとの
自尊感情の平均値および近似線**
（Gentile, Twenge, & Campbell, 2010 を改変）

　実際に 1980 年代にカリフォルニア州では青少年問題を考える委員会が設立され、青少年の自尊心を高めれば、喫煙や飲酒を含む薬物使用や犯罪、十代の妊娠、成績不振などの問題が減少するという主張のもとに、学校でのプログラムなどを通じて子どもの自尊心を高めるさまざまな社会政策が実施された。そういった活動の結果を反映してか、先述の通りアメリカの青少年の自尊心は 1988 年から 2008 年にかけて大幅に上昇している。しかしバウマイスターほか（Baumeister, Campbell, Krueger, & Vohs, 2003）によると、この 1980 年代からの 20 年で青少年が関係する社会問題は減少しておらず、学力の全国平均も変わらず（むしろ他の先進国に抜かれている状態である）、青少年の薬物使用率も変わらず、逆に精神的な問題発生率は上昇したという。バウマイスターらは、子どもを養育するにあたっては、手放しで褒めて自尊心を上げても自己愛が高まるだけで、問題行動の減少にはつながらないため、社会的に望ましい行動をしたときや、自分を向上させるために頑張ったときに褒めることを推奨している。

　日本人の自尊心が低下していることへの検討や、自尊心は高いほうが良いかという論争（e.g., 小林, 2019）については、今後さまざまな研究にて明らかにされるだろう。

第14章
集合現象

　私たちは普段、家族や友人・知人などと一緒にいる場合もあるが、街中に1人で出かけるなど、知り合いではない人たちの集合の中で行動することも多い。このようなときに火災や大地震などの災害が発生した場合、どのように行動するであろうか。見ず知らずの人の「大地震が明日来る」という噂話を聞いたときには、誰かにそれを話そうとするであろうか。また、新商品が発売された場合や多くの人が持っている流行の商品がある場合、それらを入手しようとするであろうか。本章では、多数の見知らぬ人とのあいだに生じる集合現象についてみていく。

第1節　災害時の避難行動

1. 避難行動のモデル

　避難行動までの意思決定に関するモデルとしては、ペリーほか（Perry, Lindell, & Greene, 1980）のモデルがある。緊急事態を知らせる情報を受け取った後、①実際に緊急事態が発生していると確信した後、②自分や家族の命や財産がどの程度危険にさらされているかを判断し、自分や家族や財産が危険であると判断されると、③避難行動をとることにどの程度危険がともなうかを判断し、避難しないほうが危険と判断したときに避難行動が始まるとするモデルである。

　私たちのもつ特性として、「正常性バイアス（normalcy bias）」の存在が指摘されている。正常性バイアスとは、「何らかの危険が自分の身に迫っているにもかかわらず、その危険性を正しく認識せず、通常と同じように行動してしまう傾向であり、自分の身に多少の異常事態が起こったとしても、"これくらいたいしたことはない"、"自分は大丈夫"などと、その事態を正常の範囲内ととらえて心を平静に保とうとしたり、自分にとって都合の悪い情報を無視したりする働きによ

るもの」（上市・楠見, 2013）とされている。したがって、災害が発生していても、今起きていることが緊急事態（異常な事態）であるという確信をもちにくいうえ、災害発生前に「避難を必要とする緊急事態がこれから起こりそうだ」という認識をもつことはさらに難しいことなのである。人間にはこのような認知バイアスがあるために危険性を認識しにくいことを知ったうえで行動する必要がある。

2.　状況の解釈に及ぼす他者からの影響

　他者の存在が「異変発生の報告」に及ぼす影響に関してラタネとダーリー（Latané & Darley, 1968）は、緊急性があいまいな状況を設定して実験した。

　ラタネとダーリーは、大学の教室の通気口から煙のような白い気体が入ってきたときに、座ってアンケートに回答している実験参加者が「1 人でいる場合」「2 人の見知らぬ消極的な人（実は実験補助者で、消極的な演技をした）と 3 人でいる場合」「2 人の見知らぬ人と 3 人でいる場合」の 3 条件を設定し、教室を出て実験者に異変を報告する人の数と報告までの経過時間を測定し、条件間で比較した。

　結果は表 14-1-1 のように、1 人でいた人は、24 人中 18 人（75％）が異変を報告したが、2 人の見知らぬ消極的な人と一緒にいた人は、10 人中 1 人（10％）のみが報告をした。また、2 人の見知らぬ人と一緒の場合（報告可能者が 3 人いるため、報告する期待値は 98％）にも 8 グループのうち、1 人でも報告した人がいたのは 3 グループ（38％）のみであった。なお、1 人条件の場合、煙の侵入から 2 分後には 50％以上の人が報告し、4 分後には 75％の人が報告したが、2 人の見知らぬ人と一緒の条件では 2 分後に 12％のみ、消極的な人と一緒の条件では 2 分後に 10％のみが報告し、4 分後もその割合に変化はなかった。

　ラタネとダーリー（Latané & Darley, 1968）の研究からは、消極的な他者が一緒にいると異変の報告が著しく抑制されることと、単に見知らぬ他者が一緒にいるだけでも報告が抑制されることが明らかになった。また、他者からの影響は明らかであったが、異変を報告しなかった人は、他者の存在による抑制的影響を自覚していないことが示唆された。さらに、行動しない他者を見て、状況を緊急事態とは解釈していなかった。

　例えば、火災により非常ベルが鳴ったとき、周囲の他者が行動しないのを見て「火事ではない」と解釈すれば逃げ遅れる可能性が高くなる。また、実験で異変を報告した人の多くは煙の侵入後すぐに行動している。この結果からは、行動せ

表 14-1-1　煙の侵入に関する実験の結果

実験条件	実験参加者数	報告した人数	報告しなかった人数
1 人のみ	24 人	18 人（75%）	6 人（25%）
2 人の消極的な人と一緒	10 人	1 人（10%）	9 人（90%）
2 人の見知らぬ人と一緒	8 グループ	3 グループ（38%）	5 グループ（62%）

注）「1 人のみ」条件と「2 人の消極的な人と一緒」条件間には 1% 水準の有意差が認められたが、行動
　　できる人が 3 人いる「2 人の見知らぬ人と一緒」条件と「2 人の消極的な人と一緒」条件間には有
　　意差がなかった。

(Latané & Darley, 1968)

ずに様子をみてしまうと、行動を起こすきっかけがなくなることが示唆される。
火が見えたり、煙が大量に流れ込むなど状況が大きく変わり、逃げるきっかけが
できたときには、すでに逃げ遅れる可能性が高くなるのである。

　したがって、非常ベルが鳴った場合など、緊急事態の発生可能性がある場合に
は、周囲に行動しない他者がいたとしても、素早く事態を確認したり、建物の上
階にいる場合には、念のため階段を下って、建物外への避難を始める必要がある。
他者の存在が避難行動を抑制することを知っていれば、火災など危険な状況から
逃れられる可能性が高くなると考えられる。また、これまでみてきたように、人
間は避難行動をとりにくいため、自分が避難するところを見せることが、周囲の
人びとに「緊急事態で避難の必要がある」と認識させ、結果として周囲の他者の
命を助けたり、パニックを防ぐことにもつながる可能性があろう。

3. パニック

パニックとは

　パニックに関してスメルサー（Smelser, 1963）は、「ヒステリー的な信念にも
とづいた集合的な逃走行動」と定義し、広瀬（1984）は、「集合行動過程におい
て、ある外的または内的な影響力のもとに集団目標と規範の崩壊がもたらされ、
同時に集団成員間の社会的・心理的紐帯が分断された状況下で、個人が自身の安
全を脅かす影響源を避けるために、他者の安全・利益などを考慮することなく行
う非合理的かつ無秩序な行動」と定義している。つまりパニックは、危険な状況
から逃れるために、平常時には存在している他者への配慮（規範）よりも自分の
安全を優先させる、利己的な逃走行動であるといえよう。

　パニック発生の原因や条件については古くから研究が行われてきた。タルド
（Tarde, 1901）やマクドゥーガル（McDougall, 1920）は、①恐怖や不安感情の存在、

②情動的興奮の存在、③他者への感情感染の存在を指摘していたが、ミンツ（Mintz, 1951）は、恐怖や情動的興奮（心理的要因）よりもその事態の不安定な報酬構造がパニックを引き起こす事実を実験により明らかにした。なお、不安定な報酬構造とは、自分と他者が競争的な状況にあり、他者が利益を得ると自分が利益を得られなくなったり、損害をこうむったりする可能性のある構造のことである。

パニックの発生に必要な条件

　一般的に、災害時にはパニックが発生しやすいと認識されており、マスコミ報道やネット上に「災害時にはパニックの発生が怖い」という論調を見かける。

　広瀬（2011）は、「世間には、地震や火事などに巻き込まれた人々は、その多くがパニックに陥り互いに先を争って逃げようと行動するため、ますますひどい状態につながってしまうという見方が多い。しかしこれは大きな誤解であり、ほとんどの場合、惨事に巻き込まれた人々は、異常行動としてのパニックを起こすことはない。識者の間では、この災害とパニックを安易に結びつける世間の常識を揶揄して『パニック神話』と呼ぶ」としている。つまり、パニックはまったく発生しないとはいえないが、発生する可能性は極めて低いため、パニックの発生を過剰に心配するあまり、例えば劇場で火災が発生した場合に「小火なので大したことありません」と客に過小に伝えて、油断させてはならない。実際の情報を隠すと、状況が悪化したときに、油断していた客が一斉に急いで逃げ始めることで、本来避けられたはずのパニックが発生する可能性が高まるのである。

　上市・楠見（2013）も、「災害などの緊急事態が生じた場合、情報の送り手が、そのリスク情報を提供することによって、市民がパニックに陥り、より大きな損害が生じると考えてしまい、その結果情報を制限することがあるかもしれない。（中略）適切な災害予知情報によってパニックが引き起こされたことは今までにない（パニック幻想）。したがって、情報を制限する必要はないといえる」としており、パニック防止のために、正確な情報を伝えることの重要性を指摘している。

　それでは、パニックが発生するためにはどのような条件が必要なのであろうか。フリッツとウイリアムズ（Fritz & Williams, 1957）、ターナーとキリアン（Turner & Killian, 1972）、広瀬（1984）、田崎（1986）にもとづけば、表14-1-2の5つの条件がすべてそろう必要があり、1つでも欠けるとパニックは発生しないと考えられる。つまり、ミンツ（Mintz, 1951）により明らかにされた不安定な報酬構造がなくなるよう、集まる人の数に応じた広さや数の非常口を施設に設けたり、非常

表 14-1-2　パニック発生の必要条件

A. 事実か否かにかかわらず、危険が迫っていると、その場の人びとが認知している

B. その場から安全な場所へ避難できる可能性が存在する

C. 人びとがある程度以上密集した状態にある

D. 避難路はあるが、すべての人が避難路を通り安全な場所へ避難することは不可能ではないかという懸念が、その場の人びとのあいだにある

E. 人びとのあいだに正常なコミュニケーションがなく、他者の行動が自分の行動のモデルになる相互コミュニケーションがみられる

(Fritz & Williams, 1957；Turner & Killian, 1972；広瀬, 1984；田崎, 1986)

表 14-1-3　パニック防止対策の類型

	ソフト対策	ハード対策
平常時	・情報伝達体制の整備 ・避難誘導マニュアルの整備 ・定期的な避難誘導訓練の実施 ・避難場所と避難経路の表示	・都市施設の耐震・耐火性改善 ・十分な脱出路の確保 ・停電・排気対策（自家発電装置など） ・一時避難用のオープンスペース確保
緊急時	・適切な避難指示の迅速な伝達 ・救援情報の提供 ・脱出可能性についての情報提供 ・その他の安心情報の提供	・避難誘導・救出要員の緊急動員 ・非常用出口の開放 ・非常用照明の活用 ・流入規制による群衆過密化の防止

(三上, 1988)

時に声を掛け合い、コミュニケーションをとりながら逃げてもらう訓練をしておくなどすれば、パニックを防ぐことはできると考えられる。

　三上 (1988) は、パニック防止対策の類型を「人に関する対策であるソフト対策と建物や環境に関する対策であるハード対策」を平常時と緊急時に分けてまとめている（表 14-1-3）。緊急時に適切な対応ができるように平常時から備えておく必要があり、脱出路の確保はもちろんのこと、誘導訓練を定期的に実施しておくことで、いざというときに速やかな避難が可能になるのである。

第 2 節　流　言

1．流言とは

　意図的に流したものではなく、人びとのあいだでの会話を通して流されていく情報を流言（うわさ）とよび、意図的に流すデマとは区別されている。

2. 流言の発生条件

不安

　不安の高さと流言の発生との関連性を調べるための実験を行ったアンソニー（Anthony, 1973）は、高校の部活や地域活動のグループ 8 集団に心理テストを実施し、性格特性としての不安の平均値が高いグループと低いグループに分け、流言発生の程度に不安の高さによる違いがあるのかを検討した。

　各グループ 8 人のうち 1 人には実験場所に早めに到着してもらい、後に 8 人で行う作業の準備をさせた。その際、自分たちのグループに関わりのある内容を話し合う教員たちの声が隣室から聞こえてくるようにした。8 人での事務作業をさせてから、後から来た 7 人に、隣室の教員が話していた内容を知っているか尋ねたところ、不安の低いグループでは 31％の人が知っていたのに対し、不安の高いグループでは 94％とほとんどの人が知っていた。つまり、不安の高い人は低い人よりも流言を発生させやすいことが示された。

テーマへの関心とあいまいさ

　オルポートとポストマン（Allport & Postman, 1947）は、身近で重要なことが流言を発生させやすいとし、R～i×a という数式を提案した。これは、流言（R：rumor）が流布する量は、集団成員の生活の中でその事柄がもつ重要性（i：importance）の程度とその事柄のあいまいさ（a：ambiguity）の程度の積に比例（～）するという法則である。

　例えば、期末試験でどのような問題が出題されるかは、学生・生徒には重要度の高いテーマであるが、すでに出題内容が公開されていれば試験問題に関する流言は発生しにくいほか、その授業を受講していない学生・生徒には、無関係で重要度の低いテーマになるため、受講者以外には流言は発生しにくい。

　人は普段から、自分に関係する出来事や自分の周囲の状況を意味づけたり、解釈したり、行動の手掛かりを求めたりしている。そのため重要なことがあいまいであると、他者に確認するなど正しい情報を得ようとしてコミュニケーションをとってしまい、その内容が流言として広まってしまう場合がある。シブタニ（Shibutani, 1966）は、情報が不足すると、自分たちがもっている情報を交換することであいまいな状況に意味を与え、その場で合理的な解釈を行おうとするためにコミュニケーションが発生し、それが流言になるとしている。災害発生時には情報不足により、重要な事柄があいまいになるため、流言が発生しやすくなる。

3. 流言の抑制

　コーラス（Chorus, 1953）は、批判能力がうわさを抑制するとして、批判能力（c：criticism）の逆数を掛け、R〜i×a×1／cとし、オルポートの数式を修正した。

　流言を受け取った人が、その内容が間違いであると判断できれば、間違った内容は広まらずにすむ。しかし、通常は情報源が不明な場合が多いため確認が難しく、情報源が明らかな場合でも確認せずに伝えてしまう人が多い。

　1980〜90年代に「当たり屋流言」が日本全国に広まった。この流言での当たり屋とは「車を運転中にわざと急ブレーキをかけ、見知らぬ後続（2台目）の車に急ブレーキを踏ませ、その後ろを走る仲間の車（3台目）をわざと追突させ（そのころには1台目は逃げてしまう）、事故の賠償金を2台目の車の所有者から奪う人たち」のことである。「当たり屋流言」は、主にファックスを経由して、「当たり屋集団が来ているから注意するように」とよびかける内容のチラシが日本全国に広まったものである。チラシには多数の車種と車両ナンバーの他、具体的な対処方法も書かれていた。中には警察署名が書かれたものもあり、筆者がその警察署に確認してみると「そのような事件は全国でも起きておらず、チラシの内容は事実ではない」とのことであった。つまり、多くの人はこのような事件が実際に起きているか否かを確認しないまま、ファックスの内容を信じて（あるいは半信半疑でも）「知人や知り合いの会社の人が困るといけないから」と事実無根の流言を善意で知らせてあげていたと考えられる。災害発生時など真偽の確認が難しい場合もあるが、他者から受け取った情報は、知人に確認したり知らせる前に、事実か否かを公的機関やニュース報道などで確認する必要がある。

4. 流言の変容

　流言の変容について、オルポートとポストマン（Allport & Postman, 1947）は、記憶の反復再生時の過程と同様に、①平均化、②強調化、③同化が起こっているとした。

　「平均化」とは、流言が伝達されるうちに次第に簡約化され、単純な内容に変化していくことである。細部が除かれ、馴染みのない言葉や情報が消されていくとしている。また、「強調化」とは、情報の中で印象が強かったり、自分との関連性のある部分が強調・誇張されることである。さらに、「同化」とは、内容の

表 14-2-1　災害時流言の類型

A. 災害の前兆・予告に関するもの
地震後に「事前に地震雲が出ていた」「カラスが異常に鳴いていた」「隣町の占い師が地震の到来を予告していた」
B. 災害・被害の原因に関するもの
「藤原貞敏が唐から持ち帰った琵琶を光格上皇が出雲大社から取り寄せ、3 年間も仙洞御所に留め置かれたため、この琵琶の祟りで地震が起きた」（1830 年京都地震）、「ソ連が原爆を落とした」（1964 年新潟地震の直後）
C. 被災地で広まる災禍直後の混乱に関するもの
「造幣局が武装した一団に襲われた」（1906 年サンフランシスコ地震） 　外国人や社会主義者による放火・強盗の流言（1923 年関東大震災）
D. 被災地周辺・外部で広まる被災状況に関するもの
マスコミの誤報などに基づいて被災地の外部の住民が被災状況を誤認し、噂として話を広めるもの 　「メキシコシティーが壊滅した」（1985 年メキシコ地震）、「多数のサンフランシスコ市民が餓死した」（1906 年サンフランシスコ地震）
E. 災害再発予測に関するもの
「近い将来また大きな地震がくる」「津波がくる」「裏山が崩れる」

(橋元, 1988)

取捨選択が行われたり、置き換えられることであり、伝達者の考え方の枠組み（スキーマ）に沿った形で内容が再構成されて伝わっていくことである。

5. 災害時の流言

　大規模な災害が発生した被災地では情報が不足するため、流言が発生しやすい。ただし、流言には共通点があり、橋元（1988）は表 14-2-1 のように流言のタイプを 5 種類に分類している。

　「災害再発予測に関する流言」は、特に地震に関するかぎりでは、記録の残存しているほとんどのケースで、必ずといってよいほど発生しており（橋元, 1988）、阪神・淡路大震災の被災地においても、「再び大きな地震がくる」「次の満月の夜にもう 1 回大きな地震がくる」「今度は、ガス爆発だ」などの流言が発生した（ニューズワーク阪神大震災取材チーム, 1995）ことが指摘されている。

　また、「被災地で広まる災禍直後の混乱に関する流言」に関しても、広瀬（1984）が、「災害時のような集合ストレス状況下では、人々は自分が現在感じている恐怖やストレスを合理化するために流言をつくり出すことがある。（中略）『何か恐ろしいことが起こっている』という恐怖は、『パニックや略奪が起こっている』という流言を容易に作り出すであろう」としている。

災害時に流言を伝達させる主な動機として橋元（1988）は、①不安・不満感情を昇華させようとする心理、②他者も同じ感情を共有していることを確認し、場合によっては感情の共有を強制することによって運命共同体意識を形成し、安堵を得ようとする心理、③人に先駆けて新たな情報を得た場合には、他者情報と照合し、その情報が真か否かを確認しようとする心理、④情報を誇示し、率先して他者に行動指針を与えようとする心理をあげている。

第3節　流行と普及

1. 流行とは

　川本（1981）は流行を「社会の許容する範囲内で、社会生活を営む個々人の新しい社会的行為が他者との間において影響しあいながら、新しい行動様式、思考様式として社会や集団のメンバーに普及していく過程であり、その結果、一定の規模となった一時的な集合現象である」と定義している。ここでいう「新しい行動様式、思考様式」は「イノベーション」とよばれ、ロジャーズ（Rogers, 2003）は、「個人あるいは他の採用単位によって新しいと知覚されたアイデア、習慣、あるいは対象物である」としている。つまり、一時的にイノベーションが一定の規模の人びとに採用されても、そのまま普及に結びつかず廃れてしまうものが流行であるといえよう。宇野（1990）は、一般的普及現象にみられない流行の特徴を、鈴木（1977；1980）にもとづきまとめている（表14-3-1）。

2. 流行の種類

　流行の分類や類型は、①流行の内容による分類、②流行に関する用語との対応による分類、③流行の範囲と期間による分類、④伝播の形式による分類として、大きく4つに分けることができる（川本, 1981）とされる。

内容による分類

　南（1957）は、流行を「物の流行」「行為の流行」「思想の流行」の3種類に大別している（表14-3-2）。ただし、厳密に3つのどれかに分類するのが難しいものもあるため、あくまでも分類枠組みの1つであると捉えられる。
　また、鈴木（1977）は流行を3つの水準に分類している。①特殊・個別的水準の流行は、現在の例で示せば「リュック」「フリクションペン」「タピオカミルク

表 14-3-1　流行現象の特徴

新奇性	急に始まり、著しく目立った普及を示し、急に減衰する現象のため、人びとに新奇な印象を与える度合いが他の一般的普及現象に比べて強い。
瑣末性	流行が社会の人びとの人間関係をすっかり変えてしまったり、社会的伝統を壊してしまうような重大な影響を直接的に及ぼすことはない。
無効用性	社会進歩や社会改良などの視点からみると、流行は社会に特別に有益な結果をもたらす普及現象でなく、世の中の進歩や改革とあまり関係がない。 ただし、個人にとっては情動的側面の強い普及現象で、沈滞した気分を一時的に甦らせ、表層的ではあるが、共同意識を復活させる効用はある。
選択性	強制的命令や権威者からの指導で普及した場合や選択の余地なく普及したものは流行ではない。選択された物が爆発的に普及することである。
短命性	流行は短期間に結末を迎える普及現象。ただし爆発的に普及して流行現象に見えても、その普及が定着して慣習となる場合、初期のみが流行。
周期性	スカートやコートなどの丈の長さは周期的に変化する。ネクタイの幅や自動車の車体の丸みも周期的に変化し、新製品が流行することが多い。

（鈴木, 1977, 1980；宇野, 1990 より作成）

表 14-3-2　流行の内容による分類

物の流行	衣食住に関する物質的な媒体が流行の土台となる
	ご当地キャラクター、女性の品格（書籍）、ショートボブ（髪型）、かき氷、雑誌の付録、アナと雪の女王（映画）、ワイドパンツ（服飾）、パンケーキ、ＡＩスピーカー、銀魂など
行為の流行	ゲーム、スポーツ、ギャンブル、遊び、レクリエーション、趣味などの行為
	女子会、ポケモンＧＯ、インスタ映え、壁ドン、断捨離、フェス、歴女、ハロウィン、ヨガ、ネット通販、山ガール、双子コーデ、聖地巡礼、マインドフルネス、お盆玉など
思想の流行	大衆の考え方・感じ方から専門的な思想まで、精神的な過程とその産物
	もったいない、自己責任論、ＰＤＣＡサイクル、グローバル化、おひとりさま、資格志向、健康志向、バリアフリー、昭和レトロ、癒し、盛る風潮など

（南, 1957 の分類をもとに、該当すると考えられる流行事象を筆者が加筆）

ティー」など個々の商品や行動の流行であり、②一般的傾向の水準の流行は、「地球にやさしい」「ユニバーサル・デザイン」「パステル調」など、いくつかのものに共通する傾向の流行であり、③社会的・文化的水準の流行は、「優しさの時代」「消費は美徳」など、時代の雰囲気・風潮の流行である。特殊・個別的水準の流行の背景には一般的傾向の水準の流行が存在し、さらにその背景に社会的・文化的水準の流行が存在すると考えられている。

用語との対応による分類

　流行に関する用語により分類した斉藤（1959）は、「ファッション（fashion）」「モード（mode）」「スタイル（style）」が主に服飾関係の流行に用いられ、「ファッド（fad）」「クレイズ（craze）」「ヴォーグ（vogue）」が流行対象をかぎら

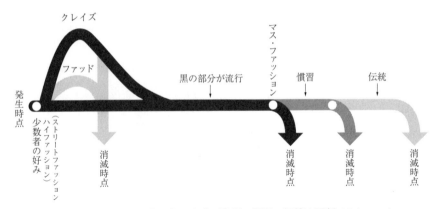

クレイズ

ファッド

マス・ファッション

慣習

伝統

黒の部分が流行

発生時点

（ストリートファッション　ハイファッション）少数者の好み

消滅時点

消滅時点

消滅時点

消滅時点

図14-3-1　ファッド、クレイズ、流行、慣習、伝統の関係（宮本, 1972）

ずに用いられ、「ブーム（boom）」が服飾以外の流行に用いられるとしている。

流行の範囲と期間による分類

　流行の範囲に関して、南（1958）は、服装や言葉や身につける物など、特定集団内のみで流行する「閉鎖的流行」と社会全体の成員に広がる「開放的流行」に分類したが、宮本（1972）は、流行の規模と期間を図14-3-1のように図示した。

　流行の開始時点が図14-3-1の左端で、少数の人びとが短期間に流行を採用するが、すぐに廃れてしまうものが「ファッド」である。2012年前後に若年齢層を中心に東京・原宿で短期間流行した「パンケーキ」や「ポップコーン」が該当すると考えられる。また、ファッドよりも急激に多数者に流行するのが「クレイズ」であり、2014年の映画「アナと雪の女王」や2018年にDA PUMPが歌った「U.S.A.」が該当すると考えられる。これらは1回かぎりの単独型クレイズであるが、連続型クレイズに関しては、宇野（1990）が歌手ピンク・レディーのレコードシングル盤の売り上げ順位の分析を行った（図14-3-2）。次々に新曲を発売することで連続してクレイズ現象が起き、売り上げ枚数1位が連続する。しかし、後発の曲になるに従い、上位にある期間が短くなっていくことがわかる。

　クレイズ現象は、消滅しなければそのまま「マス・ファッション」となり、さらに「慣習」や「伝統」につながる。ただし、「伝統」も最終的には消滅すると考えられている。江戸時代から現代までの時間経過で考えれば、「慣習」には洋装（和装に代わって定着）、「伝統」には年中行事などが該当すると考えられる。

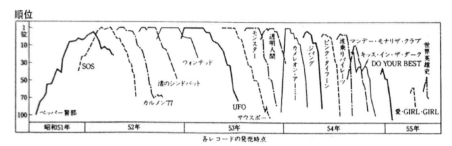

図14-3-2　ピンク・レディーのレコードシングル盤の動き
（オリジナルコンフィデンス資料より）（宇野, 1990）

3. 流行・普及を促進する要因・阻害する要因

　どのような特徴をもった対象が流行・普及するのかについて、池内（1968）は以下の①から④を、さらに川本（1981）はそれらに加えて⑤と⑥をあげている。

①所有・習得のコスト：その手段を入手するために必要な費用のことで、例えば衣服の購入や自動車の運転免許をとるまでにかかる費用のことである。一般的に、手段のコストが高ければ、それにより実現される行動様式の採用（衣服を着たり、自動車の運転をするなど）への抵抗が増す。

②予備知識・習練の度合い：入手した手段を使いこなすために、どの程度の予備知識や習練が必要かという問題である。知識・習練・才能が要求されるほど、その手段を用いる行動様式の採用に対する抵抗が増す。例えば、楽器の演奏よりも歌をうたうことのほうが流行しやすい。

③所有・使用することによる利便性：ある手段をもったり、使うことがどのような問題を生むかの問題である。池内（1968）は、「内面的効果」対「対外的効果」の次元と「プラス効果」対「マイナス効果」の次元を組み合わせ、全体としてプラス効果よりマイナス効果のほうが勝っていると、その行動様式の採用への抵抗が増すとしている。例えば、最新の衣服を着て内面的には満足しプラスの効果が生じても、奇抜すぎて他者から非難や嘲笑を受け、対外的なマイナス効果のほうが大きければ採用しにくい。

④採用後の保続性：採用後にその手段の使用が習癖化し、固定化する傾向の有無である。保続性の高い様式は、それがいったん採用されると同じ領域での様式の変化が困難で、採用された行動様式の定着性が高まる。飲酒のような嗜好の他、ギャンブルや娯楽などが当てはまる。

⑤流行のもつ機能性：ある手段・様式を採用したことにより、生活上の目的に貢献したり、要求を満たしてくれるほど、その行動様式を採用しやすい。

⑥作り手のプレステージ：新しい手段や様式を創案した作り手に対し、どの程度の社会的プレステージが付与され、手段や様式に内在化し、表現されているかという問題である。有名デザイナーがデザインした商品や、有名ブランドの商品が流行しやすい。

　社会情勢など時代の変化による影響も受けると考えられるが、どのような手段や行動様式が流行しやすいのかに関しては、一定の法則があるといえよう。

4．流行の採用者

流行を採用する理由

　先行研究にもとづいて検討した鈴木（1977）や川本（1981）により、流行採用の理由として以下の5つのカテゴリーに分類できる動機が存在すると考えられている。

①自己の価値を高くみせようとする動機：自分が高い価値を置いている目標を達成するための道具として流行を採用する。また、社会的地位のみならず異性による注目・関心を獲得することも目標となる。他者が採用していないものを採用すれば、注意をひきつけられる（Young, 1951）とする自己顕示性もこの動機のカテゴリーに含まれると考えられる。

②集団や社会に適応しようとする動機：適切な行動基準として流行を利用する。流行を採用することで自分が適切な行動をとっている安心感が得られるほか、他者に対しても自分が他者と同様に適切な行動をとれる人間であると証明できる。また、流行にのらず、「流行遅れ」や「古い」と批判されたり、会話に入れないなど、批判や孤立を恐れることもこの動機のカテゴリーに含まれると考えられる。

③新奇なものを求める動機：流行の採用は好奇心を満足させるべく機能するほか、単調な生活による倦怠感を打ち破るための簡便かつ有効・安全な手段であるため、新たな刺激を求めて流行を採用する。

④個性化と自己実現の動機：自分を他者から区別したいという動機であり、多くの他の流行研究でも“個人主義”、“個性化”、“差別化”が指摘されている。個性化を図り、自己のアイデンティティを確立し、自己実現を求めることにつな

がる。

⑤自我防衛の動機：社会から束縛され、抑圧された感情を発散させ、華美な流行
　品を身につけることで傷つきやすい自我を保護する。また、ナイストローム
　（Nystrom, 1928）が指摘した、劣等感を克服しようとする動機もこの動機カテ
　ゴリーに対応すると考えられる。

イノベーションの採用時期

　イノベーションの普及曲線と採用者カテゴリーのモデル（図14-3-3）を発表し
たロジャーズ（Rogers, 1962；2003）は、採用者を採用時期の順に「革新的採用
者（イノベータ）」「初期少数採用者」「前期多数採用者」「後期多数採用者」「採用
遅滞者」とよび、各採用者の特徴を以下のように指摘した。

①革新的採用者（イノベータ）：冒険好きで大胆で危険を引き受ける人であり、イ
　ノベーションの採用で失敗しても、その損失を吸収できる金銭的資産のほか、
　複雑な技術的知識を理解し活用する能力ももつ。

②初期少数採用者：革新的採用者がイノベーションを採用した後に、そのイノ
　ベーションの評価が良さそうなことを見通して採用する人である。高いオピニ
　オンリーダーシップをもっており、採用したイノベーションに関する助言や情
　報を多くの潜在的採用者から求められ、周囲の人たちから尊敬される人である。

③前期多数採用者：イノベーションの採用に慎重な人たちである。初期少数採用
　者の情報をもとに採用する人たちであり、初期少数採用者を尊敬している。

④後期多数採用者：イノベーションには懐疑的で、採用に用心深い。採用動機は、
　有用性を認めたためでなく、経済的必要性や仲間からの圧力による。

⑤採用遅滞者：イノベーションを最後に採用する人たちである。因習的で伝統的

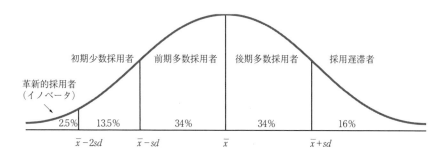

図 14-3-3　普及曲線と採用者カテゴリーのモデル（Rogers, 2003）

**表 14-3-4　新しいファッション商品（服飾品、流行品など）を身に着ける理由
（採用者カテゴリー間の比較）**

カテゴリーと該当人数	革新的採用者（20人）	初期少数採用者（50人）	前期多数採用者（64人）	後期多数採用者（27人）	採用遅滞者（88人）
自分をいろいろ変えて楽しむ	35.0	50.0	64.1	63.0	47.4
個性を表現したいから	70.0	40.0	26.6	22.2	19.3
美しくありたいから	15.0	36.0	17.2	18.5	18.2
新しいものを身につけたいから	25.0	24.0	23.4	14.8	10.2
自分の欠点を補うため	10.0	10.0	10.9	14.8	11.4
周りの人と同じようにしたいから	0.0	4.1	14.1	18.5	10.2
心のやすらぎを求めて	10.0	16.0	4.7	11.1	5.7
異性を意識して	20.0	6.0	0.0	0.0	2.3
自分の地位を示すため	5.0	4.0	3.1	0.0	2.3
その他　N.A	10.0	6.0	0.0	0.0	6.8

注）調査は 1976 年に実施された。調査対象者は、東京都新宿区と多摩市の団地 3 箇所に居住する 20 歳
以上の男女を母集団とし、住民票から系統無作為抽出し、個別面接を行った 225 名である。

(川本, 1981)

な人であり、社会の動きとともに活動することが少なく、社会システム内の
ネットワークにおいてはほとんど孤立している。

イノベーションの採用時期と採用動機の関係

イノベーションの採用動機を採用者カテゴリー間で比較した川本（1981）によ
れば、表 14-3-4 のように、革新的採用者（イノベータ）では「個性を表現したい
から」（70%）と「異性を意識して」（20%）が多く、初期少数採用者では、「美
しくありたいから」（36%）と「心のやすらぎを求めて」（16%）が多かった。ま
た、前期多数採用者では、「個性を表現したいから」（27%）が少なくなり、後期
多数採用者では、「新しいものを身につけたいから」（15%）が少なく、「周りの
人と同じようにしたいから」（19%）と「自分の欠点を補うため」（15%）が多め
であった。

なお、ラクロスが流行し始めた 1992 年に女子大学生を対象として調査した清
水・小松（1994）は、ラクロス部の学生がラクロス以外のスポーツ部の学生やス
ポーツ部に不参加の学生よりも、新たな刺激やスリルを求める「刺激欲求」、自
分の外見に注目しやすい「公的自意識」、自分の内面に注目しやすい「私的自意
識」、他者とは異なる自分でありたい「ユニークネス欲求」が有意に高いことを
明らかにしている。

イノベーションの採用意思決定に関わる情報源

　マスコミ情報を受けてイノベーションを採用した初期少数採用者がオピニオンリーダーとなり、イノベーションの評価情報を個人的なコミュニケーションにより一般の人びとへ伝えることでイノベーションの普及が進むとする「コミュニケーションの2段階の流れ仮説」(Katz & Lazarsfeld, 1955) による説明が知られている。ただし、個人的なコミュニケーションの手段は、直接対面からwebを媒介したものへ広がっていると考えられる。オピニオンリーダーが必ずしも友人・知人ではなくなり、web上に書かれた評価情報は複数人に伝わるため、個人的コミュニケーションでもなくなってきたといえよう。なお、言語的コミュニケーション以外に、普及した商品や行動様式を目撃することによる、非言語的な伝達・伝播も、問題領域によっては大きな役割を果たすことがある (飽戸, 1992) とされている。

イノベーションを普及させるための方略

　ロジャーズ (Rogers, 2003) は、隣接する採用者カテゴリー間に明瞭な断絶や不連続はないとしているが、ハイテク業界（パソコン、バイオテクノロジー、情報機器など高度な技術を用いた商品を開発・販売する業界）におけるマーケティングの観点から「キャズム理論」を提唱しているムーア (Moore, 1991 ; 2003) は、あるイノベーションを流行・普及させるためには、革新的採用者から初期少数採用者までの「初期市場（少数の革新者層）」(16%) と前期多数採用者以降の「主流（メインストリーム）市場（一般層）」(84%) のあいだにある深い溝である「キャズム (chasm)」を越えなければならないとしている。

　ムーア (Moore, 2014) は、新商品が開発されても多くの商品はキャズムを越えられず、特にハイテク商品においてそれが顕著であるため、イノベーションに「新しさ」を求める初期市場の人びととは異なるメインストリーム市場の人びとに、「商品への安心感」を認知させる方略が必要になるなど、キャズムを越えるためにはマーケティング方略を変化させる必要があるとしている。

第**15**章
家族

第1節　家族とは何か

1. 家族の定義

　誰もが一生に一度は、子どもや親、あるいは夫や妻として家族を経験する。家族はあまりにも身近で自明なものに感じられるが、個人のもつ家族のイメージは一様ではない。家族の条件、定義は難しいといわれているが、一般に、家族は夫婦と親子関係というつながりと生活空間をともにする集団であり、婚姻と血縁関係、ともに暮らすことが家族といわれている。しかし、これだけでは家族の定義は不十分である。主観的・心理的な家族の基準、つまり誰を家族と思うか、誰を家族とみなすかというファミリーアイデンティティ（上野, 1994）の考え方が役に立つ。これにしたがえば、家族のメンバー間でも、誰を家族とするかは異なる。つまり家族は、血縁関係と婚姻関係、生活空間をともにするという客観的な境界と、「この人は私の家族である」という心理的な境界があり、この2種類の境界が一致しないと人は強いストレスにさらされる（Boss, 1999）。

2. 欧米諸国との比較

　現代の日本の家族の特徴は、単身世帯の増加、ひとり親世帯の増加、再婚の増加、晩婚化、出生率の低下であり、これらは欧米諸国と同様の現象である。他方、婚外子の増加と性別役割分業の緩和は、日本では認められない。日本では出生する子どもの98％は、婚姻関係にある男女の嫡出子であり、そのため晩婚化や未婚化が、出生率の低下につながっている。婚外子の増加は、北欧と西欧では、事実婚や同棲婚などの法律婚以外の非婚カップルの増加によってもたらされている。しかし、日本は非婚カップルに子どもができた場合、法律婚をしないで婚外子と

なる割合は極めて低い（厚生労働統計協会, 2015）。欧米で婚外子が増加している背景には、1970 年代以降の欧米諸国での同棲婚の保護と婚外子差別の撤去などの制度改革がある。他方日本では、非婚カップルに法律婚同様の優遇措置が認められておらず、婚外子への住民票と戸籍の差別表記は撤廃されたが、相続税法上の差別は依然としてある。

3.　家族構成の変化

　家族の構成メンバーの数は減少し家族の縮小化が進んでいる。3 世代同居家族が減少する一方で、夫婦のみの世帯、ひとり親世帯が増加している。国立社会保障・人口問題研究所が公表した 2018（平成 30）年の推計「日本の世帯数の将来推計（全国推計）」の家族類型別（「単独」「夫婦のみ」「夫婦と子」「ひとり親と子」「その他」の 5 類型）によると、①世帯総数は 2023 年をピークに減少し、平均世帯人員は 2015 年の 2.33 人から減少を続け、2040 年には 2.08 人となる。②「単独」「夫婦のみ」「ひとり親と子」の割合が増加する。③世帯主の高齢化が進み、65 歳以上の高齢世帯が増加する。④高齢者の一人暮らしが上昇する。特に男性高齢者の独居率が増加する。

4.　家族の個人化

　社会の変化にともない、家族の個人化が進行している。日本で初めて「家族の個人化」を提唱した目黒（1987）によると「家族生活は個人にとって選択されたライフスタイルのひとつ」であり、誰といつどのような形のパートナーシップをもつのか、子どもをもつかもたないかなど家族形成に関わることが、個人の選択に委ねられる傾向にあるという。家族の個人化が進む要因は、第一に人生の長期化、第二に女性の社会進出、第三に生活単位の個別化がある。

人生の長寿化

　日本人の平均寿命は男性 81.25 歳、女性 87.32 歳で過去最高、国際比較でみると、日本女性の世界ランキングは香港（87.56 歳）に続いて第 2 位、男性は香港（82.17 歳）、スイス（81.4 歳）に続いて第 3 位である（厚生労働省, 2019）。人生の長寿化は、子どもを養育した後の長い人生を、親役割から離れ個人としてどのように生きるかという課題をもたらしている。

女性の社会進出

1970年代以降、第3次産業であるサービス産業が成長し、それにともない女性の就労が伸びた。日本と北米、北西ヨーロッパで女性の労働力率が上昇し、女性も個人として経済力をもつようになった。日本の既婚女性の場合、パート就労が多く経済的に自立している女性は多くないが、女性が個人の収入を得ていることは、家族の個人化を促す。

生活単位の個人化

情報社会の進展とともに生活単位が個別化している。家族メンバーのそれぞれが携帯電話やパソコン機器を持ちインターネットを通して、音楽や買物、外部の人との交流を楽しみ、個人が外の世界と個別につながっている。このような生活の個人化が、家族の個人化を促している。

家族の個人化は、家族関係の希薄化というイメージをもたれやすいが、家族が個人化した状態では、家族メンバーどうしは、経済的あるいは生活上の相互依存のために結びついていないので、求められるのは個人間の情緒のつながりとなり、このことは、家族の機能からも理解できる。

5. 家族の機能

家族の歴史をみると、伝統的社会では、家族は生活資源の獲得と消費が主な機能であり、その時代の家族は、性的、経済的、生殖的、教育的な4つの機能を有していた。近代産業社会になると、生活資源の大量生産と大量消費、仕事の分業と給与生活者を生み、仕事と家庭に分離、男女の性別役割分業が進み、家族の機能は、子どもの社会化、生活の保障、情緒の安定の3つに変化した。

子どもの社会化

子どもは、家族の中で親によるしつけを通して、社会で生きていくために必要なことを習得する。具体的には、朝起きてから夜寝るまでの生活習慣や、さまざまな生活の技術と知識、善悪の判断などを学ぶ。それをもとに、学校などの集団で学習し社会の一員として成長する。つまり家族は、子どもに対して、子どもが所属する文化や社会の行動様式や規範を身につけさせ、社会に適応できる人間に育てる重要な役割を果たしている。

生活の保障

家族は、住居、食事、家計をともにして日常生活を送るが、単身赴任などのた

めに一緒に暮らし食事をともにすることが難しいこともある。そのような場合でも、家族は家計のつながりを保ち、相互に生活を支え合う機能を果たしている。しかし、家族だけが個人の生活を保障するには限界があり、社会的支援があって初めて家族の生活は保障される。

情緒的安定

　家族は、くつろぎの場、緊張を解放する休息の場として家族メンバーに心理的安定を与え、それが社会の安定化をもたらしている。結婚するカップルに「どんな家庭を築きたいか」と尋ねると、「リラックスできる、のんびりできる家庭を作りたい」という回答が多く、家族に癒やしや憩いを求めていることがわかる。職場や学校での業績評価や人間関係から解放され、家庭ではくつろいで過ごし心理的安定を得たいのだろう。その一方で、家族は夫婦、親子という情緒的に親密な人間関係で成り立っているためドメスティック・バイオレンス、児童虐待などの家庭内暴力や、介護や相続をめぐる対立も起きやすく、家族は情緒的安定とストレスという相反する状態を生み出している。

第 2 節　結婚と離婚

1. 結婚と離婚の動向

　日本の結婚と離婚は、2000 年以降どちらも緩やかな減少傾向にあり、2018 年の推計婚姻件数は 59 万組、婚姻率は 4.7%、離婚件数は 20 万 7,000 組、離婚率は 1.7%である（図 15-2-1；厚生労働省, 2018）。諸外国と比較すると、婚姻率は同程度、離婚率はやや低めである（総務省, 2018）。1947（昭和 22）年以降の婚姻件数と離婚件数の推移をみると、2000（平成 12）年より、結婚も離婚も緩やかな減少傾向になっている。

2. 結婚の現状

　婚姻件数の減少にともない、晩婚化・晩産化、少子化が加速している。

晩婚化・晩産化

　平均初婚年齢は夫妻ともに上昇し、2018 年の平均初婚年齢は、夫が 31.1 歳、妻が 29.4 歳となり晩婚化が進んでいる。また、母親の平均出生時年齢の年次推移をみると、2017 年の出産平均年齢（出生順位別）は、第 1 子が 30.7 歳、第 2 子

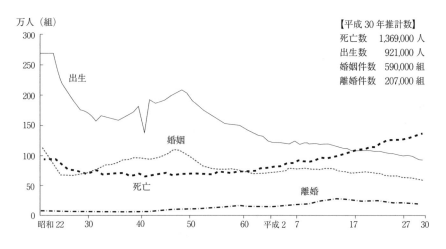

万人（組）

【平成30年推計数】
死亡数　1,369,000人
出生数　921,000人
婚姻件数　590,000組
離婚件数　207,000組

出生

婚姻

死亡

離婚

図15-2-1　平成30年人口動態統計の年間推計（厚生労働省, 2018）

が32.6歳、第3子が33.6歳となり、平均初婚年齢の上昇にともない、晩産化も進んでいる（内閣府, 2018）。

少子化

晩婚化や晩産化にともない、2018年の出生数は過去最少で91万8,397人、合計特殊出生率（1人の女性が15〜49歳までに産む子どもの数の合計）は1.42であった。日本の合計特殊出生率は、2006年以降緩やかな上昇傾向にあるが、諸外国の合計特殊出生率と比較すると、日本の合計特殊出生率は184位であり（The World Bank, 2017）、国際的にみて最低水準である。この合計特殊出生率の低さは、先進国に共通する問題である。

3. 離婚の動向

日本の離婚の特徴は、親の離婚を経験した未成年の子どもの増加であり2017年には21万8,454人の未成年の子どもが親の離婚を経験しており、未成年の子どものいる夫婦の離婚は、離婚全体の58.1%である（厚生労働省, 2017a）。日本は、裁判所が関与せずに夫婦の話し合いだけで離婚が成立する協議離婚を認めており、これが離婚全体の90%を占めている。協議離婚では、未成年の子どもの養育費や面会交流の取り決めがなされなくても離婚が成立する。これが親の離婚を経験する子どもの増加の一因である。

面会交流と養育費

　日本は、離婚後に単独親権制度（民法第819条）を採用しているため離婚時に
どちらか一方の親を親権者と定め、子どもの面会交流と養育費を取り決めること
が規定されている（民法第766条）。面会交流とは、別居中・離婚後に、子どもを
養育・監護していない親（非監護親）とその子どもが、子を養育・監護している
親（監護親）の協力を得て、定期的に会って話したり、遊んだり、電話や手紙な
どの方法で交流することである。子どもが親の離婚後も離れて暮らす実親と交流
する権利は「児童の権利条約」の第9条に、父母の離婚後に子が父母双方と
「人的な関係及び直接の接触を維持する」ことは子の利益に適う（子の基本的人権
である）と記されている。日本では、2011年に民法の一部改正が行われ、面会交
流や養育費は、子どもの福祉を最優先に考慮し定められるべきことが条文に明示
され（民法第766条）、離婚届に面会交流と養育費の支払いについて取り決めを記
載することが明記された。また、法務省は、2016年に「子どもの養育に関する
合意書作成の手引きとQ&A」を作成し、子どもの健やかな成長のために親は離
婚後の養育費と面会交流について、最も優先して考えなければならないと記して
いる。このように子どもは、親の離婚後も離れて暮らす実親と交流する権利を
もっている。

　養育費とは、子どもを監護・教育するために必要な費用のことをいう。親権者
は、母親84.3%、父親12.1%、父母で子どもたちを分け合う3.6%（厚生労働省,
2017a）である。近年、日本では離婚時に父母が、子どもの親権、面会交流や養
育費について合意できず、裁判で熾烈に争うケースが増加しているが、面会交流
の実施状況は、「現在も面会交流を行っている」は母子世帯29.8%、父子世帯
45.5%、養育費の受給状況は「現在も養育費をもらっている」は母子世帯24.3%、
父子世帯3.2%と低い（厚生労働省, 2017a）。また、調停や審判で面会交流を定め
ても、日本では月1回が約44%、宿泊なしが約92%であり、養育費の平均月額
は母子家庭で4万3,707円、父子家庭で3万2,550円であり、欧米諸国と比較す
ると極めて低い（OECD, 2017）。

ひとり親家庭の貧困

　「平成28年度全国母子世帯等調査結果報告」（厚生労働省, 2017a）によると、2016
年の母子世帯は123.1万世帯、父子世帯は18.7万世帯と推計されている。母子世
帯になった理由は離婚が79.5%、死別が8.0%、父子世帯になった理由は離婚が

75.6％、死別が19.0％である。収入は、母子家庭の母自身の平均年収は243万円、父子家庭の父自身の平均年収は420万円、子育て中の一般世帯707万円である（厚生労働省, 2017b）。さらに、日本はアメリカ、中国に次ぐ経済大国であるにもかかわらず、ひとり親家庭の貧困率は、OECD加盟諸国で最も高く（OECD, 2017）、ひとり親家庭は2世帯に1世帯が「相対的な貧困」の状態にある。「相対的な貧困」の状態とは、平均的な所得の半分に満たない所得のレベルで生活をしなければならない状態である。

　ひとり親家庭の子どもは、親の収入が少ないため十分な教育を受けられず、進学や就職のチャンスにも恵まれず、子ども世代も貧困になる、という貧困の連鎖が生じている。大学等進学率は、全世帯の進学率73.0％に比べ、生活保護世帯（35.3％）、児童養護施設（27.1％）、ひとり親家庭（58.5％）となっている。経済的な困窮は、生活習慣、健康管理、自己肯定感など、子どもの成長にさまざまな影響を与え、生育環境により「頑張っても仕方がない」と学ぶ意欲と将来への希望を喪失することにつながる。

4. 離婚が子どもに与える影響

　ウォラースタインとブレイクスリー（Wallerstein & Blakeslee, 1989）による離婚と子どもに関する大規模研究の後、離婚と子どもの研究は、長期間の縦断的研究（Hetherington & Kelly, 2002；Wallerstein & Blakeslee, 1989；Vélez, Wolchik, Tein, & Sandler, 2011）、多数のサンプルの反復調査（Zill, Morrison, & Coiro, 1993）、多様な研究のメタ分析（Bauserman, 2002；Amato, 2010）などの研究デザインが実施されるようになった。

子どもの適応

　離婚家庭の子どもの適応についての研究は、両親がそろっている家庭の子どもと離婚家庭の子どもの比較が大半であり、社会性、精神的健康、感情コントロール、学業成績、自己肯定感などの面で、離婚家庭の子どものほうが低く、離婚家庭の子どもは退学しやすく、性的早熟な行動を示す傾向が認められている（Amato, 2010；Zill, Morrison, & Coiro, 1993；Racusin, Copans, & Mills, 1994）。他方、親が離婚した子どもの75〜80％が、精神的健康や自己肯定感、学業成績などの問題を抱えておらず、親の離婚による長期的影響は受けていないという報告もある（Kelly & Emery, 2003）。また、親が離婚した子どもは、自分自身の恋愛

や結婚に対して消極的で、肯定的なイメージが描けず、自分自身も離婚に至るのではないかという不安をもちやすく（Amato, 2010；小田切, 2009：2015）、親が離婚した男女は、そうでない男女よりも離婚しやすいことが明らかになっている（Amato & Cheadle, 2009；Teachman, 2002）。背景に、親が離婚した子どもは離婚や離婚家庭の子どもを否定的に捉えない傾向が認められているので（小田切, 2003：2017a；Kapinus, 2005）、離婚を受け入れやすく、不幸な結婚生活を継続するより離婚を選択しやすいことが考えられる。

第3節　再婚

1．ステップファミリー（再婚家族）とは

　現代の日本は、未婚化・晩婚化傾向のため婚姻件数は減少しているが、再婚件数は微増している。全婚姻件数のうち、夫と妻ともに再婚が9.7％、夫のみが再婚が10.0％、妻のみが再婚が7.1％であり、結婚するカップルのおよそ4組に1組がどちらかが再婚のカップルである（厚生労働省, 2018）。ステップファミリー（再婚家族）とは、カップルが以前の結婚でできた子どもを連れて再婚して始まった家族をさす。「ステップ step」とは英語で「継関係」という意味で、ステップファミリーとは、全米ステップファミリー支援組織 SAA（Stepfamily Association of America）の創始者ヴィッシャー夫妻によると「1組の成人の男女がともに暮らしていて、少なくともどちらか一方に、前の結婚でもうけた子どもがいる家族」と定義されている（Visher&Visher, 1991）。つまり、ステップファミリーとは血縁関係のない親子関係、継親子関係を含む家族を指す。ステップファミリーには多様なタイプがあり、その形成過程、子どもの性別、年齢、人数、子どもが離れて暮らす実親と面会交流があるかないか、など各家庭で状況は異なる。また、ステップファミリーは、家族メンバーがそれぞれ異なる家族の経験をもっており、再婚したばかりの時期には、継親と継子との関係よりも別居する実親と子どもとの絆のほうが強く、継親と継子それぞれがもつ以前の家族経験や文化がぶつかり合うこともある（小田切, 2017b：2018）。

2．ステップファミリーの特徴

　子どもを連れて再婚し新しい家族を築くので、初婚家族とはスタート時点から

異なる。離婚後の再婚であれば、元配偶者との別れによる喪失感、継子を育てる苦労、経済的負担などがある。多様なタイプがあるステップファミリーだが、共通する特徴は、メンバー全員が喪失体験をしていることと、親子関係が夫婦関係よりも歴史が長いことである（野沢, 2011）。

メンバー全員が喪失体験

家族メンバー全員が、配偶者や親、あるいは転居・転校などの喪失体験を経験しており、喪失や変化によって生じる不安、ストレスを抱えている。この点で、里親家族、ひとり親家族とも異なる。

親子関係が夫婦関係よりも歴史が長い

初婚家族と異なり、再婚した時点ですでに親子関係が存在しており、子どもからみると離れて暮らすもうひとりの親（実親）が存在する。親が離婚・再婚を繰り返せば、「親」と呼ぶ人が多くなり複雑になる。親の離婚を経験した子どもは、継母（継父）を受け入れることは実母（実父）を裏切ること、存在を否定するように感じて罪悪感が生じ、忠誠心をめぐる葛藤が生じやすい。このようにステップファミリーは、初婚家族と家族構成も形成過程も異なるにもかかわらず、多くのステップファミリーは初婚家族を目指し、継親が親役割を担い「新しいお父さん」「新しいお母さん」として家族を再スタートさせようとするため家族メンバー間のストレスが高くなる。

3. 日本におけるステップファミリーの現状と支援

ステップファミリーは、複雑な家族構造とあいまいな家族境界のために問題を抱えやすいが、ステップファミリーであると周囲に言わないかぎり、両親と子どもから成り立つ家族構成のため、すぐにステップファミリーとはわからない。ステップファミリーであることを知られたくない場合があるため問題が表面化しにくく、解決が難しい。社会的認知度も高くなく専門の相談機関がないため、現状では当事者が中心となった任意団体でサポートをしている。それらを参考にすると、ステップファミリーをスタートするにあたり以下のことを親は留意することが重要である。

親に新しいパートナーができたとき

親にとっては新しいパートナーとの出会いやデートは、生活に潤いをもたらす嬉しいことであり、子どもと幸せを分かち合いたいと望むが、子どもの気持ちは

複雑であり新しいパートナーを受け入れるまでに時間がかかる。新しいパートナーと子どもが交流する機会を多くもち、時間をかけて両者の関係性を築くことが大切である。

再婚するとき

親は子どもに、パートナーができて再婚を考えていること、再婚しても子どもの母親（父親）であることに変わりはないこと、再婚しても離れて暮らす親（別居親）に会えること、生活の変化（転居や転校、苗字の変更など）について説明することが大切である。子どもがこのような家族の移行期を乗り越えていくためには、特別な事情がないかぎり、別居親と会い心理的に支えてもらうことも重要である。

ステップファミリーで生じる問題

・しつけや生活習慣

　ステップファミリーでは、子どものしつけや生活習慣などをめぐって問題が生じることがよくある。1つひとつは小さなことであっても、それが毎日続くと家族全員が不満を抱え、イライラしたり対立することになる。すぐに解決できる問題は少なく、生活習慣を変えることは容易ではないので、今までの子どもの生活パターンを尊重しながら、誰かを犠牲にしたり我慢を強いることなく、時間をかけて新しい家族のルールを作り、新しい家族を築いていくことが求められる。

・子どもと継親との関係

　子どもの継母（継父）は、子どものしつけは実親に任せ、実親の子育てのサポート役や相談役に徹し親役割は控え、子どもと時間をかけて関係性を育んだ後に、子どもの親役割を担ったほうが、継親と子ども双方にとって好ましい。特に、ひとり親の男性が新しいパートナーと再婚するとき、男性は自分のパートナーに子どもの母親役割を期待し、子どものしつけや身の回りの世話、学校のことをすべて任せてしまうことがある。女性だからといてすぐに母親になれるわけではなく、余裕をもって子育てに取り組めるように周囲の理解も必要である。

・実親と子どもの関係

　実親は、パートナーと実子とのあいだに挟まれ悩みを抱えることがある。実子のパートナーに対する素直でない態度や反抗的な態度などに対して、パートナーから「今までのしつけができていない」と責められたり、あるいはパート

ナーを気遣うあまり、子どもに継親への態度を改めるように厳しく注意し、結果として実親と子ども、子どもと継親、実親とパートナーの関係のすべてが、緊張感が高くストレスに満ちたものになり、実親や継親の厳しいしつけがエスカレートして虐待傾向が高くなったり、子どもの問題行動が生じることもある。再婚しても、実親が実子とだけで過ごす時間をもち、両者の関係を大切にすることが重要である。

第4節　子育てをめぐる問題と援助

1. 育児不安

　母親の育児不安に関する実証的研究（柏木ほか, 2006）から、育児不安については、「母親が就労している場合よりも、専業主婦の方が育児不安は強い」、「父親の育児参加が低い場合、母親の育児不安が強い」という結果が明らかになっている。また、父親が育児参加している母親のほうが、育児に対する肯定的感情が高い（柏木・若松, 1994）という結果も報告されている。これらから、夫（父親）が子育てを妻（母親）に任せ、育児参加しない夫（父親）が妻（母親）の育児不安を強めていることが理解できる。他方、育児不安は父親と母親だけの問題ではなく、社会経済変動とも関係しており、核家族化、地域社会の子育てネットワークの脆弱さ、少子化による育児へのプレッシャー、女性の社会進出にともない母親役割だけでは生きがいや充実感を見出せなくなった女性のアイデンティティの変容などが背景にある。

2. 児童虐待

　児童虐待は、児童虐待防止法（2000年11月施行）おいて、保護者または児童を監護する者による児童への暴力・暴言、性行為など積極的に子どもの心に傷を負わせる身体的虐待、性的虐待、心理的虐待、および子どもに必要な愛情や世話をしないネグレクトといった種類が定義されている。児童虐待の背景には、親の貧困や社会的孤立、親の身体的・精神的な健康問題、親自身の被虐待経験、親の不適切な子育て観（子ども観）や子どもの慢性疾患、先天性障害など複数の要因が複雑に関与しているため単位機関での支援では不十分である。

3. 子育て支援

　児童虐待や要支援家族への対応は、地域の相談機関における早期発見・早期対応が重要である。子育てや母子保健の相談窓口は、地域保健法によって市町村に保健センターが設置されており、保健師が中心となって子育て支援が行われている。また、児童虐待や非行、障害など専門的な知識やスキルを要する家族の支援機関としては、児童福祉法によって都道府県に児童相談所の設置が義務づけられている。児童相談所には、児童福祉司、児童心理司、医師、弁護士などの専門職職員が、一時保護や養護を必要とする深刻な子どもと家族の支援を行っている。

　子どもの健全な育成を保障するためには、家族を支援することが不可欠である。子どもが表している問題は、親たちが抱える子育ての問題であり、親が子育てで無力感や挫折体験を繰り返さないように、子育てを通して親自身が自尊感情を高められるように支援していくことが、子育て支援では求められている。

第5節　家族への支援

　家族が遭遇するさまざまな問題への臨床的アプローチとして、家族の関係性に直接的に働きかける家族療法がある（日本家族研究・家族療法学会, 2013）。

　家族療法は、1950年代にシステム論の影響を受け、家族を1つのシステムとして捉える家族システム論の視点が、ベイトソン（Bateson, G.）によって提唱されたことを契機に発展した。家族システムは、開放システム（図15-4-1）であり、円環的因果律（図15-4-2）によって成立している。

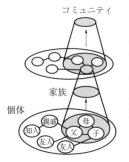

図15-4-1　開放システム
（福島, 2018）

生物体システムは階層式に連なり、環境との相互影響の関係のなかにあるため、あるシステム内のある動きは、そのシステム内のすべてのサブシステムに影響を及ぼし合う可能性があるという考え方である。

図15-4-2　円環的因果律
（福島, 2018）

1．家族療法の理論

家族療法の代表的な理論は、多世代理論、構造的家族療法、MRI家族療法がある。

多世代理論

ボーエン（Bowen, M.）は、「自己分化」の概念を提唱し、生まれ育った家族から自己分化していない家族メンバーは、親世代へのみえない忠誠心に拘束され、親世代から譲り受け継いだ問題を繰り返すことを見出した。セラピーでは、自己分化していない家族メンバーに自己観察力を身につけさせ、みえない忠誠心に気がつくように働きかける。

構造的家族療法

ミニーチェン（Minuchin, S.）らは、家族の構造、すなわち家族の世代間境界があいまいあるいは過度に融合している、もしくは過度にバラバラな家族という視点で、家族を捉えた。健康な家族は、夫婦（父母）の連合が強力で、親世代と子ども世代の境界が明確であるとした。

MRI 家族療法

MRI（Mental Research Institution）は、家族のコミュニケーションに焦点をあて、統合失調症とその家族のコミュニケーションに関する研究から、矛盾したメッセージを同時に送るコミュニケーションスタイルであるダブルバインド（二重拘束）仮説を提唱し、コミュニケーションに介入する治療論を展開した。

2．家族療法の技法

家族療法の代表的で基本的な技法は、ジョイニング、多方向への肩入れ、リフレーミングがある（日本家族研究・家族療法学会, 2013）。

ジョイニング（joining）

治療者は、家族システムに参入する（ジョイニング）するために、家族のコミュニケーションスタイルや交流パターンを身につけ、自分の中に取り込む。家族は、治療者が家族を理解し家族のために仕事をしていることを知ることで初めて、安心していつもの姿を治療者の前でも示し、家族の問題解決に向けて自分たちの価値観や行動特性を変化させようと努める。

多方向への肩入れ（multi-directed partiality）

治療者は、家族と協働作業をするために、特定の家族メンバーの味方をせずに、公平な関係を家族全員と結ぶことが求められる。面接に参加している家族だけでなく、参加していない重要な家族メンバーにも肩入れをし、各人の言い分に一理あるというスタンスで共感的に聴く技法である。この作業を通して、家族メンバーそれぞれの立場と言い分を明確にしていく。

リフレーミング（reframing）

過去の出来事自体を変えることはできないが、その出来事に付与されている意味や文脈を変えることで、その問題が家族に与えている影響を変化させる技法である。家族の画一したものの見方や考え方を柔軟にし、他者の視点や異なる考え方を受け入れ、物事の肯定的側面に気がつくようにさせるのである。

　家族は、どの時代、どの社会にも存在するが、家族が果たす機能や家族メンバーが担う役割は時代を反映して変化しており、家族はその社会の変容を反映する。本章では、諸外国と比較した日本の家族の特徴、結婚と離婚、再婚、子育てをめぐる問題と援助、家族への臨床的アプローチである家族療法について概説した。私たちの育ちに大きな影響を与え続ける複雑さと多様性を内包した家族への理解を深めてほしい。

第 1 章

Allport, G. W. (1954). *The nature of prejudice*. Addison-Wesley.

Allport, G. W. (1968). The historical background of modern social psychology. In G. A. Lindzey & E. Aronson (Eds.), *The handbook of social psychology*. Vol. 1 (pp. 1-46). New York: McGraw Hill.

Asch, S. E. (1951). Effects of group pressure on the modification and distortion of judgments. In H. Guetzkow (Ed.), *Groups, leadership and men : reseach in human relations* (pp. 177-190). Pittsburgh, PA: Carnegie Press.

Bargh, J. A., Chen, M., & Burrows, L. (1996). Automaticity of social behavior: Direct effects of trait construct and stereotype activation on action. *Journal of Personality and Social Psychology*, 71(2), 230-244.

Cousins, S. D. (1989). Culture and self-perception in Japan and the United States. *Journal of Personality and Social Psychology*, 56(1), 124.

Dijksterhuis, A., & Van Knippenberg, A. (1998). The relation between perception and behavior, or how to win a game of trivial pursuit. *Journal of personality and social psychology*, 74(4), 865-877.

Fiske, S. T., & Taylor, S. E. (1984). *Social cognition*. Reading, MA: Addison-Wesley.

Fiske, S. T., & Taylor, S. E. (2008). *Social cognition: From brains to culture*. New York: McGraw-Hill. (宮本聡介・唐沢穣・小林千博・原奈津子 (編訳) (2013). 社会的認知研究：脳から文化まで　北大路書房)

Kanizsa, G. (1955), Margini quasi-percettivi in campi con stimolazione omogenea. *Rivista di Psicologia*, 49(1), 7-30.

Markus, H. R., & Kitayama, S. (1991). Culture and the self: Implications for cognition, emotion, and motivation. *Psychological Review*, 98(2), 224-253.

Milgram, S. (1963). Behavioral study of obedience. *The Journal of Abnormal and Social Psychology*, 67(4), 371-378.

Searle, A. (1999). Introducing research and data in psychology: A guide to methods and analysis. London: Routledge. (宮本聡介・渡辺真由美 (訳) (2005). 心理学研究法入門　新曜社)

富永健一 (1995). 社会学講義：人と社会の学　中公新書

Triandis, H. C. (1995). Individualism and collectivism. Boulder, CO: Westview Press.

宇都宮京子 (編) (2006). よくわかる社会学　ミネルヴァ書房

第 2 章

American Educational Research Association, American Psychological Association, & National Council on Measurement in Education. (2014). *Standards for educational and psychological testing*. Washington, DC: American Educational Research Association.

American Psychological Association (2009). *Publication manual of the American Psychological Association.* (6th ed.). Washington, DC: American Psychological Association. (前田樹海・江藤裕之・田中建彦 (訳) (2011). APA論文作成マニュアル 第2版 医学書院)

Anastasi, A., & Urbina, S. (1997). *Psychological Testing.* (7th ed.). Upper Saddle River: Prentice-Hall.

Baron, R. M., & Kenny, D. A. (1986). The moderator-mediator variable distinction in social psychological research: Conceptual, strategic, and statistical considerations. *Journal of Personality and Social Psychology,* 5, 1173-1182.

Cohen, J. (1988). *Statistical power analysis for the behavioral sciences.* (2nd ed.). Hillsdale, NJ: Erlbaum.

Cronbach, L. J., & Meehl, P. E. (1955). Construct validity in psychological tests. *Psychological Bulletin,* 52, 281-302.

Cronbach, L. J., & Shavelson, R. J. (2004). My current thoughts on coefficient alpha and successor procedures. *Educational and Psychological Measurement,* 64, 391-418.

Durlak, J. A. (2009). How to select, calculate, and interpret effect sizes. *Journal of Pediatric Psychology,* 34, 917-928.

Feldt, L. S., & Brennan, R. L. (1989). Reliability. In R. L. Linn (Ed.), *Educational measurement.* (3rd ed. pp. 147-209). New York: McMillan. (池田央・藤田恵璽・柳井晴夫・繁桝算男 (監訳) (1992). 教育測定学 原著第3版 C.S.L. 学習研究所)

Gaertner, L., Iuzzini, J., & O' Mara, E. M. (2008). When rejection by one fosters aggression against many: Multiple-victim aggression as a consequence of social rejection and perceived groupness. *Journal of Experimental Social Psychology,* 44, 958–970.

南風原朝和 (2002). 心理統計学の基礎：統合的理解のために 有斐閣アルマ

南風原朝和 (2011). 臨床心理学をまなぶ7 量的研究法 東京大学出版会

南風原朝和 (2012). 研究委員会企画チュートリアルセミナー 尺度の作成・使用と妥当性の検討 教育心理学年報, 51, 213-217.

南風原朝和 (2014). 続・心理統計学の基礎：統合的理解を広げ深める 有斐閣アルマ

Hill, A. B. (1965). The environment and disease: Association or causation? *Proceedings of the Royal Society of Medicine,* 58, 295-300.

Hogan, T. P., Benjamin, A., & Brezinski, K. L. (2000). Reliability methods: A note on the frequency of use of various types. *Educational and Psychological Measurement,* 60, 523-531.

Leary, M. R., Kowalski, R. M., Smith, L., & Phillips, S. (2003). Teasing, rejection, and violence: Case studies of the school shootings. *Aggressive Behavior,* 29, 202-214.

Messick, S. (1989). Validity. In R. L. Linn (Ed.), *Educational measurement* (3rd ed., pp. 13-103). New York: McMillan. (池田央・藤田恵璽・柳井晴夫・繁桝算男 (監訳) (1992). 教育測定学 原著第3版 C.S.L. 学習研究所)

Messick, S. (1995). Validity of psychological assessment: Validation of inferences from persons' responses and performance as scientific inquiry into score meaning. *American Psychologist,* 50, 741-749.

宮川雅巳 (2004). 統計的因果推論：回帰分析の新しい枠組み 朝倉書店

村上隆 (1999). 妥当性 中島義明・安藤清志・子安増生・坂野雄二・繁桝算男・立花政夫・箱田裕司 (編) 心理学辞典 (pp. 564) 有斐閣

村山航（2012）．妥当性：概念の歴史的変遷と心理測定学的観点からの考察　教育心理学年報, 51, 118-130.

岡田謙介（2011）．クロンバックのα係数とは何だったのか：信頼性係数のレビューと実データ分析　専修人間科学論集（心理学篇）, 1, 91-98.

岡田謙介（2015）．心理学と心理測定における信頼性について：Cronbachのα係数とは何なのか，何でないのか　教育心理学年報, 54, 71-83.

大久保街亜・岡田謙介（2012）．伝えるための心理統計：効果量・信頼区間・検定力　勁草書房

Raykov, T. (2001). Bias of coefficient alpha for fixed congeneric measures with correlated errors. *Applied Psychological Measurement*, 25, 69-76.

Rosenthal, R. (1994). *Meta-analytic procedures for social research*. California: Sage Publications.

Shevlin, M., Miles, J. N. V., Davies, M. N. O., & Walker, S. (2000). Coefficient alpha: A useful indicator of reliability? *Personality and Individual Differences*, 28, 229-237.

清水裕士・荘島宏二郎（2017）．社会心理学のための統計学　誠信書房

鈴川由美（2009）．間接効果の信頼区間と集団比較　豊田秀樹（編著）共分散構造分析【実践編】：構造方程式モデリング（pp. 209-222）朝倉書店

高本真寛・服部環（2015）．国内の心理尺度作成論文における信頼性係数の利用動向　心理学評論, 58, 220-235.

Williams, K. D., Cheung, C. K. T., & Choi, W. (2000). Cyberostracism: Effects of being ignored over the Internet. *Journal of Personality and Social Psychology*, 79, 748-762.

Williams, K. D., & Jarvis, B. 2006). Cyberball: A program for use in research on interpersonal ostracism and acceptance. *Behavior Research Methods*, 38, 174-180.

山本真理子・松井豊・山成由紀子（1982）．認知された自己の諸側面の構造　教育心理学研究, 30, 64-68.

Yanagisawa, K., Masui, K., Furutani, K., Nomura, M., Ura, M., & Yoshida, H. (2011). Does higher general trust serve as a psychosocial buffer against social pain? An NIRS study of social exclusion. *Social Neuroscience*, 6, 190-197.

第3章

Asch, S. E. (1946). Forming impressions of personality. *Journal of Abnormal and Social Psychology*, 41, 258-290.

Brewer, M. B. (1988). A dual process model of impression formation. In T. K. Srull & R. S. Wyer (Eds.), *Advances in Social Cognition*. Vol. 1 (pp. 1-36). Hillsdale, NJ: Erlbaum.

Collins, A. M., & Loftus, E. F. (1975). A spreading-activation theory of semantic processing. *Psychological Review*, 82, 407-428.

Devine, P. G. (1989). Stereotypes and prejudice: Their automatic and controlled components. *Journal of Personality and Social Psychology*, 56, 5-18.

Eyal, T., Hoover, G. M., Fujita, K., & Nussbaum, S. (2011). The effect of distance-dependent construals on schema-driven impression formation. *Journal of Experimental Social Psychology*, 47, 278-281.

Fiske, S. T., & Neuberg, S. L. (1990). A continuum of impression formation, from category-based to individuating processes: Influences of information and motivation on attention and interpretation. In M.

P. Zanna (Ed.), *Advances in Experimental Social Psychology*. Vol. 23 (pp. 1-74). NY: Academic Press.

Gilbert, D. T., & Malone, P. S. (1995). The correspondence bias. *Psychological Bulletin*, 117, 21-38.

Gilbert, D. T., Pelham, B. W., & Krull, D. S.(1988). On cognitive busyness: When person perceivers meet persons perceived. *Journal of Personality and Social Psychology*, 54, 733-740.

Heider, F. (1958). *The Psychology of Interpersonal Relations*, New York: Wiley.

Herr, P. M. (1986). Consequences of priming: judgment and behavior. *Journal of Personality and Social Psychology*, 51, 1106-1115.

Higgins, E. T., & Rholes, W. J. (1978). "Saying is Believing": Effects of message modification on memory and liking for the person described. *Journal of Experimental Social Psychology*, 14, 363-378.

岩男壽美子 (2000). テレビドラマのメッセージ：社会心理学的分析 勁草書房

Jones, E. E., & Davis, K. E. (1965). From acts to dispositions: the attribution process in person perception. In L. Berkowitz (Ed.), *Advances in experimental social psychology*. vol. 2 (pp. 219-266). NY: Academic Press.

Jones, E. E., & Harris, V. A. (1967). The attribution of attitudes. *Journal of Experimental Social Psychology*, 3, 1–24.

Kashima, Y. (2000). Maintaining cultural stereotypes in the serial reproduction of narratives. *Personality and Social Psychology Bulletin*, 26, 594-604.

工藤恵理子 (2003). 対人認知過程における血液型ステレオタイプの影響：血液型信念に影響されるものは何か 実験社会心理学研究, 43, 1-21.

及川昌典・及川晴 (2010). 無意識の認知、行動、動機づけ：同化効果と対比効果のメカニズムと調整要因 心理学評論, 53, 483-496.

Smith, E. R., & Miller, F. D. (1983). Mediation among attributional inferences and comprehension processes: Initial findings and a general method. *Journal of Personality and Social Psychology*, 44, 492-505.

Stewart, R. H. (1965). Effect of continuous responding on the order effect in personality impression formation. *Journal of Personality and Social Psychology*, 1, 161-165.

菅さやか・唐沢穣 (2006). 人物の属性表現にみられる社会的ステレオタイプの影響 社会心理学研究, 22, 180-188.

第4章

Alicke, M. D., Klotz, M. L., Breitenbecher, D. L., Yurak, T. J., & Vredenburg, D. S. (1995). Personal contact, individuation, and the better-than-average effect. *Journal of Personality and Social Psychology*, 68, 804-825.

Altman, I., & Taylor, D. A. (1973). *Social penetration: The development of interpersonal relationships*. New York: Holt, Rinehart & Winston.

Andersen, S. M., & Chen, S. (2002). The relational self: An interpersonal social-cognitive theory. *Psychological Review*, 109, 619–645.

Baumeister, R. F., Bratslavsky, E., Muraven, M., & Tice, D. M. (1998). Ego depletion: Is the active self a limited resource? *Journal of Personality and Social Psychology*, 74, 1252-1265.

Baumeister, R. F., Vohs, K. D., & Tice, D. M. (2007). The strength model of self-control. *Current Directions in Psychological Science*, 16, 351–355.

Berglas, S., & Jones, E. E. (1978). Drug choice as a self-handicapping strategy in response to noncontingent success. *Journal of Personality and Social Psychology*, 36, 405-417.

Bosson, J. K., Swann, W. B., Jr., & Pennebaker, J. W. (2000). Stalking the perfect measure of implicit self-esteem: The blind men and the elephant revisited? *Journal of Personality and Social Psychology*, 79, 631–643.

Buss, A. H. (1980). *Self-consciousness and social anxiety*. San Francisco: Freeman.

Carver, C. S. (2012). Self-awareness. In M. R. Leary & J. P. Tangney (Eds.), *Handbook of self and identity* (2nd ed., pp. 50-68). New York: Guilford Press.

Carver, C. S., & Scheier, M. F. (1998). *On the self-regulation of behavior*. Cambridge, UK: Cambridge University Press.

Cesario, J., Grant, H., & Higgins, E. T. (2004). Regulatory fit and persuasion: Transfer from "feeling right". *Journal of Personality and Social Psychology*, 86, 388-404.

Crocker, J., & Wolfe, C. T. (2001). Contingencies of self-worth. *Psychological Review*, 108, 593-623.

Dunning, D. (1995). Trait importance and modifiability as factors influencing self-assessment and self-enhancement motives. *Personality and Social Psychology Bulletin*, 21, 1297-1306.

Duval, S., & Wicklund, R. A. (1972). *A theory of objective self-awareness*. New York: Academic Press.

Fenigstein, A. (1984). Self-consciousness and the overperception of self as a target. *Journal of Personality and Social Psychology*, 47, 860-870.

Fenigstein, A., Scheier, M. F., & Buss, A. H. (1975). Public and private self-consciousness: Assessment and theory. *Journal of Consulting and Clinical Psychology*, 43, 522-527.

Fiske, S. T., & Taylor, S. E. (2017). *Social cognition: From brains to culture* (3rd ed.). Thousand Oaks, CA: SAGE Publications.

Greenwald, A. G., & Farnham, S. D. (2000). Using the implicit association test to measure self-esteem and self-concept. *Journal of Personality and Social Psychology*, 79, 1022-1038.

Harris, P. R., Mayle, K., Mabbott, L., & Napper, L. (2007). Self-affirmation reduces smokers' defensiveness to graphic on-pack cigarette warning labels. *Health Psychology*, 26, 437-446.

Heine, S. J., Kitayama, S., Lehman, D. R., Takata, T., Ide, E., Leung, C., & Matsumoto, H. (2001). Divergent consequences of success and failure in Japan and North America: An investigation of self-improving motivations and malleable selves. *Journal of Personality and Social Psychology*, 81, 599-615.

Higgins, E. T. (1998). Promotion and prevention: Regulatory focus as a motivational principle. In M. P. Zanna (Ed.), *Advances in experimental social psychology*. Vol. 30 (pp. 1-46). San Diego, CA: Academic Press.

Higgins, E. T., Friedman, R. S., Harlow, R. E., Idson, L. C., Ayduk, O. N., & Taylor, A. (2001). Achievement orientations from subjective histories of success: Promotion pride versus prevention pride. *European Journal of Social Psychology*, 31, 3-23.

伊藤忠弘（1999）．社会的比較における自己高揚傾向：平均以上効果の検討　心理学研究, 70, 367-374.

James, W.（1890）. *The principles of psychology.* Vol. 1. New York: Henry Holt and Company.

Jones, E. E., & Pittman, T. S.（1982）. Toward a general theory of strategic self-presentation. In J. Suls（Ed.）, *Psychological perspectives on the self.* Vol.1（pp. 231-262）. Hillsdale, NJ: Erlbaum.

Jordan, C. H., Spencer, S. J., Zanna, M. P., Hoshino-Browne, E., & Correll, J.（2003）. Secure and defensive high self-esteem. *Journal of Personality and Social Psychology,* 85, 969-978.

Leary, M. R., & Baumeister, R. F.（2000）. The nature and function of self-esteem: Sociometer theory. In M. P. Zanna（Ed.）, *Advances in experimental social psychology.* Vol.32（pp. 1-62）. San Diego, CA: Academic Press.

Lieberman, M. D., Jarcho, J. M., & Satpute, A. B.（2004）. Evidence-based and intuition-based self-knowledge: An fMRI study. *Journal of Personality and Social Psychology,* 87, 421-435.

Markus, H. R.（1977）. Self-schemata and processing information about the self. *Journal of Personality and Social Psychology,* 35, 63-78.

中村陽吉（編）（1990）.「自己過程」の社会心理学　東京大学出版会

中村陽吉（2006）．新 心理学的社会心理学：社会心理学の 100 年　ブレーン出版

沼崎誠・工藤恵理子（1995）．自己の性格特性の判断にかかわる課題の選好を規定する要因の検討：自己査定動機・自己確証動機　心理学研究, 66, 52-57.

大渕憲一（2015）．失敗しない謝り方　CCCメディアハウス

Pennebaker, J. W.（1997）. *Opening up: The healing power of expressing emotions.* New York: Guilford Press.（余語真夫（監訳）（2000）．オープニングアップ：秘密の告白と心身の健康　北大路書房 ）

Rogers, T. B., Kuiper, N. A., & Kirker, W. S.（1977）. Self-reference and the encoding of personal information. *Journal of Personality and Social Psychology,* 35, 677-688.

Rosenberg, M.（1965）. *Society and the adolescent self-image.* Princeton, NJ: Princeton University Press.

Scheier, M. F.（1976）. Self-awareness, self-consciousness, and angry aggression. *Journal of Personality,* 44, 627-644.

Scheier, M. F., Fenigstein, A., & Buss, A. H.（1974）. Self-awareness and physical aggression. *Journal of Experimental Social Psychology,* 10, 264-273.

Schlenker, B. R.（2012）. Self-presentation. In M. R. Leary & J. P. Tangney（Eds.）, *Handbook of self and identity*（2nd ed., pp. 542-570）. New York: Guilford Press.

Solomon, S., Greenberg, J., & Pyszczynski, T.（1991）. A terror management theory of social behavior: The psychological functions of self-esteem and cultural worldviews. In M. P. Zanna（Ed.）, *Advances in experimental social psychology.* Vol. 24（pp. 93-159）. San Diego, CA: Academic Press.

Steele, C. M.（1988）. The psychology of self-affirmation: Sustaining the integrity of the self. In L. Berkowitz（Ed.）, *Advances in experimental social psychology.* Vol. 21（pp. 261–302）. New York: Academic Press.

Suls, J., Lemos, K., & Stewart, H. L.（2002）. Self-esteem, construal, and comparisons with the self, friends, and peers. *Journal of Personality and Social Psychology,* 82, 252-261.

Swann, W. B., Stein-Seroussi, A., & Giesler, R. B.（1992）. Why people self-verify. *Journal of Personality and Social Psychology,* 62, 392-401.

太幡直也（2017）．懸念的被透視感が生じている状況における対人コミュニケーションの心理学的研究　福村出版

Taylor, S. E., & Brown, J. D. (1988). Illusion and well-being: A social psychological perspective on mental health. *Psychological Bulletin*, 103, 193-210.

Tesser, A. (1988). Toward a self-evaluation maintenance model of social behavior. In L. Berkowitz (Ed.), *Advances in experimental social psychology*. Vol. 21 (pp. 181-227). New York: Academic Press.

Tice, D. M. (1992). Self-concept change and self-presentation: The looking glass self is also a magnifying glass. *Journal of Personality and Social Psychology*, 63, 435-451.

Trope, Y. (1983). Self-assessment in achievement behavior. In J. Suls, & A. G. Greenwald (Eds.), *Psychological perspectives on the self*. Vol. 2 (pp. 93-121). Hillsdale, NJ: Erlbaum.

Turner, J. C., Hogg, M. A., Oakes, P. J., Reicher, S. D., & Wetherell, M. S. (1987). *Rediscovering the social group: A self-categorization theory*. New York: Basil Blackwell.（蘭千壽・磯崎三喜年・内藤哲雄・遠藤由美（訳）（1995）．社会集団の再発見：自己カテゴリー化理論　誠信書房）

内田由紀子（2008）．日本文化における自己価値の随伴性：日本版自己価値の随伴性尺度を用いた検証　心理学研究, 79, 250-256.

Vorauer, J. D. (2001). The other side of the story: Transparency estimation in social interaction. In G. B. Moskowitz (Ed.), *Cognitive Social Psychology: The Princeton symposium on the legacy and future of social cognition* (pp. 261-276). Mahwah, NJ: Erlbaum.

Wilson, A. E., & Ross, M. (2001). From chump to champ: People's appraisals of their earlier and present selves. *Journal of Personality and Social Psychology*, 80, 572-584.

Yamaguchi, S., Greenwald, A. G., Banaji, M. R., Murakami, F., Chen, D., Shiomura, K., Kobayashi, C., Cai, H., & Krendl, A. (2007). Apparent universality of positive implicit self-esteem. *Psychological Science*, 18, 498-500.

山本真理子・松井豊・山成由紀子（1982）．認知された自己の諸側面の構造　教育心理学研究, 30, 64-68.

第 5 章

Ajzen, I., & Fishbein, M., (1980). *Understanding attitudes and predicting social behavior*. Englewood Cliff, NJ: Prentice-Hall.

Allport, G. W. (1935). Attitude. In C. Murchinson (Ed.), *A Handbook of Social Psychology* (pp. 798-804) Worcester: Clark University Press.

Aronson, E., & Carlsmith, J. M. (1963). Effect of the severity of threat on the de valuation of forbidden behavior. *Journal of Abnormal and Social Psychology*, 66, 584-588.

Aronson, E., & Mills, J. (1959). The effect of severity of initiation on liking for a group. *Journal of Abnormal and Social Psychology*, 59, 177-181.

Brehm, J. W. (1956). Postdecision changes in desirability of alternatives. *Journal of Abnormal and Social Psychology*, 52, 384-389.

Chaiken, S., (1980). Heuristic versus systematic information processing and use of source versus message cues in persuasion. *Journal of Personality and Social Psychology*, 39, 752-766.

Chaiken, S., Liberman, A., & Eagly, A. H., (1989). Heuristic and systematic information processing within and beyond the persuasion context. In J. S. Uleman & J. A. Bargh (Eds.), *Unintended Thought* (pp. 212-252). New York: Guilford Press.

Dasgupta & N., McGee, D. E., Greenwald, A. G., Banaji, M. R. (2000). Automatic preference for white americans: Eliminating the familiarity explanation. *Journal of Experimental Social Psychology*, 36, 316-328.

Fazio, R. H., (1990). Multiple proccesses by which attitude guide behavior: The MODE model as an integrative framework . In M. P. Zanna (Ed.), *Advances in Experimental Social Psychology*. Vol.23. (pp. 75-109). New York: Academic Press.

Fazio, R. H., Jackson, J. R., Dunton, B. C., & Williams, C. J. (1995). Variability in automatic activation as an unobtrusive measure of racial attitudes: a bona fide pipeline? *Journal of Personality and Social Psychology*, 69, 1013-1027.

Festinger, L. (1957). *A theory of cognitive dissonance*. Row: Peterson.

Festinger, L., & Carlsmith, J. M. (1959). Cognitive consequences of forced compliance. *Journal of Abnormal and Social Psychology*, 58, 203-210.

Greenwald, A. G., McGee, D. E., & Schwartz, J. L. K. (1998). Measuring individual differences in implicit cognition: The implicit association test. *Journal of Personality and Social Psychology*, 74, 1464-1480.

原岡一馬 (1984). 態度と態度変容　古畑和孝・鈴木康平・白樫三四郎・大橋正夫 (編) 現代社会心理学：個人と集団・社会 (pp. 60-80)　朝倉書店

Heider, F. (1964). *The psychology of interpersonal relations*. New York: John Wiley & Sons.

Hovland, C. I., Janis, I. L., & Kelley, H. H., (1953). *Communication and Persuasion: Psychological studies of opinion change*. New Haven: Yale University Press.

Hovland, C. I., & Weiss, W. (1951). The influence of source credibility on communication effectiveness. *Public Opinion Quarterly*, 15, 635-650.

岩下豊彦 (1983). SD法によるイメージの測定：その理解と実施の手引　川島書店

Krech, D., & Crutchfield, R. S. (1948). *Theory and problems of social psychology*. New York: MacGraw-Hill.

LaPiere, R. T. (1934). Atitudes and actions. *Social Forces*, 13, 230- 237.

Linder, D. E., Cooper, J., & Jones, E. E. (1967). Decision freedom as a determinant of the role of incentive magnitude in attitude change. *Journal of Personality and Social Psychology*, 6, 245-254.

McGuire, W. J. (1969). The nature of attitudes and attitude change. In Elliot Aronson & Gardner Lindzey (Eds.), *The Handbook of Social Psychology* (2nd Ed., vol. 3, pp. 136-314). Massachusetts: Addison-Wesley.

Newcomb, T. M. (1960). Varieties of interpersonal attraction. In D. Cartwright and A. Zander (Eds.), *Group Dynamics: research and theory*. (2nd. ed.) Evanston: Harper & Row.

西田公昭 (1995). マインド・コントロールとは何か　紀伊国屋書店

西田公昭 (2019). なぜ、人は操られ支配されるのか　さくら舎

Osgood, C. E., & Suci, G. J., & Tannenbaum, P. H. (1957). *The measurement of meaning*. Urbana: University of Illinois Press.

Petty, R. E., & Cacioppo, J. T.(1979). Issue involvement can increase or decrease persuasion by enhancing message-relevant cognitive responses. *Journal of Experimental Social Psychology*, 37, 1915-1926.

Petty, R. E., & Cacioppo, J. T., (1986). The elaboration likelihood model of persuasion. In L. Berkowitz (Ed.), *Advances in Experimental Social Psychology*. Vol. 19（pp. 123-205）. New York: Academic Press.

Rosenberg, M. J. (1960). A structural theory of attitude dynamics. *Public Opinion Quarterly*. 24, 319-340.

Rosenberg, M. J., & Hovland, C. I. (1960). Cognitive, affective and behavioral components of attitudes. In: M. J. Rosenberg, & C. I. Hovland, (Eds.), *Attitude Organization and Change: An Analysis of Consistency among Attitude Components*. New Haven: Yale University Press.

Taylor, S. E. (1981). The influence of cognitive and social psychology. In J. H. Harvey (Ed.), *Cognition, social behavior, and the environment*. Hillsdale: Lawrence Erlbaum Associates.

Thurstone, L. L., (1928). Attitudes can be measured. *American Journal of Sociology*, 33, 529-554.

第6章

Averill, J. R. (1982). *Anger and Aggression: An Essay on Emotion*. Springer-Verlag.

Bower, G. H. (1991), Mood Congruity of Social Judgments. In J. P. Forgas (Ed.), *Emotion and Social Judgments* (pp. 31-53). New York: Pergamon Press.

Buss, A. H. (1980). *Self-consciousness and social anxiety*. San Francisco: Freeman.

Forgas, J. P. (1995). Mood and judgement: The affect infusion model (AIM). *Psychological Bulletin*, 117, 39-66.

Gilbert, D. T., Lieberman, M. D., Morewedge, C. K., & Wilson, T. D. (2004). The peculiar longevity of things not so bad. *Psychological Science*, 15, 14-19.

日比野桂・湯川進太郎（2004）. 怒り経験の鎮静化過程：感情・認知・行動の時系列的変化　心理学研究, 74, 521-530.

北村英哉（2002）. ムード状態が情報処理方略に及ぼす効果：ムードの誤帰属と有名さの誤帰属の2課題を用いた自動的処理と統制的処理の検討　実験社会科心理学研究, 41, 84-97.

Klein, K., & Boals, A. (2001). Expressive writing can increase working memory capacity. *Journal of Experimental Psychology: General*, 130, 520-533.

Latané, B. (1981). The psychology of social impact. *American Psychologist*, 36, 343-356.

Leary, M. R. (1983). Social anxiousness: The construct and its measurement. *Journal of Personality Assessment*, 47, 66-75.

Lewis, M. (2008). The Emergence of Human Emotions. In M. Lewis, J. M. Haviland-Jones, & L. F. Barrett (Eds.) *Handbook of Emotions*. (3rd ed., pp. 304-319). New York: Guilford Press.

Maslow, A. (1954). *Motivation and Personality*. New York: Harper.

Pennebaker, J. W. (1997). *Opening up: The healing power of expressing emotions*. New York: Morrow. （余語真夫（監訳）（2000）オープニング・アップ：秘密の告白と心身の健康　北大路書房）

Russell, J. A. (1980). A circumplex model of affect. *Journal of Personality and Social Psychology*, 39,

1161-1178.

Schlenker, B. R., & Leary, M. R. (1982). Social anxiety and self-presentation: A conceptualization and model. *Psychological Bulletin, 92*, 641-669.

Schwarz, N., & Clore, G. L. (1983). Mood, misattribution, and judgments of well-being: Informative and directive functions of affective states. *Journal of Personality and Social Psychology, 45*, 513-523.

菅原健介 (1992). 対人不安の類型に関する研究 社会心理学研究, 7, 19-28.

鈴木平・春木豊 (1994). 怒りと循環器系疾患の関連性の検討 健康心理学研究, 7, 1-13.

Van Boven, L., & Loewenstein, G. (2003). Social projection of transient drive states. *Personality and Social Psychology Bulletin, 29*, 1159-1168.

Van Boven, L., Loewenstein, G., & Dunning, D. (2005). The illusion of courage in social predictions: Underestimating the impact of fear of embarrassment on other people. *Organizational Behavior and Human Decision Processes, 96*, 130-141.

Wegner, D. M. (1994). Ironic processes of mental control. *Psychological Review, 101*, 34-52.

Wilson, T. D., & Gilbert, D. T. (2003). Affective Forecasting. In M. P. Zanna (Ed.), *Advances in Experimental Social Psychology*. Vol.35 (pp. 345-411). San Diego: Academic Press.

第7章

Aron, A., Lewandowski, G. W. Jr., Mashek, D., & Aron, E. N. (2013). The self-expansionmodel of motivation and cognition in close relationships. In J. A. Simpson & L. Campbell (Eds.), *The Oxford handbook of close relationships* (pp. 90-115). New York: Oxford University Press.

Branje, S. J. T., Frijns, T., Finkenauer, C., Engels, R., & Meeus, W. (2007). You are my best friend: Commitment and stability in adolescents' same-sex friendships. *Personal Relationships, 14*, 587–603.

Burton-Chellew, M. N., & Dunbar, R. I. M. (2015). Romance and reproduction are socially costly. *Evolution Behavioral Science, 9*, 229-241.

Cloutier, J., Heatherton, T. F., Whalen, P. J., & Kelley, W. M. (2008). Are attractive people rewarding? Sex differences in the neural substrates of facial attractiveness. *Journal of Cognitive Neuroscience, 20*, 941-951.

Collins, T. J., & Gillath, O.(2012). Attachment, breakup strategies, and associated outcomes: The effects of security enhancement on the selection of breakup strategies. *Journal of Research in Personality, 46*, 210-222.

DiLorenzo, M. G., Chum, G. T., Weidmark, L. V., & MacDonald, G. (2017). Presence of attachment figure is associated with greater sensitivity to physical pain following mild social exclusion. *Social Psychological and Personality Science*. Advance online publication.

Dunbar, R. I. M. (1992). Neocortex size as a constraint on group size in primates. *Journal of Human Evolution, 20*, 469-493.

Dunbar, R. I. M. (2014). *Human evolution*. London: Penguin Books. (鍛原多恵子 (訳) (2016). 人類進化の謎を解き明かす インターシフト)

Dunbar, R. I. M. (2018). The anatomy of friendship. *Trends in Cognitive Sciences, 22*, 32-51.

Eisenberger, N.I., Lieberman, M.D., & Williams, K.D. (2003). Does rejection hurt? An fMRI study of social exclusion. *Science*, 302, 290–292.

Fagundes, C. P., & Schindler, I. (2012). Making of romantic attachment bonds: Longitudinal trajectories and implications for relationship stability. *Personal Relationships*, 19, 723-742.

Fehr, B. (1999). Stability and commitment in friendships. In J. M. Adams & W. H. Jones (Eds.), *Handbook of Interpersonal Commitment and Relationship Stability* (pp. 259-280). New York: Plenum.

Finkel, E. J., & Eastwick, P. W. (2015). Interpersonal attraction: In search of a theoretical Rosetta Stone. In M. Mikulincer & P. R. Shaver (Eds.), *APA Handbook of Personality and Social Psychology* (pp. 179-210). American Psychological Association.

Foa, U. G. (1971). Interpersonal and economic resources. *Science*, 171, 345-351.

Johnson, M. P. (2008). *A typology of domestic violence: intimate terrorism, violent resistance, and situational couple violence.* Lebanon: Northeastern University Press.

金政祐司・荒井崇史・島田貴仁・石田仁・山本功 (2018). 親密な関係破綻後のストーカー的行為のリスク要因に関する尺度作成とその予測力　心理学研究, 89, 160-170.

増田匡裕 (1994). 恋愛関係における排他性の研究　実験社会心理学研究, 34, 164-182.

Masuda, M. (2006). Perspectives on premarital post-dissolution relationships: Account-making of friendships between former romantic partners. In M. Fine & J. H. Harvey (Eds.), *The handbook of divorce and relationship dissolution* (pp. 113-132). Mahwah, NJ: Lawrence Erlbaum Associates.

Mills, J., Clark, M., Ford, T. E., & Johnson, M. (2004). Measurement of communal strength. *Personal Relationships*, 11, 213-230.

Montoya, R. M., & Horton, R. S. (2013). A meta-analytic investigation of the processes underlying the similarity-attraction effect. *Journal of Social and Personal Relationships*, 30, 64-94.

Montoya, R. M., Kershaw, C., & Prosser, J. L. (2017). A meta-analytic investigation of the relation between interpersonal attraction and enacted behavior. *Psychological Bulletin*, 144, 673-709.

奥田秀宇 (1994). 恋愛関係における社会的交換過程：公平、投資、および互恵モデルの検討　実験社会心理学研究, 34, 82-91.

Overall, N. C., Hammond, M., & McNulty, J. K. (2016). When power shapes interpersonal behavior: Low Relationship power predicts men's aggressive responses to low situational power. *Journal of Personality and Social Psychology*, 111, 195-217.

Owen, J., & Fincham, F. D. (2011). Effects of gender and psychosocial factors on "friends with benefits" relationships among young adults. *Archives of Sexual Behavior*, 40, 311-320.

Pietromonaco, P. R., & Collins, N. L. (2017). Interpersonal mechanisms linking close relationships to health. *American Psychologist*, 72, 531-542.

Roberts, S. G. B., & Dunbar, R. I. M.(2011). The costs of family and friends: An 18-month longitudinal study of relationship maintenance and decay. *Evolution and Human Behavior*, 32, 186-192.

Rusbult, C. E., & Van Lange, P. A. M. (2003). Interdependence, interaction, and relationships. *Annual Review of Psychology*, 54, 351-375.

相馬敏彦・浦光博 (2009). 親密な関係における特別観が当事者たちの協調的・非協調的志向性に及ぼす影響　実験社会心理学研究, 49, 1–16.

Sprecher, S. (2001). Equity and social exchange in dating couples: Association with satisfaction, commitment, and stability. *Journal of Marriage and Family*, 63, 599-613.

Stanley, S. M., Rhoades, G. K., Scott, S. B., Kelmer, G., Markman, H. J., & Fincham, F. D. (2017). Asymmetrically committed relationships. *Journal of Social and Personal Relationships*, 34, 1241-1259.

立脇洋介 (2007). 異性交際中の感情と相手との関係性　心理学研究, 78, 244-251.

Umemura, T., Lacinová, L., Macek, P., & Kunnen, E. S. (2017). Longitudinal changes in emerging adults' attachment preferences for their mother, father, friends, and romantic partner. *International Journal of Behavioral Development*, 41, 136-142.

浦光博 (2010). 自己概念と自尊心　浦光博・北村英哉 (編) 展望 現代の社会心理学 I　個人のなかの社会 (pp. 172-195) 誠信書房

VanderDrift, L. E., Agnew, C. R., Harvey, S. M., & Warren, J. T. (2013). Whose intentions predict? Power over condom use within heterosexual dyads. *Health Psychology*, 32, 1038.

VanderDrift, L. E., Lewandowski, G. W., Jr., & Agnew, C. R. (2011). Reduced self-expansion in current romance and interest in relationship alternatives. *Journal of Social and Personal Relationships*, 28, 356-373.

Walster, E., Aronson, V., Abrahams, D., & Rottman, L. (1966) Importance of physical attractiveness in dating behavior. *Journal of Personality and Social Psychology*, 4, 508-516.

Zsok, F., Haucke, M., De Wit, C. Y., & Barelds, D. P. (2017). What kind of love is love at first sight? An empirical investigation. *Personal Relationships*, 24, 869-885.

第 8 章

相羽美幸・松井豊 (2013). 男性用恋愛スキルトレーニングプログラム作成の試み　筑波大学心理学研究, 45, 21-31.

相羽美幸・太刀川弘和・福岡欣治・遠藤剛・白鳥裕貴・土井永史・松井豊・朝田隆 (2013). 自殺念慮とソーシャル・サポートの互恵性：茨城県笠間市民を対象とした地域住民調査から　自殺予防と危機介入, 33, 17-26.

相羽美幸・太刀川弘和・福岡欣治・遠藤剛・白鳥裕貴・松井豊・朝田隆 (2013). 簡易ソーシャル・サポート・ネットワーク尺度 (BISSEN) の開発　精神医学, 55, 863-873.

Aiba, M., Tachikawa, H., Fukuoka, Y., Lebowitz, A., Shiratori, Y., Doi, N., & Matsui, Y. (2017). Standardization of Brief Inventory of Social Support Exchange Network (BISSEN) in Japan. *Psychiatry Research*, 253, 364-372.

相川充 (1995). 人間関係のスキルと訓練　高橋正臣 (監) 人間関係の心理と臨床 (pp. 68-80)　北大路書房

相川充 (2000). 人づきあいの技術：社会的スキルの心理学　サイエンス社

Argyle, M., (1967). *The psychology of interpersonal behavior*. Penguin Books.

Bar-Tal, D. (1976). *Prosocial behavior: Theory and research*. New York: John Wiley & Sons.

Batson, C. D. (2011). *Altruism in Humans*. Oxford: Oxford University Press. (菊池章夫・二宮克美 (訳) (2012). 利他性の人間学：実験社会心理学からの回答　新曜社)

Buunk, B. P., Doosje, B. J., Jans, L. G. J. M., & Hopstaken, L. E. M. (1993). Perceived reciprocity, social support, and stress at work: The role of exchange and communal orientation. *Journal of Personality and Social Psychology*, 65, 801-811.

Cobb, S. (1976). Social support as a moderator of life stress. *Psychosomatic Medicine*, 38, 300-314.

Cohen, S., & Wills, T. A. (1985). Stress, social support, and the buffering hypothesis. *Psychological bulletin*, 98, 310-357.

De Boo, G. M., & Prins, P. J. M. (2007). Social incompetence in children with ADHD: Possible moderators and mediators in social-skills training. *Clinical Psychology Review*, 27, 78-97.

Eisenberg, N., & Fabes, R. A. (1991). Prosocial behavior and empathy. In M. S. Clark (Ed.), *Prosocial behavior. Review of personality and social psychology*, Vol.12. SAGE.

Fehr, E., & Gächter, S. (2002). Altruistic punishment in humans. *Nature*, 415, 137-140.

福岡欣治 (1999). 友人関係におけるソーシャル・サポートの入手 - 提供の互恵性と感情状態：知覚されたサポートと実際のサポート授受の観点から　静岡県立大学短期大学部研究紀要, 13, 57-70.

Fyrand, L. (2010). Reciprocity: A predictor of mental health and continuity in elderly people's relationships? A review. *Current Gerontology and Geriatrics Research*, 2010, 340161.

Gintis, H. (2000). Strong reciprocity and human sociality. *Journal of Theoretical Biology*, 206, 169-179.

Goldstein, A. P., Sprafkin, R. P., Gershaw, N. J., & Klein, P. (1980). *Skill training approach to teaching prosocial skills*. Research Press.

岩佐一・権藤恭之・増井幸恵・稲垣宏樹・河合千恵子・大塚理加・小川まどか・高山緑・藺牟田洋美・鈴木隆雄 (2007). 日本語版「ソーシャル・サポート尺度」の信頼性ならびに妥当性：中高年者を対象とした検討　厚生の指標, 54, 26-33.

周玉慧・深田博巳 (1996). ソーシャル・サポートの互恵性が青年の心身の健康に及ぼす影響　心理学研究, 67, 33-41.

加藤由美・安藤美華代 (2015). 新任保育者の心理社会的ストレスを予防するための心理教育 "サクセスフル・セルフ" のプロセス評価研究　岡山大学大学院教育学研究科研究集録, 160, 1-10.

菊池章夫・堀毛一也 (1994). 社会的スキルの心理学：100 のリストとその理論　川島書店

Latané, B., & Darley, J. M. (1970). *The unresponsive bystander: Why doesn't he help?* New York: Applenton-Century Crofts. (竹村研一・杉崎和子 (訳) (1977). 冷淡な傍観者：思いやりの社会心理学　ブレーン出版)

Lazarus, R. S., & Launier, R. (1978). Stress-related transactions between person and environment. In L. A. Pervin & M. Lewis. (Eds.), *Perspectives in interactional psychology*. (pp. 287-327). New York: Springer.

松井豊・浦光博 (1998). 援助とソーシャル・サポートの研究概略　松井豊・浦光博 (編) 人を支える心の科学 (pp. 2-17)　誠信書房

Nelson-Jones, R. (1990). *Human Relationship Skills: Training and Self-help*. (2nd edition). London: Cassell. (相川充 (訳) (1993). 思いやりの人間関係スキル：一人でできるトレーニング　誠信書房)

Rook, K. S. (1987). Reciprocity of social exchange and social satisfaction among older women. *Journal of Personality and Social Psychology*, 52, 145-154.

高山蓮花・谷本公重・笠井勝代・森津太子 (2012). 看護基礎教育における SST の効果とプログラムの検

討 香川大学看護学雑誌, 16, 29-37.

Toi, M., & Batson, C. D. (1982). More evidence that empathy is a source of altruistic motivation. *Journal of Personality and Social Psychology*, 43, 281-292.

Trower, P. (1995). Adult social skills: State of the art and future directions. In W. O' Donohue & L. Krasner. (Eds.), *Handbook of psychological skills training: Clinical techniques and applications* (pp. 54-80). Boston: Allyn and Bacon.

Wolpe, J. (1982). *The practice of behavior therapy*. (3rd edition). New York: Pergamon Press.

山本陽一・兪善英・松井豊 (2015). 南関東居住者の東日本大震災への募金に及ぼす共感の影響 心理学研究, 85, 590-595.

吉野優香・相川充 (2017). 被援助場面で経験される感謝感情と負債感情の生起過程モデルの検討 心理学研究, 88, 535-545.

第9章

大坊郁夫 (1998). しぐさのコミュニケーション：人は親しみをどう伝えあうか サイエンス社

Ekman, P., & Friesen, W. V. (1969). The Repertoire of Nonverbal Behavior: Categories, Origins, Usage, and Coding. *Semiotica*, 1, 49-98.

Ekman, P., & Friesen, W. V. (1975). *Unmasking the face: a guide to recognizing emotions from facial clues*. Englewood Cliffs, NJ: Prentice-Hall. (工藤力 (訳) (1987). 表情分析入門：表情に隠された意味をさぐる 誠信書房)

Exline, R. V. (1963). Explorations in the process of person perception: Visual interaction in relation to competition, sex and need for affiliation. *Journal of Personality*, 31, 1-20.

Giles, H., & Ogay, T. (2007). Communication Accommodation Theory. In B. B. Whaley & W. Samter (Eds.), *Explaining communication: Contemporary theories and exemplar*. (pp. 293-310). Mahwah, N. J.: Lawrence Erlbaum Associates Publishers.

Hall, E. T. (1966). *The hidden dimension*. New York: Doubleday. (日高敏隆・佐藤信行 (訳) (1970). かくれた次元 みすず書房)

Hall, E. T. (1976). *Beyond culture*. New York: Anchor Books.

堀毛一也 (1994a). 恋愛関係の発展・崩壊と社会的スキル 実験社会心理学研究, 34, 116-128.

堀毛一也 (1994b). 人当たりの良さ尺度 菊池章夫・堀毛一也 (編) 社会的スキルの心理学：100 のリストとその理由 (pp. 168-176) 川島書店

飯塚雄一・橋本由里・飯塚一裕 (2011). 恋愛感情が視線行動に及ぼす影響 島根県立大学短期大学部出雲キャンパス研究紀要, 6, 1-11.

磯友輝子・木村昌紀 (2005). 3者間会話場面における非言語的行動の果たす役割 大坊郁夫 (編) 社会的スキル向上を目指す対人コミュニケーション (pp. 31-86) ナカニシヤ出版

金山宣夫 (1983). 世界20カ国ノンバーバル事典 研究社出版

Karasawa, M., & Maass, A. (2008). The role of language in the perception of persons and groups. In R. M. Sorrentino & S. Yamaguchi (Eds.) *Handbook of Motivation and Cognition Across Cultures*. (pp. 317-342). San Diego, CA: Academic Press.

Kendon, A. (1967). Some functions of gaze-direction in social interaction. *ActaPsychologica*, 26, 22-63.

Mahl, G. F. (1956). Disturbances and silences in the patients' speech in psychotherapy. *Journal of Abnormal and Social Psychology*, 53, 1-15.

西出和彦（1985）．人と人との間の距離　建築と実務，5, 95-99.

小川一美（2011）．対人コミュニケーションに関する実験的研究の動向　教育心理学年報，50, 187-198.

Rubin, Z. (1973). *Liking and Loving: an invitation to social psychology*. New York: Holt, Rinehart & Winston. （市川孝一・樋野芳雄（訳）（1991）．愛することの心理学　新思索社）

Ruscher, J. B. (1998). Prejudice and stereotyping in everyday communication. In M. P. Zanna（Ed.）, *Advances in experimental social psychology*. Vol. 30. (pp. 241–307). New York: Academic Press.

Ruscher, J. B. (2001). *Prejudiced communication: A social psychological perspective*. New York: The Guilford Press.

Shannon, C. E., & Weaver, W. (1949). *The mathematical theory of communication*. Urbana: The University of Illinois Press.

渋谷昌三（1986）．近接心理学のすすめ　講談社

Sommer, R. (1969). *Personal space: The behavioral basis of design*. Englewood Cliffs, N.J.: Prentice-Hall. （穐山貞登（訳）（1972）．人間の空間：デザインの行動的研究　鹿島出版会）

竹内郁郎（1973）．社会的コミュニケーションの構造　内川芳美・岡部慶三・竹内郁郎・辻村明（編）講座　現代の社会とコミュニケーション 1　基礎理論　東京大学出版会

田中政子（1973）．Personal space の異方的構造について　教育心理学研究，21, 223-232.

第 10 章

Allport, G. W. (1954). *The nature of prejudice*. Reading, MA: Addison-Wesley.

浅井暢子（2018）．偏見の低減と解消　北村英哉・唐沢穣（編）偏見や差別はなぜ起こる？：心理メカニズムの解明と現象の分析（pp. 73-93）　ちとせプレス

Barlow, F. K., Paolini, S., Pedersen, A., Hornsey, M. J., Radke, H. R. M., Harwood, J., Rubin, M., & Sibley, C. G. (2012). The contact caveat: Negative contact predicts increased prejudice more than positive contact predicts reduced prejudice. *Personality and Social Psychology Bulletin*, 38, 1629-1643.

Brewer, M. B., & Miller, N. (1984). Beyond the contact hypothesis: Theoretical perspectives on desegregation. In N. Miller & M. B. Brewer (Eds.), *Groups in contact: The psychology of desegregation* (pp. 281-302). Orland, FL: Academic Press.

Brown, R. (2010). *Prejudice: Its social psychology* (2nd ed.). Chichester, West Sussex: Wiley-Blackwell.

Crisp, R. J., & Turner, R. N. (2009). Can imagined interactions produce positive perceptions?: Reducing prejudice through simulated social contact. *American Psychologist*, 64, 231-240.

Cuddy, A. J. C., Fiske, S. T., & Glick, P. (2007). The BIAS map: Behaviors from intergroup affect and stereotypes. *Journal of Personality and Social Psychology*, 92, 631-648.

Cuddy, A. J. C., Fiske, S. T., Kwan, V. S. Y., Glick, P., Demoulin, S., Leyens, J.-P., ... Ziegler, R. (2009). Stereotype content model across cultures: Towards universal similarities and some differences. *British Journal of Social Psychology*, 48, 1-33.

Devine, P. G. (1989). Stereotypes and prejudice: Their automatic and controlled components. *Journal of Personality and Social Psychology, 56*, 5-18.

Festinger, L. (1954). A theory of social comparison processes. *Human Relations, 7*, 117-140.

Fiske, S. T., Cuddy, A. J. C., Glick, P., & Xu, J. (2002). A model of (often mixed) stereotype content: Competence and warmth respectively follow from perceived status and competition. *Journal of Personality and Social Psychology, 82*, 878-902.

Gaertner, S. L., & Dovidio, J. F. (2000). *Reducing intergroup bias : The common ingroup identity model.* Philadelphia, PA: Psychology Press.

Hamilton, D. L., & Gifford, R. K. (1976). Illusory correlation in interpersonal perception: A cognitive basis of stereotypic judgments. *Journal of Experimental Social Psychology, 12*, 392-407.

Hamilton, D. L., & Trolier, T. K. (1986). Stereotypes and stereotyping: An overview of the cognitive approach. In J. F. Dovidio & S. L. Gaertner (Eds.), *Prejudice, discrimination, and racism* (pp. 127-163). Orland, FL: Academic Press.

Huddy, L., & Feldman, S. (2011). Americans respond politically to 9/11: Understanding the impact of the terrorist attacks and their aftermath. *American Psychologist, 66*, 455-467.

Kunda, Z., & Sherman-Williams, B. (1993). Stereotypes and the construal of individuating information. *Personality and Social Psychology Bulletin, 19*, 90-99.

Linville, P. W., Fischer, G. W., & Salovey, P. (1989). Perceived distributions of the characteristics of in-group and out-group members: Empirical evidence and a computer simulation. *Journal of Personality and Social Psychology, 57*, 165-188.

Maass, A., Milesi, A., Zabbini, S., & Stahlberg, D. (1995). Linguistic intergroup bias: Differential expectancies or in-group protection? *Journal of Personality and Social Psychology, 68*, 116-126.

Mackie, D. M., Maitner, A. T., & Smith, E. R. (2016). Intergroup emotions theory. In T. D. Nelson (Ed.), *Handbook of prejudice, stereotyping, and discrimination* (2nd ed., pp.149-174). New York: Psychology Press.

Macrae, C. N., Bodenhausen, G. V., Milne, A. B., & Jetten, J. (1994). Out of mind but back in sight: Stereotypes on the rebound. *Journal of Personality and Social Psychology, 67*, 808-817.

Park, B., & Judd, C. M. (1990). Measures and models of perceived group variability. *Journal of Personality and Social Psychology, 59*, 173-191.

Roseman, I. J., & Smith, C. A. (2001). Appraisal theory: Overview, assumptions, varieties, controversies. In K. R. Scherer, A. Schorr, & T. Johnstone (Eds.), *Appraisal processes in emotion: Theory, methods, research* (pp. 3-19). New York: Oxford University Press.

Semin, G. R., & Fiedler, K. (1988). The cognitive functions of linguistic categories in describing persons: Social cognition and language. *Journal of Personality and Social Psychology, 54*, 558-568.

Steele, C. M., & Aronson, J. (1995). Stereotype threat and the intellectual test performance of African Americans. *Journal of Personality and Social Psychology, 69*, 797-811.

Steele, C. M., Spencer, S. J., & Aronson, J. (2002). Contending with group image: The psychology of stereotype and social identity threat. In M. P. Zanna (Ed.), *Advances in experimental social psychology* Vol. 34. (pp. 379-440). San Diego, CA: Academic Press.

Tajfel, H. (1978). Social categorization, social identity, and social comparison. In H. Tajfel (Ed.), *Differentiation between social groups: Studies in the social psychology of intergroup relations* (pp. 61-76). London: Academic Press.

Tajfel, H., Billig, M. G., Bundy, R. P., & Flament, C. (1971). Social categorization and intergroup behaviour. *European Journal of Social Psychology*, 1, 149-178.

Tajfel, H., & Wilkes, A. L. (1963). Classification and quantitative judgement. *British Journal of Psychology*, 54, 101-114.

Turner, J. C., Hogg, M. A., Oakes, P. J., Reicher, S. D., & Wetherell, M. S. (1987). *Rediscovering the social group: A self-categorization theory*. Oxford: Basil Blackwell.

Wigboldus, D. H. J., Semin, G. R., & Spears, R. (2000). How do we communicate stereotypes? Linguistic bases and inferential consequences. *Journal of Personality and Social Psychology*, 78, 5-18.

Wright, S. C., Aron, A., McLaughlin-Volpe, T., & Ropp, S. A. (1997). The extended contact effect: Knowledge of cross-group friendships and prejudice. *Journal of Personality and Social Psychology*, 73, 73-90.

第 11 章

Anderson, C., & Berdahl, J. L. (2002). The experience of power: Examining the effects of power on approach and inhibition tendencies. *Journal of Personality and Social Psychology*, 83, 1362-1377.

Anderson, C., & Kilduff, G. J. (2009). Why do dominant personalities attain influence in face-to-face groups? The competence-signaling effects of trait dominance. *Journal of Personality and Social Psychology*, 96(2), 491-503.

Bass, B. M., Avolio, B. J., & Atwater, L. (1996). *The transformational and transactional leadership of men and women: An extension of some old comparisons*. Binghamton: Center for Leadership Studies, State University of New York.

Burns, J. M. (1978). *Leadership*. New York: Harperperennial Politicalclassics.

Carr, P. B., & Walton, G. M. (2014). Cues of working together fuel intrinsic motivation. *Journal of Experimental Social Psychology*, 53, 169-184.

Cartwright, D., & Zander, A. F. (1968). *Group dynamics*. London: Tavistock.

Diener, E., Fraser, S. C., Beaman, A. L., & Kelem, R. T. (1976). Effects of deindividuation variables on stealing among Halloween trick-or-treaters. *Journal of Personality and Social Psychology*, 33, 178-183.

Diener, E., & Wallbom, M. (1976). Effects of self-awareness on antinormative behavior. *Journal of Research in Personality*, 10(1), 107-111.

Duval, S., & Wicklund, R. A. (1972). *A theory of objective self awareness*. Oxford, England: Academic Press.

Epitropaki, O., & Martin, R. (2004). Implicit leadership theories in applied settings: factor structure, generalizability, and stability over time. *Journal of Applied Psychology*, 89, 293-310.

Epitropaki, O., & Martin, R. (2005). From ideal to real: A longitudinal study of the role of implicit leadership theories on leader-member exchanges and employee outcomes. *Journal of applied psychology*, 90, 659-676

Gilovich, T., Medvec, V. H., & Savitsky, K. (2000). The spotlight effect in social judgment: An egocentric bias in estimates of the salience of ones own actions and appearance. *Journal of Personality and Social Psychology*, 78, 211-222.

Hertel, G., Kerr, N. L., & Messé, L. A. (2000). Motivation gains in performance groups: Paradigmatic and theoretical developments on the Köhler effect. *Journal of Personality and Social Psychology*, 79, 580-601.

Hogg, M. A., Turner, J. C., & Davidson, B. (1990). Polarized norms and social frames of reference: A test of the self-categorization theory of group polarization. *Basic and Applied Social Psychology*, 11, 77-100.

Iyengar, S., & Westwood, S. J. (2014). Fear and loathing across party lines: new evidence on group polarization. *American Journal of Political Science*, 59, 690-707.

Janis, I. L. (1972). *Victims of groupthink: A psychological study of foreign-policy decisions and fiascoes*. Oxford, England: Houghton Mifflin.

Janis, I. L. (1982) *Groupthink: Psychological studies of policy decisions and fiasces*. Oxford, England: Houghton Mifflin.

Judge, T. A., Bono, J. E., Ilies, R., & Gerhardt, M. W. (2002). Personality and leadership: A qualitative and quantitative review. *Journal of Applied Psychology*, 87, 765-780.

Karau, S. J., & Williams, K. D. (1993). Social loafing: A meta-analytic review and theoretical integration. *Journal of Personality and Social Psychology*, 65, 681-716.

Keltner, D., Gruenfeld, D. H., & Anderson, C. (2003). Power, approach, and inhibition. *Psychological Review*, 110, 265-284.

Kerr, N. L. (1983). Motivation loss in small groups: A social dilenmma analysis. *Journal of Personality and Social Psychology*, 45, 819-828.

Latané, B., Williams, K., & Harkins, S. (1979). Many hands make light the work: The causes and consequences of social loafing. *Journal of Personality and Social Psychology*, 37, 822-832.

LeBon , G (1895). *The crowd: A study of the popular mind*. London: Unwin.

Load, R. G. (1985). An information processing approach to social perceptions, leadership perceptions and behavioral measurement in organizational settings. In B. M. Staw & L. L. Cummings (Eds.), *Research in organizational behavior* (Vol.7, pp. 85-128). Greenwich, CT: JAI Press.

三隅二不二 (1966). 新しいリーダーシップ：集団指導の行動科学　ダイヤモンド社

Moscovici, S., & Zavalloni, M. (1969). The group as a polarizer of attitudes. *Journal of Personality and Social Psychology*, 12(2), 125-135.

Myers, D. G., & Lamm, H. (1976). The group polarization phenomenon. *Psychological Bulletin*, 83(4), 602-627.

Offermann, L. R., Kennedy, J. K., & Wirtz, P. W. (1994). Implicit leadership theories: Content, structure, and generalizability. *The Leadership Quarterly*, 5(1), 43-58.

岡本仁 (2016). 動物はいかにして闘いをやめるのか：闘争と制御のメカニズム　加藤忠史（編）ここま

でわかった！　脳とこころ　日本評論社

Reicher, S. D., Spears, R., & Postmes, T. (1995). A Social Identity Model of Deindividuation Phenomena. *European Review of Social Psychology*, 6(1), 161-198.

Spears, R., Lea, M., & Lee, S. (1990). De-individuation and group polarization in computer-mediated communication. *British Journal of Social Psychology*, 29(2), 121-134.

Triplett, N. (1898). The Dynamogenic Factors in Pacemaking and Competition. *The American Journal of Psychology*, 9(4), 507.

Williams, K. D., & Karau, S. J. (1991). Social loafing and social compensation: The effects of expectations of co-worker performance. *Journal of Personality and Social Psychology*, 61, 570-581.

Zajonc, R. B. (1965). Social facilitation. *PsycEXTRA* Dataset. doi:10.1037/e505132009-001

Zimmer, C., & Emlen, D. J. (2013). *Evolution: Making sense of life*. Greenwood Village, CO: Roberts and Company.

Zimbardo, P. G. (1969). The human choice: Individuation, reason and order versus deindividuation, impulse and chaos. In W. J. Arnold and D. Levine (Eds.) *Nebraska Symposium on Motivation* (pp. 237-307). Lincoln: University of Nebraska Press.

第12章

Back, M. D., Stopfer, J. M., Vazire, S., Gaddis, S., Schmukle, S. C., Egloff, B., & Gosling, S. D. (2010). Facebook profiles reflect actual personality, not self-idealization. *Psychological Science*, 21, 372-374.

Bargh, J. A., McKenna, K. Y. A., & Fitzsimons, G. M. (2002). Can you see the real me? Activation and expression of the "true self" on the Internet. *Journal of Social Issues*, 58, 33–48.

藤桂・吉田富二雄 (2009). インターネット上での行動内容が社会性・攻撃性に及ぼす影響：ウェブログ・オンラインゲームの検討より　社会心理学研究, 25, 121-132.

藤桂・吉田富二雄 (2010). オンラインゲーム上の対人関係が現実生活の社会性および攻撃性に及ぼす影響　心理学研究, 80, 494-503.

Galloway, S. (2017). *The four: The hidden DNA of Amazon, Apple, Facebook, and Google*. USA: Penguin Group.

Harmon, A. (1998). Sad, lonely world discovered in cyberspace: Internet as a cause of depression. *The New York Times*, August 30, 1.

Joinson, A. (2001). Self-disclosure in computer-mediated communication: The role of self-awareness and visual anonymity. *European Journal of Social Psychology*, 31, 177-192.

Kraut, R., Kiesler, S., Boneva, B., Cummings, J. N., Helgeson, V., & Crawford, A. M. (2002). Internet paradox revisited. *Journal of Social Issues*, 58, 49–74.

Kraut, R., Patterson, M., Lundmark, V., Kiesler, S., Mukopadhyay, T., & Scherlis, W. (1998). Internet paradox: A social technology that reduces social involvement and psychological well-being? *The American Psychologist*, 53, 1017-1031.

McKenna, K. Y. A., & Bargh, J. A. (1998). Coming out in the age of the internet: Identity "demarginalization" through virtual group participation. *Journal of Personality and Social*

Psychology, 75, 681–694.

Reicher, S. D., Spears, R., & Postmes, T.（1995）. A social identity model of deindividuation phenomena. *European Review of Social Psychology*, 6, 161-198.

Siegel, J., Dubrovsky, V., Kiesler, S., & McGuire, T. W.（1986）. Group processes in computer-mediated communication. *Organizational Behavior and Human Decision Processes*, 37, 157–187.

Spears, R., Lea, M., & Postmes, T.（2007）. Computer-mediated communication and social identity. In A. Joinson, K. McKenna, T. Postmes & U. Reips（Eds.）*Oxford handbook of Internet psychology*. Oxford: Oxford University Press.

Sproull, L., & Kiesler, S.（1986）. Reducing social context cues: Electronic mail in organizational communication. *Management Science*, 32, 1492-1512.

Steers, M. L. N., Wickham, R. E., & Acitelli, L. K.（2014）. Seeing everyone else's highlight reels: How Facebook usage is linked to depressive symptoms. *Journal of Social and Clinical Psychology*, 33, 701-731.

Stronge, S., Osborne, D., West-Newman, T., Milojev, P., Greaves, L. M., Sibley, C. G., & Wilson, M. S.（2015）. The facebook feedback hypothesis of personality and social belonging. *New Zealand Journal of Psychology*, 44, 4–13.

Sunstein, C. R.（2001）. *Republic. com*. Princeton: Princeton University Press.

田中辰雄・山口真一（2016）. ネット炎上の研究　勁草書房

Walther, J. B.（1992）. Interpersonal effects in computer-mediated interaction: A relational perspective. *Communication Research*, 19, 52–90.

Walther, J. B.（1995）. Relational aspects of computer-mediated communication. *Organization Science*, 6, 186-203.

Walther, J. B.（1996）. Computer-mediated communication: Impersonal, interpersonal, and hyperpersonal interaction. *Communication Research*, 23, 3-43.

Walther, J. B., Slovacek, C. L., & Tidwell, L. C.（2001）. Is a picture worth a thousand words?: Photographic images in long-term and short-term computer-mediated communication. *Communication Research*, 28, 105-134.

山口真一（2015）. 実証分析による炎上の実態と炎上加担者属性の検証　情報通信学会誌, 33, 53-65.

第13章

Baumeister, R. F.（1998）. The Self. In D. T. Gilbert, S. T. Fiske, & G. Lindzey（Eds.）, *The handbook of social psychology*（4th ed., Vol. 1, pp. 680-740）. New York: McGraw-Hill.

Baumeister, R. F., Campbell, J. D., Krueger, J. I., & Vohs, K. D.（2003）. Does high self-esteem cause better performance, interpersonal success, happiness, or healthier lifestyles? *Psychological Science in the Public Interest*, 4(1), 1–44.

ベネディクト, R.　長谷川松治（訳）（2005）菊と刀　講談社学術文庫

Brown, J. D.（1993）. Self-esteem and self-evaluation: Feeling is believing. In J. Suls（Ed.）, *Psychological perspectives on the self*（Vol.4, pp. 27-58）. Hillsdale, NJ: Lawrence Erlbaum Associates.

Brown, J. D., & Kobayashi, C. (2002). Self-enhancement in Japan and in America. *Asian Journal of Social Psychology*, 5, 145-168.

Cross, P. (1977). Not can but will college teaching be improved. *New Directions for Higher Education*, 17, 1-15.

Dunning, D., Meyerowitz, J., & Holzberg, A. D. (1989). Ambiguity and self-evaluation: The role of idiosyncratic trait definitions in self-serving assessments of ability. *Journal of Personality and Social Psychology*, 57, 1082-1090.

遠藤由美（1997）．親密な関係性における高揚と相対的自己卑下　心理学研究, 68, 387- 395.

Endo, Y., Heine, S. J., & Lehman, D. R. (2000). Culture and positive illusions in close relationships: How my relationships are better than yours. *Personality and Social Psychology Bulletin*, 26, 1571-1586.

Gentile, B., Twenge, J. M., & Campbell, W. K. (2010). Birth cohort differences in self-esteem, 1988–2008: A cross-temporal meta-analysis. *Review of General Psychology*, 14 (3), 261–268.

Greenwald, A. G., McGhee, D. E., & Schwarz, J. L. K. (1998). Measuring individual differences in implicit cognition: The implicit association test. *Journal of Personality and Social Psychology*, 74, 1464-1480.

Hamamura, T., & Heine, S. J. (2008). The role of self-criticism in self-improvement and face maintenance among Japanese. In E. C. Chang (Ed.), (2008). *Self-criticism and self-enhancement: Theory, research, and clinical implications* (pp. 105-122). Washington, DC, US: American Psychological Association.

Heine, S. J., & Hamamura, T. (2007). In search of East Asian self-enhancement. *Personality and Social Psychology Review*. 11, 1-24.

Heine, S. J., Kitayama, S., Lehman, D. R., Takata, T., Ide, E., Leung, C., & Matsumoto, H. (2001). Divergent consequences of success and failure in Japan and North America: An investigation of self-improving motivations and malleable selves. *Journal of Personality and Social Psychology*. 81, 599-615.

ホフステード, G.　岩井紀子・岩井八郎（訳）(1995).　多文化世界：違いを学び共存への道を探る　有斐閣

ホフステード, G.・ホフステード, G. J.・ミンコフ, M.　岩井八郎・岩井紀子（訳）(2013).　多文化世界【原著第3版】：違いを学び未来への道を探る　有斐閣

伊藤忠弘（1999）．社会的比較における自己高揚傾向：平均以上効果の検討　心理学研究, 70, 367-374.

木内亜紀（1995）．独立・相互依存的自己理解尺度の作成および信頼性・妥当性の検討　心理学研究, 66, 100-106.

Heine, S. J., & Lehman, D. R. (1995). Cultural variation in unrealistic optimism: Does the west feel more invulnerable than the east? *Journal of Personality and Social Psychology*, 68, 595-607.

小林知博（2019）．顕在的自尊心と潜在的自尊心　日本心理学会（編）心理学ワールド, 87, 21-22.

Kobayashi, C., & Greenwald, A. D. (2003) Implicit-explicit diffenrences in self-enhancement for Americans and Japanese. *Journal of Cross-Cultural Psychology*, 34, 522-541.

Leary, M. R., Raimi, K. T., Jongman-Sereno, K. P., & Diebels, K. J. (2015). Distinguishing intrapsychic from interpersonal motives in psychological theory and research. *Perspectives on Psychological Science*, 10, 497-517.

Markus, H. R., & Kitayama, S. (1991). Culture and the self: Implications for cognition, emotion, and motivation. *Psychological Review*, 98, 224-253.

増田貴彦・山岸俊男（2010）．文化心理学：心がつくる文化，文化がつくる心【上下巻】　培風館

マツモト，D. 南雅彦・佐藤公代（監訳）（2001）．文化と心理学：比較文化心理学入門　北大路書房

村本由紀子・山口勧（1997）．もうひとつの self-serving bias：日本人の帰属における自己卑下・集団奉仕傾向の共存とその意味について　実験社会心理学研究, 37, 65-75.

Myers, D.G. (1993). *Social psychology* (4th ed.). New York: McGraw-Hill.

内閣府（2014）．平成 26 年度版 子ども・若者白書 https://www8.cao.go.jp/youth/whitepaper/h26honpen/pdf_index.html（2019.1.15 閲覧）

小塩真司・岡田涼・茂垣まどか・並川努・脇田貴文（2014）．自尊感情平均値に及ぼす年齢と調査年の影響：Rosenberg の自尊感情尺度日本語版のメタ分析　教育心理学研究, 62, 273-282.

Sedikides, C., Gaertner, L., & Toguchi, Y. (2003). Pancultural self-enhancement. *Journal of Personality and Social Psychology*, 84, 60-79.

Sedikides, C., & Strube, M. J. (1997). Self-evaluation: To thine own self be good, to thine own self be sure, to thine own self be true, and to thine own self be better. In M. P. Zanna (Ed.), *Advances in experimental social psychology*. Vol. 29 (pp. 209-269). New York: Academic Press.

鈴木一代（2006）．異文化間心理学へのアプローチ：文化・社会のなかの人間と心理学　ブレーン出版

高田利武・大本美千恵・清家美紀（1996）．相互独立的−相互協調的自己観尺度（改訂版）の作成　奈良大学紀要, 24, 157-173.

高野陽太郎（2008）．「集団主義」という錯覚：日本人論の思い違いとその由来　新曜社

Taylor, S. E., & Brown, J. D. (1988). Illusion and well-being: A social psychological perspective on mental health. *Psychologial Bulletin*, 103, 193-210.

Taylor, S. E., & Brown, J. D. (1994). Positive illusion and well-being revisited: Separating fact from fiction. *Psychological Bulletin*, 116, 21-27.

Triandis, H. C. (1988). Collectivism v. individualism: A reconceptualization of a basic concept in cross-cultural social psychology. In G. K. Verma & C. Bagley (Eds.), *Cross-cultural studies of personality, attitudes and cognition* (pp. 60-95). London Macmillan.

トリアンディス，H. C. 神山貴弥・藤原武弘（編訳）（2002）．個人主義と集団主義：2 つのレンズを通して読み解く文化　北大路書房

Twenge, J. M. (2004) Cultural and social antecedents of self-esteem: Race, birth cohort, and socioeconomic status . 5th Annual Meeting of the Society for Personality and Social Psychology, Austin, Texas, January 29-31, 2004.

Twenge, J. M., & Campbell, W. K. (2001). Age and birth cohort differences in self-esteem: A cross-temporal meta-analysis. *Personality and Social Psychology Review*, 5, 321–344.

Uchida, Y., Takemura, K., Fukushima, S., Saizen, I., Kawamura, Y., Hitokoto, H., Koizumi, N., & Yoshikawa, S. (2019). Farming cultivates a community-level shared culture through collective activities: Examining contextual effects with multilevel analyses. *Journal of Personality and Social Psychology*, 116, 1-14.

ヴァルシナー，J. サトウタツヤ（監訳）（2013）．新しい文化心理学の構築　新曜社

山岸俊男（2002）．心でっかちな日本人：集団主義文化という幻想　日本経済新聞社

Yamaguchi, S. (1994). Collectivism among the Japanese: A perspective from the self. In U. Kim, H. C. Triandis, C. Kagitcibasi, S. C. Choi, & G. Yoon (Eds.), *Individualism and collectivism: Theory, method, and applications* (pp. 175-188). Thousand Oaks, CA: Sage.

Yamaguchi, S., Greenwald, A. G., Banaji, M. R., Murakami, F., Chen, D., Shiomura, K., Kobayashi, C., Cai, H., & Krendle, A. (2007). Apparent universality of positive implicit self-esteem. *Psychological Science*, 18, 498-450.

Yamaguchi, S., Kuhlman, D. M., & Sugimori, S. (1995). Personality correlates of allocentric tendencies in individualist and collectivist cultures. *Journal of Cross-Cultural Psychology*, 26, 658-672.

Weinstein, N. D. (1980). Unrealistic optimism about future life events. *Journal of Personality and Social Psychology*, 39, 806-820.

第14章

飽戸弘（1992）．コミュニケーションの社会心理学　筑摩書房

Allport, G. W., & Postman, L. (1947). *The psychology of rumor*. New York: Henry Holt.（南博（訳）（1952）．デマの心理学　岩波書店）

Anthony, S. (1973). Anxiety and rumor. *The Journal of Social Psychology*, 89, 91-98.

Chorus, A. (1953).The basic law of rumor. *Journal of Abnormal and Social Psychology*, 48, 313-314.

Fritz, C. E., & Williams H. B. (1957). "The Human Being in Disasters: A Research Perspective." *The Annals of the American Academy of Political and Social Science*, 309, 42-51.

橋元良明（1988）．災害時流言　安倍北夫・三隅二不二・岡部慶三（編）自然災害の行動科学　福村出版

広瀬弘忠（1984）．生存のための災害学：自然・人間・文明　新曜社

広瀬弘忠（2011）．きちんと逃げる　アスペクト

池内一（1968）．流行　八木冕（編）心理学Ⅱ　培風館

Katz, E., & Lazarsfeld, P. F. (1955). *Personal Infruence: The part played by people in the flow of mass communications*. New York, NY: The Free Press.（竹内郁郎（訳）（1965）パーソナル・インフルエンス　培風館）

川本勝（1981）．流行の社会心理　勁草書房

Latané, B., & Darley, J. M. (1968). Group inhibition of bystander intervention in emergencies. *Journal of Personality and Social Psychology*, 10, 215-221.

McDougall, W. (1920). *The group mind.: A sketch of the principles of collective psychology with some attempt to apply them to the interpretation of national life and character*. London: Cambridge University Press.

三上俊治（1988）．自然災害とパニック　安倍北夫・三隅二不二・岡部慶三（編）自然災害の行動科学　福村出版

南博（1957）．体系社会心理学　光文社

南博（1958）．社会心理学入門　岩波書店

Mintz, A. (1951). Non-adaptive group behavior. *Journal of Abnormal and Social Psychology*, 46, 150-159.

宮本悦也（1972）．流行学：文化にも法則がある　ダイヤモンド社

Moore, G. K.（1991）. *Crossing the chasm: Marketing and selling high-tech products to mainstream customers.* N.Y. : Harper Business.（川又政治（訳）（2002）. キャズム　翔泳社）

Moore, G. K.（2014）. *Crossing The chasm: Marketing and selling high-tech products to mainstream customers.*（3rd ed.）N.Y. : Harper Business.（川又政治（訳）（2014）. キャズム Ver. 2 増補改訂版： 新商品をブレイクさせる「超」マーケティング理論　翔泳社）

ニューズワーク阪神大震災取材チーム（1995）. 流言兵庫：阪神大震災で乱れ飛んだ噂の検証　碩文社

Nystrom, P. H.（1928）. *Economics of Fashion.* Ronald Press.

Perry, R. W., Lindell, M. K., & Greene, M. R.（1980）. *Evacuation decision-making and emergency planning.* Battelle, Human Affairs Research Centers.

Rogers, E. M.（1962）. *Diffusion of innovations.* Free Press.（藤竹暁（訳）（1966）. 技術革新の普及過程　培風館）

Rogers, E. M.（2003）. *Diffusion of innovations.*（5th ed.）. Free Press.（三藤利雄（訳）（2007）. イノベーションの普及　翔泳社）

斉藤定良（1959）. 流行　戸川行男（編）現代社会心理学Ⅳ 大衆現象の心理　中山書店

Shibutani, T.（1966）. *Improvised news: A sociological study of rumor.* Indianapolis: The Bobbs-Merrill.

清水裕・小松祐子（1994）. ラクロスブーム　松井豊（編）ファンとブームの社会心理　サイエンス社

Smelser, N. J.（1963）. *Theory of collective behavior.* New York: Macmillan.（会田彰・木原孝（訳）（1973）. 集合行動の理論　誠信書房）

鈴木裕久（1977）. 流行　池内一（編）講座社会心理学 3 集合現象　東京大学出版会

鈴木裕久（1980）. 流行現象と変化について　年報社会心理学, 21, 93-108.

Tarde, J. G.（1901）. *L'opinion et la foule.* Paris: Félix Alcan.（稲葉三千男（訳）（1989）. 世論と群集　未來社）

田崎篤郎（1986）. 災害情報と避難行動　東京大学新聞研究所（編）災害と人間行動　東京大学出版会

Turner, R. H., & Killian, L. M.（1972）. *Collective Behavior.*（2nd ed.）. NJ: Prentice-Hall, Englewood Cliffs.

上市秀雄・楠見孝（2013）. リスク認知　日本発達心理学会（編）　矢守克也・前川あさ美（責任編集）災害・危機と人間　新曜社

宇野善康（1990）. 普及学講義：イノベーション時代の最新科学　有斐閣

Young, K.（1951）. *Social psychology.* F. S. Crofts.

第 15 章

Amato, P. R.（2010）. Research on divorce: Continuing trends and new development. *Journal of Marriage and Family*, 72, 650-666.

Amato, P. R., & Cheadle, J.（2009）. The long reach of divorce: Divorce and child well-being across three generations. *Journal of Marriage and Family*, 67, 191-206.

Bauserman, M. R.（2002）. Child adjustment in joint-custody versus sole-custody arrangement: A meta-analysis review. *Journal of Family Psychology*, 16, 91-102.

Boss, P.（1999）. *Ambiguous Loss: Learning to Live with Unsolved Grief.* Harvard University Press.（南山浩二（訳）（2005）.「さよなら」のない別れ 別れのない「さよなら」：あいまいな喪失　学文社）

福島哲夫（2018）．公認心理師必携テキスト　学研プラス

Hetherington, E. M., & Kelly, J. (2002). *Far better or far worse: Divorce reconsidered.* New York: W.W. Norton.

Kapinus, C.A.（2005）. The effect of parental marital quality of young adults'attitude toward divorce. *Social Perspective,* 48, 319-335.

柏木惠子・大野祥子・平山順子（2006）．家族心理学への招待：今、日本の家族は？　家族の未来は？　ミネルヴァ書房

柏木惠子・若松素子（1994）．「親となる」ことによる人格発達：生涯発達的視点から見る親を研究する試み　発達心理学研究, 5(1), 72-83.

Kelly, J. B., & Emery, R. E. (2003). Children's adjustment following divorce: Risks and resilience perspectives. *Family Relations,* 52, 352-362.

厚生労働省（2017a）．人口動態調査報告

厚生労働省（2017b）．平成28年度全国母子世帯等調査結果報告

厚生労働省（2018）．人口動態調査報告

厚生労働省（2019）．簡易生命表

国立社会保障・人口問題研究所（2018）．日本の世帯数の将来推計（全国推計）

目黒依子（1987）．個人化する家族　勁草書房

内閣府（2018）．平成30年度版 少子化社会対策白書

日本家族研究・家族療法学会（2013）．家族療法テキストブック　金剛出版

野沢慎司（2011）．ステップファミリーをめぐる葛藤：潜在する二つの家族モデル　家族（社会と法）, 27, 89-94.

OECD (2017). OECD Family database.　http://www.oecd.org/els/family/database.htm

小田切紀子（2003）．離婚に対する否定的意識の形成過程：大学生を中心として　発達心理学研究, 14(3), 245-256.

小田切紀子（2009）．子どもから見た面会交流　自由と正義, 60(12), 28-34.

小田切紀子（2015）．離婚と子ども：揺れ動く子どもの心　ケース研究 322, 91-119.

小田切紀子（2017a）．離婚後の共同養育の支援体制の構築：家族観の国際比較と親の心理教育プログラム．平成26〜28年度科学研究費補助金基盤研究（ｂ）研究成果報告書

小田切紀子（2017b）．再婚家庭と子ども　小田切紀子・野口康彦・青木聡（編）家族の心理　(pp. 71-82)　金剛出版

小田切紀子（2018）．日本におけるステップファミリーの現状と課題　家族療法研究, 3537-40.

Racusin, R. J., Copans, S. A., & Mills, P. (1994). Characteristics of Families of Children. Who Refuse Post-Divorce Visit. *Journal of Clinical Psychology,* 50(5), 792-801.

総務省（2018）．世界の統計2018　総務省統計局

Teachman, J. D. (2002). Stability across cohorts in divorce risk factors. *Demography,* 39, 331-351.

The World Bank (2017). World Bank Annual Report 2017.

上野千鶴子（1994）．近代家族の成立と終焉　岩波書店

Vélez, C. E., Wolchik, S. A., Tein, J., & Sandler, I. (2011). Protecting children from the consequences of divorce: A longitudinal study of the effects of parenting on children's coping processes. *Child*

Development, 82（1）, 244-257.

Visher, E. B., & Visher, J. S., (1991). *How to Win as a Stepfamily.*（春名ひろこ（監修）・高橋朋子（訳）（2001）. ステップファミリー：幸せな再婚家族になるために WAVE 出版）

Wallerstein, J. S., & Blakeslee, S. (1989). *Second Chances.* New York: Ticknor & Field.（高橋早苗（訳）（1997）. セカンドチャンス：離婚後の人生 草思社）

Zill, N., Morrison, D.R., & Corio, M. J. (1993). Long-term effects of parental divorce on parent-child relationships, adjustment, and achievement in young adulthood. *Journal of family Psychology, 7,* 91-103.

Wolpe, J. 110

Wright, S. C. 150

Wundt, W. 80

Y

山岸俊男 189, 192, 193

山口勧（Yamaguchi, S.） 53, 191, 198

山口真一 174, 175

山本陽一 115

山本真理子 21, 52

山成由紀子 21, 52

Yanagisawa, K. 27, 30, 32

兪善英 115

吉田富二雄 182

吉野優香 118

Young, K. 214

湯川進太郎 93

Z

Zabbini, S. 143

Zajonc, R. B. 153

Zander, A. F. 152

Zanna M. P. 53

Zavalloni, M. 157

Zill, N. 224

Zimbardo, P. G. 163, 164

Zimmer, C. 167

Zsok, F. 99

事項索引

ア行

アイデンティティ　50
アイヒマン実験　15
アタッチメント　95
アタッチメント対象　95
暗黙のリーダーシップ理論
　　161
育児不安　228
依存性　98
一次的感情　80
イノベーション　210, 215
イノベータ→革新的採用者
因果関係　25, 26
印象形成　42
インターネット・パラドックス
　　179
インパクト・バイアス　90
ヴォーグ　213
うわさ→流言
栄光浴　56
援助行動　112
オピニオンリーダー　217

カ行

外集団　51
外集団均質性効果　138
確証バイアス　41, 194
革新的採用者　215
革新的リーダーシップ　162
拡張接触　150
家族療法　229

カタルシス効果　59
カテゴリー化　36, 138
関係的自己　50
関係へのコミットメント　101
感情　78
感情一致判断　82
感情混入モデル　84
感情情報機能説　83
感情推測　92
感情制御　89
感情ネットワーク理論　82
感情プライミング説　82
感情予測　89, 90
間接的自己高揚　55
技術決定論　182
気分　78
基本感情　79
基本の帰属の誤り　44, 194
帰無仮説　33
キャズム　217
キャズム理論　217
共感–利他仮説　117
協調ロス　154
共通内集団アイデンティティ・モ
　　デル　150
共同規範　97
共変関係　25, 26
共変量　26
クレイズ　211
継時的自己比較　54
言語カテゴリー・モデル　144
言語期待バイアス　144
顕在的自尊心（顕在的自尊感情）

53
検定　33
権力格差　187
効果量　34
交互作用　26, 28
公的自意識　216
公的自己意識　49
公的自覚状態　49
コーシャスシフト　158
互恵性　105, 107, 108, 109
個人主義–集団主義　186
個人的アイデンティティ　50
コミュニケーションの2段階の流
　　れ仮説　217
Computer Mediated Communi-
　　cation（CMC）　168

サ行

再婚　225
再婚家族→ステップファミリー
最小条件集団実験　146
cyber cascade　174
サイバーボール課題　30, 31,
　　103
錯誤相関　139
作動自己概念　50
差別　138
自覚状態　48
自覚状態理論　48
自我枯渇　61
刺激欲求　216
自己意識　49

執筆者一覧

編者

松井　豊（まつい ゆたか）　筑波大学名誉教授
宮本　聡介（みやもと そうすけ）　明治学院大学心理学部

執筆者〈執筆順、（　）内は執筆担当箇所〉

宮本　聡介（みやもと そうすけ）（第1章、コラム1・2）編者
高本　真寛（たかもと まさひろ）（第2章、コラム3・4）横浜国立大学教育学部
原　奈津子（はら なつこ）（第3章）就実大学教育学部
太幡　直也（たばた なおや）（第4章）愛知学院大学総合政策学部
伊藤　君男（いとう きみお）（第5章）東海学園大学心理学部
日比野　桂（ひびの けい）（第6章、コラム5）高知大学人文社会科学部
古村健太郎（こむらけんたろう）（第7章）弘前大学人文社会科学部
相羽　美幸（あいば みゆき）（第8章第1節・第2節）東洋学園大学人間科学部
山本　陽一（やまもと よういち）（第8章第3節）筑波大学大学院人間総合科学研究科
畑中　美穂（はたなか みほ）（第9章）名城大学人間学部
菅　さやか（すが さやか）（第10章）慶應義塾大学文学部
阿形　亜子（あがた あこ）（第11章、コラム6）京都府立医科大学大学院医学研究科
藤　桂（ふじ けい）（第12章）筑波大学人間系
小林　知博（こばやし ちひろ）（第13章）神戸女学院大学人間科学部
清水　裕（しみず ゆたか）（第14章）昭和女子大学人間社会学部
小田切紀子（おだぎりのりこ）（第15章）東京国際大学人間社会学部

270

新しい社会心理学のエッセンス
──心が解き明かす個人と社会・集団・家族のかかわり

2020 年 5 月 15 日　初版第 1 刷発行
2023 年 3 月 15 日　　第 4 刷発行

編　者	松井　豊・宮本聡介
発行者	宮下基幸
発行所	福村出版株式会社
	〒 113-0034　東京都文京区湯島 2-14-11
	電話　03-5812-9702　FAX　03-5812-9705
	https://www.fukumura.co.jp
印　刷	株式会社文化カラー印刷
製　本	協栄製本株式会社

© Y. Matsui, S. Miyamoto 2020
ISBN978-4-571-25055-2　Printed in Japan

福村出版◆好評図書

松井 豊 編著／相羽美幸・古村健太郎・仲嶺 真・渡邊 寛 著
恋 の 悩 み の 科 学
●データに基づく身近な心理の分析

◎1,800円　　　　ISBN978-4-571-25061-3　C3011

多数のデータを基に恋の悩みを考えるヒントを紹介。身近な現象を実証的に検証する方法も学べる一冊。

今井芳昭 著
影 響 力 の 解 剖
●パワーの心理学

◎2,300円　　　　ISBN978-4-571-25054-5　C3011

依頼や説得など人が他者に影響を与える背景にはどんな要因があるのか。不当な影響を受けないための心理学。

桐生正幸・板山 昂・入山 茂 編著
司 法 ・ 犯 罪 心 理 学 入 門
●捜査場面を踏まえた理論と実務

◎2,500円　　　　ISBN978-4-571-25053-8　C3011

実際の犯罪捜査場面を踏まえた研究を行う際に確認すべき法的手続き，理論，研究方法，研究テーマ等を詳説。

A.ヴレイ 著／太幡直也・佐藤 拓・菊地史倫 監訳
嘘 と 欺 瞞 の 心 理 学
●対人関係から犯罪捜査まで 虚偽検出に関する真実

◎9,000円　　　　ISBN978-4-571-25046-0　C3011

心理学の知見に基づく嘘や欺瞞のメカニズムと，主に犯罪捜査で使われる様々な虚偽検出ツールを詳しく紹介。

二宮克美・山本ちか・太幡直也・松岡弥玲・菅さやか・塚本早織 著
エッセンシャルズ 心理学〔第2版〕
●心理学的素養の学び

◎2,600円　　　　ISBN978-4-571-20086-1　C3011

豊富な図表，明解な解説，章末コラムで，楽しく読んで心理学の基礎を身につけられる初学者用テキスト改訂版。

行場次朗・箱田裕司 編著
新 ・ 知 性 と 感 性 の 心 理
●認知心理学最前線

◎2,800円　　　　ISBN978-4-571-21041-9　C3011

知覚・記憶・思考などの人間の認知活動を究明する新しい心理学の最新の知見を紹介。入門書としても最適。

大野博之・奇 恵英・斎藤富由起・守谷賢二 編
公認心理師のための臨床心理学
●基礎から実践までの臨床心理学概論

◎2,900円　　　　ISBN978-4-571-24074-4　C3011

国家資格に必要な基礎から実践までを分かりやすく解説。第1回試験問題&正答とその位置付けも入った決定版。

◎価格は本体価格です。